Panaia, M. coord.
Profesión e innovación en un contexto flexible -
1ª ed. - Buenos Aires: Miño y Dávila editores - Diciembre 2018.

288 p.; 22,5x14,5 cm.

ISBN: 978-84-17133-41-2

IBIC: JNM (Educación superior y continua, educación terciaria)
KCF (Economía del trabajo)

Edición: Primera. Diciembre de 2018

ISBN: 978-84-17133-41-2

IBIC: JNM (Educación superior y continua, educación terciaria)
KCF (Economía del trabajo)

© 2018, Miño y Dávila srl / Miño y Dávila editores sl

Diseño: Gerardo Miño
Composición: Laura Bono

Página web: www.minoydavila.com

Mail producción: produccion@minoydavila.com
Mail administración: info@minoydavila.com

Dirección postal: Miño y Dávila s.r.l.
Tacuarí 540. Tel. (+54 11) 4331-1565
(C1071AAL), Buenos Aires.

Profesión e innovación en un contexto flexible

Marta Panaia

coordinadora

Profesión e innovación en un contexto flexible

Cecilia Blanco
Claudia Borlido
Paola Cabral
Raúl Chauque
Analía Chiecher
Natalia Herger
Ivana Iavorski Losada
Natalia Iribarnegaray
Eliana Magariños
Jacqueline Moreno
Marta Panaia
Paola Paoloni
José Passarini
Graciela Riquelme
Brasilino Rodríguez
María Eugenia San Martín
Vanina Simone
Lucila Somma
Laura Tottino

UNIVERSIDAD
NACIONAL DE
AVELLANEDA

MIÑO y DÁVILA
• EDITORES •

ÍNDICE

9. Introducción.
    Tensiones entre la profesionalización y la salarisación
    por *Marta Panaia*

27. PARTE I
    LAS DIFICULTADES DE ACCESO AL TÍTULO

29. Ellas, las demoradas: motivos de interrupción de carrera
    de graduadas de Comunicación en Córdoba
    por *Cecilia Blanco*

49. Trayectorias estudiantiles en Ingeniería. Factores
    asociados con el logro y el retraso en la cursada
    por *Analía C. Chiecher, Jacqueline E. Moreno y
    Paola V. Paoloni*

81. La encuesta a graduados recientes de la UNL en el marco
    de la producción de información sobre estudiantes y futuros
    profesionales: reflexiones sobre el aprovechamiento pedagógico,
    la orientación de estudiantes y el seguimiento de egresados
    por *Graciela Clotilde Riquelme, Eliana Magariños y
    Natalia Herger*

115. PARTE II
     LAS DEMANDAS DE LA REGIÓN A LOS CENTROS DE FORMACIÓN SUPERIOR

117. Trayectorias profesionales y demandas de innovación de los
     ingenieros en un contexto flexible
     por *Marta Panaia*

137. Estudio de demanda de los graduados de la UNDAV
     por *Marta Panaia y Laura I. Tottino*

155. Tensión entre formación y demanda de Enfermería en el conurbano sur
por *Natalia Iribarnegaray y Raúl Chauque*

175. PARTE III
GRADUADOS EN EL MERCADO DE TRABAJO

177. Análisis contrastivo, contextual y longitudinal de las condiciones laborales del primer y del último empleo de graduados de Comunicación
por *Cecilia Blanco*

205. Los bloqueos del lugar femenino en grupos profesionales masculinizados
por *Marta Panaia*

219. Seguimiento de graduados veterinarios en el Uruguay
por *José Passarini, Brasiliano Rodríguez, Paola Cabral y Claudia Borlido*

237. Género, trabajo e Ingeniería. La inserción laboral de las ingenieras químicas
por *Lucila Somma, Ivana Iavorski Losada y Vanina Simone*

271. Procesos de inserción e integración de género a las fuerzas de seguridad
por *María Eugenia San Martín*

285. Autores

Introducción.

Tensiones entre la profesionalización y la salarisación

Marta Panaia

En el marco de los procesos de flexibilización del mercado de trabajo, los profesionales con título universitario han sufrido frecuentes cambios en sus formas de inserción en el mercado de trabajo tanto en la variantes de contratación, en los procesos de estabilización de sus cargos, en las dificultades de acceder a una carrera con continuidad y capacitación y en el acceso a los cargos jerárquicos.

En términos generales, se pueden observar dos tipos de procesos como tendencia, un proceso de salarisación de los profesionales que a partir de la estabilidad en la empresa o en la función pública se convierten en la mayor parte de su tiempo en asalariados comprometidos con el proyecto empresario o burocrático del organismo que les da inserción, o un fuerte borramiento de los límites de los campos profesionales , aumento de la multifunción y pérdida de identidad profesional, actividades interdisciplinares y multidisciplinares o lo que se podría definir como formas problemáticas de profesionalización, con las limitaciones que este concepto plantea (Demazière, 2009).

Ambas tendencias constituyen un desafío para analizar las transformaciones que ocurren con las incumbencias profesionales en la organización del trabajo y en el mercado de trabajo y se han convertido en un ámbito fecundo de análisis sociológico tanto en una dirección micro-sociológica vinculada a la actividad productiva y el análisis interactivo del grupo profesional y con otros grupos profesionales y al destino individual o colectivo de las trayectorias profesionales; como a nivel más macro-social, en cuanto a sus jerarquía clasificatorias, competencias y monopolios de saberes y sus poderes de estructuración de las instituciones y de la totalidad social.

1. Las trayectorias profesionales

En este sentido los procesos de profesionalización y desprofesionalización (o "profesionalización problemática" como los denomina Demazière), que implica la pérdida o la dificultad en lograr esos monopolios de saberes se constituyen en uno de los campos más novedosos del estudio de las profesiones en el momento actual.

El análisis micro aporta a las identidades individuales y sociales, a las trayectorias de formación-empleo, al nivel de ingresos, a las jerarquías sociales, a la distribución de los tiempos de trabajo que se alteran con la flexibilidad y modifican su vida cotidiana, a los posicionamientos en la inserción al mercado de trabajo y a la estructuración de los espacios próximos de vinculación social.

A nivel macro-social el análisis de las profesiones permite comprender la estructuración de la sociedad total, pero también el cumplimiento de necesidades básicas que la sociedad tiene que cubrir para poder asistir a su población, como las funciones de educación, de salud, de administración, de crecimiento, etc.

Demazière (2009) se plantea la profesionalización siempre como inacabada e incompleta, porque en ella se da tensión entre una perspectiva deseada y las dificultades atravesadas en el logro de esos objetivos.

Evidentemente la trayectoria se convierte en un instrumento clave para recoger la experiencia de reconocimiento, de legitimidad, de formación de los colectivos y de la autonomía, de comprender los dispositivos de formación y de conectar esas formaciones a los sistemas de empleo, de ver los procesos de profesionalización problemáticos y los procesos de integración inteligente a los colectivos de trabajo.

Para Demazière (2009) los estudios de distintas profesiones le permite afirmar que los procesos de profesionalización resultan problemáticos en razón de ciertas propiedades, de procesos retrasados, de procesos en desarrollo y de procesos todavía inciertos, vulnerables o reversibles, que tienen estrategias heterogéneas y muchas veces contradictorias. Demazière analiza esto como campos de fuerzas y de luchas conflictuales, donde además se ser un campo en tensión el proceso mismo de profesionalización es problemático en la medida en que nomina procesos dispares, a veces muy variados del mundo del trabajo.

A diferencia de lo que plantean los funcionalismos clásicos, el análisis de las trayectorias profesionales demuestra que estas funciones no son estáticas sino que representan una vía de movilidad social. En la medida que esas funciones se cumplen y aseguran posibilidades de desarrollo económico y humano, el análisis de estas profesiones, también permite un estudio de los cambios intergeneracionales, del acceso de nuevas poblaciones a los ámbitos universitarios, el surgimiento de nuevas trayectorias de formación-empleo; el comportamiento de esas trayectorias que inician desde lugares muy distantes a las clases más acomodadas y pueden acceder a los lugares más prestigiosos y elevados de la sociedad.

Otra dinámica plantean los análisis al interior de las profesiones y sus procesos de reproducción, fragmentación y control de sus saberes, sus relaciones con otros grupos profesionales y los mecanismos que surgen en esos grupos para mantener la hegemonía de los saberes que aseguran el control de los núcleos más estables de una profesión, en este sentido los aportes de Abbott (1988) tienen todavía mucha vigencia y son importantes su reflexiones acerca de la demarcación, la jurisdicción y la ecología de las profesiones. Otro ámbito fecundo de análisis sociológico que puede abordarse desde estos marcos teóricos, donde este autor se revisa a sí mismo.

Abbott (2003) examina el aspecto teórico del concepto de vinculación entre las ecologías que actúan como entidades independientes, con las reglas que les son propias. Abbott sostenía en 1988 que

> (...) las profesiones en competencia las unas con las otras, aspiran a desarrollarse emparentándose a tal o cual esfera de trabajo que ellas transforman enseguida en 'jurisdicciones', por medio de saberes profesionales y reivindicaciones destinadas a obtener una legitimidad con los poderes públicos.

Este sistema está directamente condicionado para Abbott por la competencia. Todo lo que pasa en el seno de una profesión tiene repercusiones sobre las profesiones vecinas y se traduce sea en los desarrollos, sea en los defectos. De los desarrollos puede haber causas exteriores al sistema, o debido a cambios tecnológicos o a nuevas formas sociales como la burocracia.

Todos esos cambios pueden ser el origen de nuevos saberes abstractos, o sea profesionalizables. Esos desarrollos pueden tener origen en el fracaso de otras profesiones, fracaso de saberes o fracaso de reproducción que dejaron espacios vacíos en profesiones vecinas.

Las profesiones aprovechan esas ocasiones para reforzar sus jurisdicciones por medio de transformaciones estructurales, ajustando las asociaciones, los exámenes, las revistas, brevemente todos los dispositivos de profesionalización. Esas formas de control están sometidas a auditores que sirven de árbitros para mantener la legitimidad del sistema de profesiones.

No obstante, este sistema de profesiones presenta dos inconvenientes que Abbott intenta revisar en miradas posteriores a estas primeras definiciones: la primera, es sobrestimar la solidez del cierre del campo profesional, para explicar el proceso de nacimiento de nuevas profesiones, creadas particularmente a partir de grupos pioneros; la segunda, se refiere a los auditores que fueron considerados como auditores simples encarados solamente en un sistema profesional. En realidad, lejos de ser estructuras unificadas, esos auditores son ellos mismos estructuras de interacción complejas dominadas por fuerzas ecológicas, parecidas a las ecologías que dominan en el mundo de las profesiones.

En ese texto, Abbott define dos sistemas ecológicos, el de la profesión y el del Estado o de otro auditor. Toda la sociedad podría pensarse desde el concepto de ecologías vinculadas. Insiste en la idea de que una táctica jurisdiccional no responde solamente a un objetivo profesional, sino al mismo tiempo a una parte de los objetivos del Estado o de otra estructura que lo contenga.

Así, un actor se vincula en el sistema ecológico de un dominio y no actúa como actor único, sino en una coalición relacionada a un grupo de firmas, de agencias gubernamentales, de asociaciones voluntarias que participan de alianzas y de otras compañías y cada acción profesional tiene repercusiones en todo el sistema. De esta manera, Abbott concibe el mundo social como un conjunto de ecologías múltiples y ligadas entre ellas. Aplicado al mundo de las profesiones, implica que está imbricada en un conjunto de otras ecologías por las cuales el profesional sirve de ejecutivo. De esta manera se ponen en cuestión dos conceptos que acompañaron históricamente el concepto de profesiones, por un lado, el pasaje del profesional al ejecutivo con función en el Estado, la empresa u otra institución, máxime si la profesión de origen estaba muy relacionada con la formación de "cuerpo", como es el caso de los abogados, médicos e ingenieros; y por el otro, la cuestión del cierre del campo profesional como consecuencia de la posesión de un título con incumbencias específicas y el monopolio de ejercicio que ellas defienden y controlan, el contenido de las competencias profesionales, la transmisión de saberes y la socialización de los miembros, las reglas éticas que rigen las buenas prácticas, el valor social y económico de sus actividades.

En esa concepción la profesión es un concepto en que el campo de aplicación es relativamente directo y objetivo y contribuye a formar una especie de elite profesional situada a un alto nivel de la escala de prestigio y de remuneraciones, que se instala en la estructura del mercado de trabajo con cierta estabilidad.

Toda la revisión francesa de la Sociología de las Profesiones de Dubar y Tripier (1998) abre una renovación teórica en la medida que muestra que los grupos profesionales no son cerrados, protegidos y codificados, sino entidades problemáticas donde dentro de una misma nominación, el ejercicio es muy heterogéneo y la legitimidad social no está asegurada.

En este sentido, una veta poco estudiada en la sociología argentina sobre las profesiones es la relación entre los grupos profesionales y sus colegiaturas u organismos de control que cumplen una función importante en la demarcación, y control del grupo profesional, es la que asume los mecanismos de control y reproducción del grupo y muchas veces entra en conflicto con los grupos sindicales o los convenios colectivos que establecen los ingresos de los profesionales asalariados.

A diferencia de los aportes de la escuela inglesa, la mirada holística de la obra de Dubar, Tripier (1998) modifica el concepto de la literatura anglo-americana de "profesión" por el de "grupos profesionales", realiza una notoria arqueología de las profesiones en Francia y relaciona la dinámica de las investigaciones sobre las profesiones con la evolución de la sociología del trabajo.

2. Algunas constataciones

De la lectura teórica de la Sociología de las Profesiones y sus principales cultores surgen varias constataciones: La *primera* es la importancia decisiva que posee el tema de las formas de organización del proceso de trabajo profesional, pero también la importancia del conjunto de creencias y racionalizaciones que acompañan sus actividades en un momento dado del tiempo y del espacio. En realidad no existe una receta universal de cómo ser un profesional, no hay como postula el taylorismo un *"one best way"* para organizar el trabajo profesional y tampoco hay una definición científica de lo que es un grupo profesional y esto es lo que pone en el foco de los estudios los llamados "procesos de profesionalización" cómo se llega a ser profesional y a legitimar el ejercicio.

Esto sumado a la alta heterogeneidad de las prácticas profesionales justifica el fuerte pluralismo encontrado en la teoría sociológica donde cada corriente de pensamiento desarrolla un modelo privilegiando sobre las profesiones, su estructura, su dinámica, su función y sus efectos. No todos estos modelos se plantean las mismas cuestiones, ni recortan sus objetos de la misma manera, ni recogen el mismo tipo de datos. En ese sentido no se puede afirmar que exista una sociología de las profesiones, sino que hay acercamientos variados al estudio de los grupos profesionales.

Una *segunda* constatación encontrada entre los enfoques teóricos más frecuentes, como el funcionalismo y el liberalismo, que han planteado con mayor consecuencia el tema de las profesiones, es que para ellos las profesiones constituyen los elementos esenciales de la estructura social y de su regulación moral y reconocen como problema prioritario el de la reproducción de los grupos profesionales. Para los interaccionistas, en cambio, las profesiones no son "entidades" o suerte de viejas comunidades que comparten la misma cultura, sino movimientos permanentes de desestructuración y de reestructuración de segmentos profesionales en competencia y frecuente conflicto.

Para estas corrientes de pensamiento, las profesiones representan los desafíos inscriptos en trayectorias históricas y las formas de acción colectiva constituyen modelos para las carreras individuales. Esta visión tiene su raíz en un modelo crítico del "cuerpo instituido" y la "vocación instituyente", pero todos ellos reconocen el importante papel que ocupa el campo profesional en la vida social y en la existencia personal.

Las nuevas teorías surgidas en la década del '70 y del '80, a pesar de su origen weberiano o marxista, confrontan la dinámica histórica de las profesiones con la economía de mercado culminando en la burocracia o en las grandes firmas o en ambas. Estas aproximaciones son en las profesiones de mercado cerrado de trabajo, que intentan monopolizar un segmento de actividades y de legitimizar su monopolio por múltiples estrategias. Se refieren frecuentemente a un modelo liberal e intentan teorizar las relaciones entre el mercado, el Estado y las profesiones.

Como señala Tousijn (1994) Se podrá objetar que hoy aunque las profesiones se ejercitan mayormente al interior de las grandes organizaciones, y entonces, son estudiados como asalariados con los instrumentos que la sociología ha elaborado para explicar la división del trabajo en este contexto. Pero esto es discutible: la división del trabajo en el área en el cual operan los profesionales no se comprende sin usar el recurso y algunos instrumentos conceptuales de la sociología de las profesiones y, en particular, la idea de que las profesiones mismas son sujetos colectivos que poseen su identidad profesional y su estrategia profesional, aunque haya variaciones en las formas de conseguirla. Las distintas formas de complementación que se dan entre la diferentes profesiones que tienden a compartir su tarea en las organizaciones, da pie a diferentes tipos de conflictos y componendas que justifican diferentes tipologías de relación entre profesiones y que son las que dirimen los problemas a la hora de resolver su comportamiento institucional.

Sin embargo, la flexibilización del mercado de trabajo y las nuevas formas de contratación de los profesionales en las grandes empresas e incluso en la administración pública, pone en cuestión esta vinculación lineal entre el profesional y el mercado de trabajo, acercándolo más a una vinculación múltiple y compleja. Esto varía mucho según las profesiones y el poder acumulado por las colegiaturas, pero cada vez más es un asunto en revisión por las consecuencias de la flexibilización misma del mercado de trabajo.

La situación actual no implica una superación de las viejas teorías por las nuevas, más bien todos los intentos recientes de sintetizar la historia del trabajo, las formas de organización del trabajo, las formas de organizar la producción y la participación de los trabajadores ponen el acento en la incertidumbre que plantea la crisis y los cambios estructurales que están enfrentando las economías de nuestros países y, en todo caso, de analizar una nueva estructuración del campo de investigación que nos ocupa. Sin embargo, es evidente que las constataciones empíricas y los estudios sobre los grupos profesionales hacen nuevos aportes que son importantes considerar.

Entre ellos, hay algunos más generalistas como los aportes de Tripier y Dubar (1998) que aportan una arqueología y una sistematización teórica de las Sociología de las Profesiones, los aportes de Abbott (1988) que avanzan sobre las formas de control que caracterizan a las profesiones en tanto que construcciones sociales. Esos controles están concentrados en la etapa de la formación y la socialización profesional y el control de los códigos éticos que definen el comportamiento profesional. De allí proviene la palabra *licencia* que indica que una profesión tiene el derecho de *licenciar* o sea autorizar a sus miembros a ejercer. Con un criterio más amplio, se puede considerar el concepto de *jurisdicción,* que implica para una profesión la capacidad de regular no solo sus condiciones de producción y reproducción sino también su entorno especialmente otras profesiones que compiten en el campo o fracciones que se encuentran subordinadas a ellas y que recientemente es puesto en cuestión por el propio Abbott (2003).

No es porque sí, la tendencia reciente a trabajar grupos profesionales en situaciones límites, en actividades legítimas o ilegítimas, actividades marginales o voluntarias, porque en alguna medida, eso significa no trabajar en base al modelo de profesión establecida sino a la existencia de procesos múltiples de ocupaciones que no responde a reglas generales y a partir de los relevamientos de datos empíricos.

De ahí la revisión del concepto de profesionalización que hace Demazière (2008) que busca

> (...) explorar los procesos de emergencia, de diferenciación y de autonomía de actividades profesionales y más ampliamente de movimientos diversificados, ambiguos y contradictorios de transformación de actividades profesionales: emergencia, identificación, delimitación, categorización, legitimación, invalidación, delimitación, erosión, segmentación, destrucción y desaparición.

Esta definición se acerca mucho a la metodología de los Laboratorios MIG en el sentido de captar en las trayectorias profesionales, los procesos, los motores, las bifurcaciones, los estancamientos, los ascensos y los descensos, sin pensar que todas las trayectorias profesionales siguen un modelo establecido (Panaia, 2006; 2009; 2011; 2013). La incursión por profesiones distintas muestra caminos diferentes para la estabilización, los logros de institucionalización y los grados en que ello se logra y vincula este proceso con otras categorías de análisis ligadas a la formación del grupo, su consolidación y estabilización, o por el contrario llevan a rupturas teóricas y desmembramientos del grupo, fragmentación o autonomización de distintos grupos profesionales y en ese caso, cual es realmente el proceso de profesionalización.

Es en este sentido que Demazière (2009) plantea la profesionalización como problemática, no porque se trate de fenómenos difíciles de identificar y calificar, sino porque son procesos heterogéneos y contradictorios y porque las categorías de análisis que se utilizan para estudiarlo son pragmáticas y polisémicas. Para Demazière es un producto de las políticas públicas para definir empleos que desarrollan nuevas actividades con utilidad y que se convierten en indispensables y solventes. Es decir, lo vincula a los procesos de salarización y de la administración pública que tiende a requerir una formación específica para sus fines.

Si bien este análisis de la profesionalización incorpora un contenido crítico, no es un direccionamiento ni único ni obligatorio, muestra una preocupación por los procesos de inserción, pero al mismo tiempo destaca su heterogeneidad y multiplicidad.

Por otra parte, este autor no desconoce el aspecto cultural de la profesionalización como trayectoria, en el sentido, que indican muchas veces un intento, no siempre logrado de acumular y continuar un proceso de formación que puede ser interrumpido muchas veces, pero que indica un intento insistente de volver a insertarse en actividades de su profesión y de integrarse a un colectivo de trabajo al que se siente perteneciente.

Y hay que ver, lo que Abbott (2003) planteaba como la tarea de los auditores, es decir de los controladores de la profesión que cumplen un rol de poder y de orden que acompaña los procesos de evolución de los colectivos profesionales. Esto incluye el análisis de la actividad de los idóneos, de los *amateurs* de los voluntarios, de los no calificados, etc., que parecen en muchos colectivos profesionales y constituyen categorías en el límite.

3. Los colectivos profesionales

La profesionalización es también un proceso de vinculación social con otros grupos y otras profesiones, ya lo planteaba Abbott desde sus ecologías y lo retoman los aportes de Gadea (2012) que incorpora la regulación o más precisamente la autorregulación, como una dimensión característica de las profesiones siguiendo los rastros de Durkheim. Gadea se interesa por estudiar los límites de los campos profesionales y como los considera móviles y flexibles, con esto abre un amplio campo de análisis que tiene que ver con el problema de las fronteras, pero que implica considerar un grupo profesional como un ser colectivo y como tal tienen un nacimiento, un desarrollo y una terminación que puede prolongarse o no en el tiempo.

Gadea distingue dos categorías diferentes de grupos profesionales, los llamados "grupos establecidos", en general con un gran prestigio, con procesos de formación altamente institucionalizados, con un título protegido y un mercado de trabajo cerrado.

Una segunda categoría es lo que él llama "categorías formalizadas", en la medida que no siempre disponen de un monopolio del título y del ejercicio, pero son objeto de una formación específica, sancionada institucionalmente. Estas categorías están regidas por las organizaciones que los representan ante las autoridades y el público mediante códigos técnicos precisos y de normas de conducta.

Además de estas dos grandes categorías, presenta una *tercera* categoría que llama "oficios de hecho", que se caracteriza por la ausencia de la organización formal y la institucionalización de los saberes y de los aprendizajes, lo mismo que por la ausencia de instancias oficiales de coordinación y de representación. Estos pueden ser saberes complejos y altamente codificados, pero que no han sido objeto de una sanción particular, con lo cual se pone en riesgo la terminación de esa formación. Es el caso de saberes simples, que se pueden adquirir en poco tiempo como los "pequeños oficios", pero que no tienen ningún estatus oficial.

Una cuarta categoría está vinculada al concepto de fronteras y se refiere a las "situaciones límites", o sea actividades que no pueden ser consideradas como profesionales, sea porque ellas no dan lugar a una remuneración que permita vivir de esa actividad o porque es una actividad que se practica de manera irregular y no continua. Esto incluye actividades informales, ejercidas ocasionalmente y a veces en ayuda de otros familiares que están formalizados en sus prácticas profesionales.

4. Nacimiento y Muerte de estos seres colectivos

Cabe preguntarse cómo es la dinámica de estos grupos y si hay cierto pasaje de uno a otro grupo, es decir si hay procesos de evolución hacia las formas más establecidas. En realidad, lo más frecuente es que no sigan un proceso evolutivo, hay algunos grupos que nunca se formalizan y otros, en cambio rápidamente pasan a establecerse, pero no necesariamente pasan por todas las etapas. Además acceder a la etapa de grupo profesional establecido, no es una garantía para la supervivencia del grupo, que muchas veces sufre un alto proceso de desprofesionalización o deterioro por la aparición de nuevas técnicas o formas nuevas de organización de la producción. Esto es frecuente en grupos variados como los artistas, los actores, actividades de gestión comunitaria, etc.

Es decir, que la idea es que los grupos profesionales como seres colectivos, pueden nacer, desarrollar sus actividades, estableciendo una identidad que puede ser más o menos larga y persistente o desaparecer por un proceso lento o rápido de desprofesionalización o de aparición de nuevos saberes, ruptura de las reglas de competencia y cambios importantes en el sistema político y económico. Gadea señala que los principales factores de cambios y transformaciones de los grupos profesionales hay que buscarlas en las relaciones que éstos mantienen con otros grupos, las competencias, los juegos de alianzas, las tentativas de establecer una dominación y las dominaciones consentidas.

Luego hay situaciones contextuales que generan riesgos potenciales, invasiones en el campo, apropiaciones de saberes que pueden producir movimientos y nuevas dinámicas. Los cambios pueden ser limitados o de gran amplitud y sus consecuencias también pueden ser más o menos permanentes.

A partir de estas elaboraciones se puede concluir que los grupos profesionales son seres colectivos históricos que tiene un proceso de nacimiento, evolución, desarrollo y desaparición o pueden estabilizarse en determinadas formaciones que permanecen en el tiempo, pero siempre van a funcionar como factores de transformación de la sociedad en el tiempo. Con estos criterios vamos a tratar de analizar ahora el caso de los grupos profesionales de las ingenierías, para intentar comprender su dinámica y desarrollo y repensar estos procesos en base al análisis de casos, con criterios de género, de formación-empleo y de trayectoria profesional.

5. Aportes desde la Experiencia de Los Laboratorios MIG

De la experiencia realizada con los Laboratorios de Monitoreo de Inserción de Graduados (MIG)[1] en distintas profesiones universitarias y distintas regiones del país, surge que hay factores que ponen en tensión la identidad de los profesionales y se refleja en sus trayectorias de diferentes maneras, porque tiene que ver con la constitución de sí mismos. Las trayectorias laborales truncadas o con frecuentes bifurcaciones, el abandono de varias carreras universitarias y las dificultades de inserción en actividades relacionadas con los estudios realizados, son algunos de los escenarios más frecuentes.

La exclusión de trayectorias continuas o de largo plazo, condiciona la conformación de los campos profesionales y su reproducción y la flexibilización de los mercados de trabajo y las formaciones interdisciplinarias contribuyen a complejizar los procesos de conformación de las identidades profesionales, los procesos de profesionalización y la movilidad social.

---

1   Los Laboratorios MIG trabajan con un dispositivo de recolección de datos basado en la articulación de los métodos cuantitativos y cualitativos. La recolección de los datos de tipo cuantitativo se realiza por medio de una encuesta de tipo longitudinal, la cual hace hincapié solamente en la trayectoria de formación-empleo. Los datos de tipo cualitativo se realiza a través de una entrevista semi-estructurada, biográfica, que capta las diferentes secuencias de su vida familiar, residencial, laboral y de formación, en forma retrospectiva. Los datos obtenidos en estos Laboratorios son comparables entre sí. En este momento se utilizaron datos con esta metodología de los laboratorios siguientes: Mig. Gral. Pacheco (UTN) 2000; Mig. Río Cuarto (UNRC) 2004; Mig. Avellaneda (UTN) 2006; Mig. Resistencia (UTN) 2007; Mig. Río Gallegos 2008; Turismo 2008-11; 2009 Mig. Córdoba; 2014 Mig. UNDAV.

El rol de la tecnología, la necesidad de la innovación y los cambios en el mercado de trabajo intervienen en estos procesos por las nuevas formas de organización del trabajo y muchas veces precarización o salarisación de los profesionales, con transformaciones poco estudiados en su identidad. Más limitado aún es este proceso en las mujeres profesionales, frecuentemente descalificadas en sus conocimientos y capacidades por su género. Por otra parte, la pérdida en grandes sectores de la población de la centralidad del trabajo como áreas ordenadoras de sus actividades y trayectoria de vida que se refleja en trayectorias caóticas y discontinuas, a veces muy dispersas.

La brecha entre la teoría anglo sajona, la escuela francesa y los aportes de la teoría marxista lejos de estar superada , esta en tensión entre los interrogantes que la Sociología del Trabajo no puede contestar, particularmente en el área de formación y empleo en los procesos de "profesionalización problemáticos" (Demazière, 2009) y la incidencia de la flexibilización de los mercados de trabajo que genera procesos crecientes de desprofesionalización y una vuelta a las preguntas teóricas que fundaron el campo de la Sociología de las Profesiones. La declinación o las transformaciones de algunas profesiones que son hoy claves para el desarrollo, como la *ingeniería,* las enormes ramificaciones de las profesiones del *"care"* con las múltiples formas de enfermería, cuidados especiales, atenciones domiciliarias, gerontología, etc. y sus complejidades tecnológicas o de profesiones que se han expandido fuertemente desde sectores más informales en todos los niveles, como la *informática*, la *comunicación* o los casi inexistentes, pero acuciantes estudios sobre el personal de *seguridad,* generan un área de indagación que interpela los límites entre la Sociología del Trabajo y la de las Profesiones.

Así aparece la necesidad de repensar sus aportes teóricos, a partir de los relevamientos longitudinales y biográficos, con datos empíricos y recientes sobre cada profesión y cada grupo profesional; desde el género, que aporta nuevas miradas y desde los límites jurisdiccionales, desde la formación-empleo impulsada por el Estado y por los formadores privados en dirección de resolver la tensión en las fronteras de los colectivos profesionales, pero también para discriminar los aportes disciplinarios de la Sociología del Trabajo, de la Sociología de las Profesiones y de otras disciplinas que aportan variedades novedosas como la tecnología, el *managment* y la sociología del género, cuando se trata de analizar categorías socio-profesionales , procesos de inserción en el mercado de trabajo, de profesiones que han adquirido cierta notoriedad y masividad, como las vinculadas a la comunicación, a la informática, al cuerpo, al arte y los servicios o que muestran desajustes en la formación y el trabajo y se alejan de los procesos clásicos de profesionalización.

Por otra parte, muchos saberes profesionales se constituyen en el seno del aparato estatal en áreas específicas (como es el caso de abogados, médicos, ingenieros, sociólogos, etc.) y también en casos que el saber profesional se ejerce exclusivamente, o casi, en el mismo Estado (científicos, diplomáticos, policías, militares, magistrados), generando procesos de "profesionalización problemáticos", burocráticos o dominados por estructuras externas a la profesión misma.

Del análisis de las trayectorias se observa mayor fragmentación en las profesiones y el surgimiento de nuevas profesiones ligadas al fuerte crecimiento de las formaciones de posgrado, que polarizaciones entre el ejercicio liberal y el asalariado, también llamado proceso de salarización de los profesionales, si bien este es más frecuente sobre todo en los profesionales que trabajan en la función pública.

Muchas actividades buscan las vías de la profesionalización, aunque otras pierden control y reservas, dejan de acumular conocimientos y legitimidad y se dispersan en otras áreas profesionales. Si hay una proximidad con la Sociología del Trabajo, por un lado, ésta se debilita con la pérdida de la centralidad del trabajo en las identidades sociales, por el otro. La internacionalización también trae el modelo de las empresas de servicios profesionales, acercando profesiones a la discusión sobre corporaciones, mercados, *businness*, internacionalización y globalización y no sólo con los aportes de la Sociología del Trabajo. Además, hay la enorme diversificación de los grupos profesionales y de las intersecciones o demarcaciones del campo profesional al desplazar el debate de ese campo clásico del trabajo.

6. Algunas reflexiones finales

Las últimas décadas muestran una crisis de estas profesiones tradicionalmente establecidas, como la Ingeniería, por los cambios en el mercado de trabajo profesional y en la estructura productiva, pero también la aparición de grupos profesionales nuevos, de la creciente importancia de fragmentos de profesiones tradicionales que cobran una importancia inusitada y que se insertan rápidamente en el mercado de trabajo. En definitiva, como afecta esto su desempeño profesional, su calidad de vida y sus aspiraciones profesionales. Cuál es la incidencia de la flexibilización de los mercados de trabajo, la segmentación de los mismos o la heterogeneidad y coexistencia de distintos mercados de trabajo ante las trayectorias de los grupos profesionales, pero también para su inserción en el *mercado abierto*.

Existe bastante consenso entre los estudiosos del tema sobre tres procesos que resultan significativos a la hora de evaluar los procesos que los afectan más directamente. En *primer* lugar, los procesos de tercerización de la economía que lleva a una menor disponibilidad de empleos directamente relacionados con el sector productivo. O sea que hay una fuerte demanda hacia los servicios y una declinación del sector industrial.

En *segundo lugar*, el aumento de las estructuras jerárquicas de las empresas que pone en cuestión quienes son cuadros y quienes no y que revisa en los hechos la relación con la empresa/Estado/institución y con el proyecto personal de los profesionales que pueden acceder, ocasionando a veces serios divorcios, dificultades para el ingreso de jóvenes, reconversiones dolorosas , despidos a veces numerosos, por reestructuraciones empresarias y no pocas veces por competencias técnicas que quedan obsoletas después de varios años.

Todas estas razones convierten la relación de los profesionales con las instituciones, con el Estado y con el mercado en situaciones mucho más inestables, porque lesionan la acumulación de sus saberes, la legitimidad de su ejercicio y sobre todo su poder de mando y la proyección futura de su carrera. De hecho el cuestionamiento a la acumulación de poder de las colegiaturas y las Asociaciones profesionales, tienen que ver con un control de la profesión que escapa a la flexibilidad del mercado y mantiene cupos de poder en el que es difícil entrar y negociar, sobre todo para el Estado[2].

Por último, en *tercer* lugar, los cambios en la separación de las tareas de concepción, de investigación, de desarrollo, de producción, y de gestión que eran consideradas inevitables por el funcionamiento de compartimientos estancos, actualmente no reconocen esta división que no es operatoria, porque la flexibilización a nivel de la empresa, el mercado, el salario, la fábrica, la formación se generaliza cada vez

---

2   De hecho cuando este libro ya se encontraba en prensa, por Resolución 1254/18 del Ministerio de Educación (Argentina) se reducen la cantidad de actividades reservadas para cada profesión, según las incumbencias de su título. Quedan solo como exclusivas las que comprometen *el interés público y ponen en riesgo en forma directa la salud, la seguridad o los bienes de las personas*. La resolución abarca 37 profesiones y tiene validez nacional. En principio, es llamativo que una Resolución ministerial pueda modificar las incumbencias otorgadas por Ley a cada profesión para su ejercicio, y que no se modifiquen primero los planes de estudio, antes de modificar las incumbencias, ya que se les está ofreciendo a los cursantes y a los graduados un título con determinadas incumbencias. Por otro, si bien es prematuro para conocer la reacción de las colegiaturas, es evidente que se producirá una puja de poderes para preservar las incumbencias de cada profesión.

más. Por este motivo los aspirantes a esos cargos deberán manejar la matriz de conocimientos técnicos, pero también manejar otras lógicas, saber dirigir equipos, comunicarse fluidamente, ejercer liderazgos, etc.

Es posible entonces pensar que la identidad proporcionada por la socialización tradicional basada en los conocimientos técnicos resulta insuficiente. Y de la misma manera, las trayectorias profesionales que estaban pensadas como el pasaje de una etapa de producción a una etapa de gestión, tienen contornos borrosos, porque ya no se puede separar nítidamente una de otra, hay elementos de ambas en las dos. Programar el porvenir deviene más complicado y difícil y el concepto de formación-empleo deviene una antigüedad, que no puede ser pensado solamente para la inserción en el mercado de trabajo. Sin embargo, lo que cobra mayor importancia es la elaboración de un plan o proyecto personal durante el curso de los estudios, muchas veces multi-ocupacional que provoca procesos de desprofesionalización más que de cohesión profesional. Es tarea de los sociólogos tratar de analizar el significado de estas trayectorias cada vez más difusas.

Para el caso argentino, respecto del *primer punto* hay que reconocer que nuestras estadísticas son muy deficitarias y no hay buenas evaluaciones de la cantidad de profesionales que trabaja en cada ámbito. No obstante lo que habría que valorar de estas apreciaciones son los posicionamientos estratégicos respecto a la innovación, que tiende a ocupar al profesional, sobre todo en las empresas más nuevas y creativas y los formatos educativos que aseguren la reproducción de la formación de base.

Respecto del aumento de los cuadros jerárquicos y la conformación de las elites superiores de la estructura social, es bastante evidente que el nuevo *managment* (Szlechter, 2018) trata de responder a las demandas de autenticidad, autonomía y libertad de las profesiones y enriquecer el acceso a los cargos jerárquicos de múltiples especialidades sin que los profesionales que provienen de la formación de cuerpos, sean los que preferentemente ocupen las elites funcionarias, aunque no necesariamente sean los más creativos y, por otra parte, culturalmente los jóvenes soportan con dificultad la disciplina de la empresa, del estado y de las administraciones muy rígidas , con el control estricto de los jefes y se niegan a ejercerlo con sus subordinados.

De hecho las carreras planificadas, en la Argentina, no constituyen más las vías regias de movilidad en el mercado de trabajo, que habían representado durante los períodos de mayor expansión económica de los países desarrollados y de muchas de las economías emergentes. Actualmente sus condiciones de desarrollo están afectadas por crisis cíclicas, la depresión del crecimiento de la industria, como uno de los sectores más afectados por la crisis del empleo de los ochenta y las estrategias empresariales que han adoptado las empresas, en los noventa (Kosacoff, 1998).

El concepto de *carrera en el trabajo* se mantiene como una característica solo de los sectores protegidos y además en estos la práctica del *"De layering"* es habitual para disminuir los niveles jerárquicos y manejar la distribución de las cuotas de poder, es necesario focalizar algunos análisis en las formas de promoción social en el trabajo y cuáles son sus correlatos con el antiguo criterio de "carrera en el trabajo"[3] Otras corrientes de pensamiento, en cambio, señalan que el concepto de *Carrera* tiene variaciones según la posición de clase. Así la clase media, no concibe la Carrera como una serie de puestos cada vez más complejos, sino como una progresión a través de una jerarquía de puestos reconocida socialmente, cada uno de los cuales es claramente más prestigioso que el anterior. Para el trabajador oficial, en cambio, es indiferente a este criterio de *Carrera* y solo valora el aprendizaje o la destreza técnica en términos de *"savoir faire"*.

Es preciso aclarar que ninguno de estos tipos de estudio es frecuente en nuestro medio y existen contadas excepciones en que sean comparables por el uso de relevamientos y métodos similares. Por otra parte, los estudios no son homologables para todas las profesiones porque priman distintas representaciones de carrera y son otros los objetivos valorados socialmente en cada una, en las cuales ellas se desenvuelven. Los trabajos genéricos que abordan este tipo de temática dan cuenta fundamentalmente del hecho de la ruptura de las trayectorias socio-profesionales o laborales dadas las condiciones existentes de contratación en el mercado de trabajo o el nivel educativo. Es decir, trabajan con categorías sociales más amplias o de determinado nivel de estudios alcanzados lo cual acentúa la desprofesionalización de los grupos hacia una evolución incierta en términos de permanencia del grupo.

En cuanto al *tercer* punto a partir de las entrevistas biográficas[4] que permiten hacer un primer barrido de los parámetros que usan

---

3   Nos referimos explícitamente al concepto de Sabel de "serie de tareas remuneradas que desafían y requieren sucesivamente el desarrollo de cualquier capacidad que se tome como medida del valor del desarrollo humano (...). La idea de una carrera en el trabajo se convierte en una cosmología comprimida que define lo que es la virtud y cómo se pone a prueba: en suma una visión del mundo". Cf. Sabel, Ch, 1985, pág. 120 y sigs.

4   Todos nuestros estudios sobre las profesiones articulan un método de relevamiento cuantitativo con una entrevistas biográfica en profundidad. Cf. Panaia, M. 2006.

los propios graduados para calificar sus expectativas y representación de su experiencia profesional, tanto referida a las dificultades para construir la trayectoria profesional, como la realización de sus expectativas y la percepción de la solidez de la formación recibida[5]. El concepto básico que trabajamos es el de *estrategia profesional* (*Profesional Proyect*) (Sarfatti Larson, 1977), con la que se trata de nombrar los procesos históricos por los cuales ciertos grupos profesionales llegan objetivamente a establecer un monopolio sobre un segmento específico del mercado de trabajo, al hacer reconocer su experiencia por el público, con la ayuda del Estado. Más que de estrategias individuales se trata de *estrategias colectivas* llamadas también objetivos. Esta es una estrategia histórica de constitución de un mercado profesional y no del ejercicio individual de una actividad profesional, está vinculada con las Asociaciones Profesionales y los Centro de control de la profesión. De allí la importancia de las incumbencias profesionales y los estudios de jurisdicción que plantea Abbott, así como la necesidad de decisiones compartidas con los núcleos de poder que controlan cada una de las profesiones.

La idea es que los grupos profesionales como seres colectivos, pueden nacer, desarrollar sus actividades, estableciendo una identidad que puede ser más o menos larga y persistente o desaparecer por un proceso lento o rápido de desprofesionalización o de aparición de nuevos saberes, ruptura de las reglas de competencia y cambios importantes en el sistema político y económico. Hay situaciones contextuales que generan riesgos potenciales, invasiones en el campo, apropiaciones de saberes que pueden producir movimientos y nuevas dinámicas. Los cambios pueden ser limitados o de gran amplitud y sus consecuencias también pueden ser más o menos permanentes.

Se puede concluir que los grupos profesionales son seres colectivos históricos que tiene un proceso de nacimiento, evolución, desarrollo y desaparición o pueden estabilizarse en determinadas formaciones que permanecen en el tiempo, pero siempre van a funcionar como factores de transformación de la sociedad en el tiempo.

---

5   Estos datos están referidos específicamente a la Universidades relevadas.

Bibliografía

Abbott, A. (1988). *The system of profession. An Essay on the Division of Expert Labor*, Chicago, University Chicago Press.

Abbott, A. (2003). "Écologies liées. Ä propos du système des professions", en Menger, M., *Les professions et leurs sociologies*, Paris, EMSH.

Demazière, D. (2008). "L'ancien, l'emergent et le nouveau: quelle dynamique des activités professionnelles?", *Formation et Emploi* N° 101 (pp. 41-54), Marseille, CEREQ.

Demazière, D. (2009). "Postfce: Professionnalisations problemátiques et problemátiques de la professionnalisation", *Formation Emploi* N° 108 (pp. 83-89), Marseille, CEREQ.

Dubar, C. y Tripier, P. (1998). *Sociologie du professions*, París, Armand Colin.

Gadea, Ch (2012). "Dynamiques de la régulation", en Bercot, R., Diday, S. y Gadea, Ch., *Les groupes professionnels en tensión*, Toulouse (Francia), Octares.

Godard, F. y Cabames, R. (1996). *Uso de las Historias de Vida en las Ciencias Sociales*, Centro de Investigaciones sobre Dinámica Social Serie II, Bogotá, Universidad del Externado de Colombia, julio.

Kosacoff, B. (ed.) (1998). *Estrategias empresariales en tiempos de cambio*, Buenos Aires, CEPAL/UNQUI.

Menger, M. (2003). *Les professions et leurs sociologies*, Paris, EMSH.

Panaia, M. (2000). "Demandas empresariales sobre las calificaciones de los ingenieros en Argentina", ALAST, CD.

Panaia, M. (2006). *Trayectorias de Ingenieros Tecnológicos. Graduados y alumnos en el mercado de trabajo*, Buenos Aires-España, Miño y Dávila-marzo.

Panaia, M. (coord.) (2009). *Inserción de jóvenes en el mercado de trabajo*, Buenos Aires, La Colmena.

Panaia, M. (coord.) (2011). *Trayectorias de graduados y estudiantes de ingeniería*, Buenos Aires, Biblos.

Panaia, M. (2013). *Abandonar la universidad con o sin título*, Buenos Aires, Miño y Dávila-UTN-FRA.

Sabel, Ch (1985). *La segunda ruptura industrial*, Madrid, Alianza.

Sarfatti Larson, M. (1977). *The Rise of Professionalism*, Berkeley, University of California Press.

Szlechter, D. (coord.) (2018). *Teoría de las Organizaciones*, Argentina, UNGS.

Tousijn, W. (1994). "In concetto di professionalizzazione e la divisione del lavoro tra occupazioni", *Sociologia del Lavoro* N° 53 AIS (pp. 99-115).

Verdier, E. (2003). "Sistemas de enseñanza superior e innovación", Conferencia dictada en Buenos Aires, noviembre.

Parte I

Las dificultades de acceso al título

Ellas, las demoradas:

MOTIVOS DE INTERRUPCIÓN DE CARRERA DE GRADUADAS DE COMUNICACIÓN EN CÓRDOBA

Cecilia Blanco

Introducción

Estudiar es un mecanismo social que, como regla, y tal como lo señalaran Teichler (2005) y Chiecher (2011), disocia al estudiante, durante un período de tiempo, del mundo del trabajo. Sin embargo, para muchos, estudiar y trabajar es una realidad desde los primeros años de la carrera universitaria.

Si bien todavía algunas carreras no favorecen la simultaneidad del estudio y el trabajo, y las empresas valoran en los graduados universitarios la experiencia que estos mantuvieron durante sus estudios, existe también un consenso en torno a que la duración de las carreras universitarias, cada vez que se trabaja, es, en general, bastante más larga de lo previsto (Chiecher, 2011).

Las trayectorias académicas o educativas hacen referencia al recorrido que realiza el estudiante desde el momento en que ingresa a la universidad hasta la finalización de los estudios, aunque también, hasta el momento en el que se realiza una entrevista para un estudio longitudinal. En concreto, entendemos a la trayectoria académica de los sujetos como a aquellos fenómenos externos e internos, a aquellos sucesos subjetivos y objetivos, que se concatenaron durante la cursada de los estudios universitarios, relacionados con la elección de la universidad y de la carrera, hasta el momento de la graduación (Chiecher, 2011; Iavorsky Losada, 2011; Panaia y Budich, 1999b; Paoloni, 2013). En general, para estudiar las trayectorias se consideran, normalmente, las siguientes dimensiones: el origen social (nivel educativo de los padres, condición de ocupación de ambos, tipo de tareas, calificación); título y tipo de institución secundaria, el sexo, la edad, el estado civil al ingreso y al egreso, el porqué de la elección de la carrera, motivos y expectativas iniciales, los atrasos, los motivos de los atrasos, la performance educativa, la formación de posgrado y los motivos de esa formación, entre otros aspectos.

Una distinción necesaria cada vez que hablamos de trayectorias educativas es entre la trayectoria ideal de los sujetos (de carácter teórica) y la trayectoria real. La primera es demarcada por el plan de estudios, mientras que la segunda es el recorrido puntual que desarrolla cada estudiante, en función de sus posibilidades individuales y condiciones contextuales (Chiecher, 2011).

Las dificultades que mantienen los estudiantes para seguir las trayectorias teóricas trazadas por los planes de estudio se deben a múltiples motivos: para algunos, la superposición del trabajo con el estudio; para otros, la dificultad de aprobar materias "cuello de botella"; en otros casos, las cuestiones familiares o personales.

Lagger *et ál.* (1999 en Chiecher, 2011), sostienen que si bien, la necesidad de trabajar suele ser la causa principal para que muchos estudiantes prolonguen sus tiempos universitarios, existen otros factores que contribuyen al fenómeno universitario *part time*. Entre ellos, la organización curricular de las carreras, que en muchas ocasiones son extremadamente largas y con sobrecarga de correlatividades, las cuales generan cuellos de botella; otro factor, es la exigencia de la tesis o trabajo final, que los estudiantes deben realizar para obtener el título de licenciados. Otro aspecto es la dificultad que encuentran los alumnos para regularizar y aprobar materias clave en los primeros años de la carrera. Por último, factores personales, relacionados con acontecimientos vitales (casamiento, nacimiento de los hijos, fallecimiento o enfermedad de los padres o propias) pueden contribuir al retraso en la carrera universitaria.

Por otra parte, el recorrido que realizan los estudiantes responde, normalmente, al proceso de adquisición de autonomía económica, o al establecimiento de una vida en pareja, esto es, crecen en paralelo a sus estudios. De esta manera se genera un ida y vuelta entre la trayectoria personal y la formación académica (Somma, 2011).

En este trabajo estamos interesados en focalizar en los motivos de interrupción de la carrera de grado por parte de 45 mujeres graduadas cohortes 2000, 2002 y 2005, de la Licenciatura en Comunicación Social de la ex Escuela de Ciencias de la Información (ECI), dependiente de la ex Facultad de Derecho y Ciencias Sociales de la Universidad Nacional de Córdoba, Argentina.

La decisión de estudiar los motivos de interrupción de carrera de estas 45 mujeres tiene relación con un dato altamente significativo referido a la totalidad de 74 graduados cohortes 2000, 2002 y 2005 de la ex ECI de la UNC (mujeres y varones), entrevistados para mi propia tesis doctoral[1] en torno a la interrupción-no interrupción de la carrera de grado. Del total de 29 varones, sólo un 3% interrumpió su carrera universitaria, mientras ellas lo hicieron en un 27% (de un total de 33 mujeres)[2].

Lo anterior nos lleva a pensar en la variable sexo como causa estructural de la interrupción de la carrera universitaria, en primer término; y en la necesidad de analizar los motivos que las entrevistadas señalaron incidieron en la decisión de abandonar los estudios por un lapso.

Entender que ser mujer o ser varón tiene relación con algo estructural, nos lleva a retomar a Pierre Bourdieu. El autor (2006) habla de fracciones de clase abordables a partir de la construcción analítica del investigador tomando en consideración determinadas características o capitales (capital económico, cultural, social y simbólico). Entiende al espacio social como compuesto de agentes, instituciones y grupos, que tienen tantas más propiedades en común cuanto más próximos estén entre ellos, y tantas menos cuanto más alejados. Las distancias espaciales –graficables en papel– coinciden con las distancias sociales. Los agentes que ocupan posiciones semejantes o vecinas están sometidos a condicionamientos semejantes, poseen una serie de propiedades comunes, en ocasiones garantizadas jurídicamente, y desarrollan determinado tipo de disposiciones (*habitus*) que derivan en una mayor probabilidad de producir prácticas también semejantes (Bourdieu, 1996 y 2006). Gutiérrez (2005a; 2005b), en este sentido, aclara: el espacio social es un espacio de luchas de clases, cuya estructura se genera a partir de la distribución diferenciada de las distintas especies de capital en un momento dado del tiempo.

> La clase social, dentro de ese espacio: no se define por una propiedad (aunque se trate de la más determinante…) ni por una suma de propiedades (propiedades de sexo, edad, origen social o étnico, de ingresos y nivel de instrucción, etc.) ni mucho menos por una cadena de propiedades (…), sino por la estructura de las relaciones entre todas las propiedades pertinentes, que confiere su propio valor a cada una de ellas y por los efectos que ejercen sobre las prácticas. (Bourdieu, 2006: 104).

---

1   Tesis doctoral "Trayectorias de Formación y de Trabajo de graduados de comunicación de la UNC en un contexto heterogéneo. Un estudio longitudinal".

2   Si bien el número de varones y mujeres no es alto, se respetaron proporciones poblacionales. A su vez, se trabajó en el marco de la *Grounded Theory* como estrategia de diseño y análisis de datos, hecho que da validez a estudios cualitativos no probabilísticos.

Asimismo, estudiar las trayectorias académicas y laborales de graduados implica reconocer, que para un desplazamiento social efectivo (en la academia y en el mercado) es necesaria una configuración particular del conjunto de propiedades constitutivas de la clase o fracción de clase construida, definida teóricamente, por el conjunto de todos los factores que conforman el patrimonio del agente, es decir, del volumen y estructura del capital definidos puntualmente y en su evolución (trayectoria), sexo, edad, status matrimonial, residencia, bienes culturales, materiales, simbólicos, sociales (Bourdieu, 2006). La lógica de los campos (académico y económico), los intereses que en ellos están en juego, y la especie de capital necesario para participar, es lo que impone las propiedades eficientes y las reglas de juego, al mismo tiempo que las disposiciones necesarias para reconocerlas. Un mismo sistema de propiedades (que determina la posición del agente en el campo de las luchas de clases) resulta eficaz solo si recibe un valor en el marco de las leyes inmanentes de cada campo. El peso relativo de cada uno de los factores que constituyen el sistema de propiedades de los agentes varía de un campo a otro. Es decir, en un campo particular, no todas las propiedades incorporadas (disposiciones) u objetivadas (bienes económicos o culturales) de los sujetos son siempre simultáneamente eficientes; más bien, es la lógica específica de cada campo la que determina aquéllas que tiene valor en ese mercado, que son pertinentes en el juego considerado y que funcionan como capital específico en ese campo. Esto significa que "el rango social y el poder específico que los agentes reciben en un campo particular dependen primordialmente del capital específico que éstos puedan movilizar" (Bourdieu, 2006: 112), sea cual fuere su riqueza en cualquier otra especie de capital (que, sin embargo, podría ejercer algún otro efecto de carácter multiplicador).

Indudablemente, no estamos interesados en reconstruir clases sociales en papel. Sin embargo, entendemos que el sexo de la persona es una característica estructural que adopta una función importante cada vez que hay más mujeres que varones que o interrumpen una carrera universitaria.

Las interrupciones de la carrera son un aspecto importante cada vez que estudiamos las trayectorias educativas de los estudiantes y graduados universitarios. De extenderse demasiado, o reiterarse con frecuencia, pueden contribuir a cronificar los estudios o bien, a una deserción del sistema. En tal sentido, las interrupciones prolongadas, es decir, aquellas que superan un año escolar, colocan al estudiante en situación de riesgo, generando un alto grado de desconexión con los estudios, pérdida de correlatividades, pérdida de regularidades y reinserción en otra cohorte que no es la propia (Formento, 2004; Panaia, 2006b; Panaia, 2013b).

Cuando nos referimos a las interrupciones y retrasos, hacemos referencia a trayectorias interrumpidas, tan trabajadas por la escuela francesa, particularmente Bourdieu. Bourdieu ha considerado al "efecto de trayectoria interrumpida" como un accidente que ocurre con:

> (…) las estrategias que los individuos emplean para evitar la devaluación de sus títulos, que es correlativa a la multiplicación de titulados del mismo título, entonces se reconocen sólo los más visibles. Es decir, las estrategias colectivas por las cuales un grupo logra mantener el dominio de los mecanismos para mantener o aumentar las ventajas adquiridas, encontrando así el fundamento de la declinación, particularmente marcadas en ciertas coyunturas y en ciertas posiciones sociales, entre las chances objetivamente ofertadas en un momento dado del tiempo y las aspiraciones realistas que no son otra cosa que el producto de otro estado de las chances objetivas: esa declinación es muy frecuentemente el efecto de una caída, en relación a las trayectorias personales o colectivas, ya inscripta como potencialidad objetiva en la posición anterior y en la trayectoria que conducen a esa caída. (Bourdieu, 1996 en Panaia, 2013b: 35).

El concepto planteado por Bourdieu se hace más claro si se retoma la lectura interpretativa de Eckert (2005 en Panaia, 2013b: 35). En primer lugar, es necesario comprender que, las interrupciones de carrera afectan, sobre todo, a las trayectorias de los grupos sociales, aun siendo la interrupción un hecho presente en una o más trayectorias individuales. El solo hecho de ocurrencia a una persona afecta a todo un grupo. En segundo lugar, los grupos profesionales pugnan por mejorar la posición adquirida o, al menos, mantenerla, de manera tal que las pugnas ocultas de cada grupo están muchas veces ligadas a las diferentes condiciones de quienes participan de cada grupo. Por último, es relevante analizar si las interrupciones de los grupos no aparecen como efectos de contagio asociados a situaciones históricas de expectativas que no cubiertas, para cuando se cuente con el título o cuando ya se está en el mercado de trabajo (Panaia, 2013b: 35-36).

Si bien éstos son algunos mecanismos posibles que dan cuenta de las interrupciones, los mismos pueden variar según el grupo o grupos que estudiamos, hecho que obliga a caracterizarlos según las particularidades de sus estrategias y prácticas educativas (Panaia, 2013b: 36).

1. Una aproximación contextual

Córdoba es la segunda ciudad del país que ofrece graduados de comunicación al mercado desde hace cuatro décadas. En 2010, por ejemplo, el 20% del total de 1906 sujetos a nivel nacional, graduados en comunicación provenía de la ex Escuela de Ciencias de la Información (ECI), dependiente de la ex Facultad de Derecho y Ciencias Sociales (FDyCS)[3] de la Universidad Nacional de Córdoba (Anuario de Estadísticas Universitarias, 2010). Los graduados de la ex ECI eran y son el primer grupo modal de graduados en comunicación en Argentina. Convertida en Facultad en diciembre de 2015 (*La Voz del Interior*, 12 de diciembre de 2015; UNC, 12 de diciembre de 2015), la ex ECI fue la segunda escuela de periodismo fundada en el país en 1971 (siendo la primera la Escuela de Periodismo de la Universidad Nacional de La Plata, en 1934) (Cicalese, 2008).

Asimismo, la ex ECI de la UNC, durante los años 1995 y 2005[4], mantiene un plan de estudios (el plan 93) donde se privilegia la formación teórico enciclopédica general (3 años de ciclo básico con formación general en Teorías Sociológicas, Semiótica, Lingüística, Antropología; Historia universal y Argentina), con una formación ideológico crítica (que privilegia ante todo a autores como Marx, Gramsci, Mattelart, Schmucler, Adorno, Horkheimer, Althusser), y con una fragmentación de la formación profesional a partir del cuarto año de la carrera, cuando empieza el ciclo de especialización profesional (con cinco orientaciones diferentes, a saber: Licenciatura en Comunicación con orientación en Comunicación Audiovisual; orientación en Comunicación Gráfica; en Comunicación Radial; en Comunicación Institucional; en Investigación y Planificación en Comunicación Social) (Blanco, 2015a; Blanco, 2015b; Blanco, 2017).

En primer término, los graduados cohortes 2000, 2002 y 2005 de la ECI de la UNC se insertan en el contexto marco de un sistema productivo, heterogéneo y dual, que demanda pocos profesionales por la escasa especialización (con un 92% de empresas pequeñas y micro; un 7% de Pymes y un 1% de empresas grandes). La estructura productiva de la ciudad de Córdoba, de carácter bipartita, cuenta con un sector servicios que aporta el 68,2% del PGB del total departamental y un sector de bienes que aporta un 32% (Copello, 2011). El 84% del

---

3   Hoy Facultad de Derecho (FD), de la UNC.
4   Años durante los cuales los graduados cohortes 2000, 2002 y 2005 cursaron la carrera de grado.

total de empresas radicadas en la localidad se aboca a la actividad productora de servicios.

Lo anterior favorece a la formación de un mercado de trabajo segmentado y al establecimiento de relaciones laborales heterogéneas de inclusión-marginación. Ese mercado segmentado, a su vez, se precariza y flexibiliza, de manera continuada, por las políticas económicas de los distintos gobiernos nacionales y provinciales. Además, y muy puntualmente, el mercado laboral para comunicadores sociales adquiere dos características distintivas: por una parte, la presencia de un campo mediático reducido, dominado por los grandes conglomerados mediáticos y un tercer sector, conformado por radios comunitarias, que por sus condiciones estructurales de origen y funcionamiento, ofrecen hoy nula oferta laboral a los graduados de comunicación; por la otra, la presencia de representaciones sociales negativas en los selectores de personal acerca de los comunicadores graduados de la ECI, la histórica relación de la institución con el mercado, la formación académica que aquellos adquieren durante la carrera.

Antes de avanzar en el análisis, tenemos interés en aclarar, desde el punto de vista metodológico, a qué llamamos factores exógenos y a qué factores endógenos de la vida de los sujetos, así como también la concepción de biografía que utilizamos y cuál ha sido la estrategia-diseño de investigación utilizada: la *Grounded Theory* o Teoría Fundamentada.

2. Estrategias metodológicas

En el presente trabajo analizamos los motivos de interrupción de carrera de las mujeres en estudio en el marco de un estudio longitudinal, que reconstruye, retrospectivamente, la manera en que se desarrollaron las trayectorias educativas y laborales de los graduados entendiéndolas como parte de sus biografías. Entendemos que las biografías se conforman por una serie de concatenaciones causales de acontecimientos (temporalidades individuales y estructurales). En tal sentido, nos ubicamos en la sociología del acontecimiento sin entrar ni en el objetivismo estructuralista ni en el subjetivismo constructivista (Godard, 1996). Al tratarse de un estudio longitudinal, el tiempo es un factor central (Godard, 1996). El objeto de la biografía es el ser sociológico que es menos sujeto en sí mismo que los acontecimientos que organizan su vida y su coyuntura. Nos proponemos captar a priori —como acto teórico— aquellos acontecimientos, tanto internos —historias personales— como externos —historia social—, que pudieran incidir como potenciales de cambio en la trayectoria de los individuos. Construir teóricamente el tiempo implica transformar los acontecimientos en fenómenos estructurales. Por tal motivo, se operacionalizaron las temporalidades individuales en historia residencial, familiar, profesional y de formación post escolar, y se los organizó en el formato de calendarios.

Las planillas de acontecimientos ligaron los datos exógenos con los endógenos, estableciendo una relación entre los procesos de decisión a lo largo de la trayectoria profesional laboral y la inserción en el mercado de trabajo. La encuesta retrospectiva (Godard, 1996: 46) implica solicitar a un grupo determinado de sujetos, en un determinado período de tiempo, que reconstruyan su vida a posteriori de la sucesión de acontecimientos. Permite indagar, al final de un proceso, lo acaecido en un período anterior.

Así, en los estudios longitudinales (antes que transversales y/o sincrónicos) las cadenas explicativas, basadas en modelos de temporalidad, sirven para homogeneizar conceptos que nos permiten realizar análisis comparativos de las respuestas y desarrollar, a posteriori, su interpretación, desde la clasificación de modelos temporales de Godard (1996). En particular, adoptamos el modelo estructural del tiempo (antes que el arqueológico o el procesual). Al mismo tiempo, adoptamos la conceptualización de tiempo de Pries (1999; 1996), que articula lo inter-generacional y lo intra-generacional, e incorpora el pasado, el presente y el futuro, interrelacionando la trayectoria con la generación como limitación a la acción y como espacio de libertad de decisión y de acción. Ambos autores incorporan lo generacional como puente temporal (Panaia, 2006b: 102-103).

Lo anterior nos obliga a plantearnos acerca de cómo abordamos a los sujetos objeto de estudio, desde qué concepción ontológica, epistemológica, teórica y metodológica. Tradicionalmente, en las ciencias sociales se ha estudiado al sujeto desde perspectivas consideradas antinómicas. Algunos enfoques han pretendido conocer su identidad como sujeto y otros su identidad en función de referente social. La pregunta habitual ha sido si el centro de la mirada se dirige desde el sujeto hacia lo social o a la inversa, desde lo social hacia el sujeto. En este trabajo, y siguiendo el aporte de la Dra. Marta Panaia (2006a; 2006b), se entiende que existe la posibilidad de dejar de lado estas dualidades y trabajar de manera objetiva con el sujeto a partir de la elaboración de dimensiones que permitan desarrollar parámetros de referencia que, sin estar centrados en la subjetividad, tampoco estén anclados en el análisis de la estructura narrativa.

En este sentido, el enfoque biográfico de Godard se articula con un modo particular de hacer investigación: la *Grounded Theory* (Glasser y Strauss, 1967; Strauss y Corbin, 1990; Strauss, 1992). Los datos cualitativos permiten obtener descripciones amplias, densas y sólidas ancladas en procesos locales. Así, se trata de datos que permiten respetar la dimensión temporal, evaluar causalidades locales y formular explicaciones fecundas (Panaia, 2006a; 2006b).

En este trabajo, en particular, se utilizó como diseño y estrategia de análisis e interpretación de datos el método de muestreo teórico desarrollado por Strauss y Corbin, aplicado y ampliado por Glasser y Strauss en 1969, en *Discovery* of *Grounded Theory*[5]. Este método permite generar teoría fundamentada y organiza los datos cualitativos en dos niveles: sustantivo y formal.

La *Grounded Theory* legitima científicamente el tratamiento de datos cualitativos. Una primera concepción[6], que le da fundamento, entiende que el acceso al mundo de la vida de los sujetos es condición *sine qua non* de la investigación sociológica[7]. Una segunda concepción, igual de importante, es la noción weberiana de la necesaria descripción del caso social mediante explicaciones causales a partir de la teoría abstracta[8].

La metodología de la *Grounded Theory* se funda en un proceso de investigación inductivo que privilegia la relación de los datos empíricos, neutralizando los presupuestos teóricos del investigador y codificando progresivamente durante todo el trabajo de campo. *Glasser y Strauss* se proponen generar una teoría partiendo de los datos, lo cual implica que muchas hipótesis y conceptos no sólo provienen de los datos, sino que son permanentemente extrapolados en relación con ellos mismos durante todo el curso de la investigación. La recolección de los datos no se realiza de manera azarosa ni inconducente. Por el

---

5   Barnes Glasser y Anselm Strauss provienen de dos ámbitos diferentes de la investigación sociológica. Strauss se forma en la Universidad de Chicago donde recibió la influencia de los sociólogos de la escuela de los pragmáticos y de los interaccionistas simbólicos. Su pensamiento se inspira en el aporte de Park, Thomas, Dewey, Mead y Blumer. Glasser, en cambio, proviene de la Universidad de Columbia. Él recibió la influencia de Lazarsfeld. Glasser dota a la *Grounded Theory* de una imperiosa necesidad de desarrollar un procedimiento sistemático para codificar los datos recogidos y testear la hipótesis general durante el trabajo de investigación.

6   Cf. Strauss y Corbin (1990).

7   Schwartz (1979 en Panaia, 2006b).

8   Ciacci (1983); Ricolfi (1997) en Panaia (2006b).

contrario, para adquirir validez científica y hacer un uso autorizado de los resultados, la misma recurre a la razón teórica (Cf. Cipriani, 1993 en Panaia, 2006b).

A partir de lo expuesto se puede sostener que la *Grounded Theory* implica, por una parte, la retroacción permanente de los diferentes momentos del ciclo metodológico, de modo tal que estos puedan influenciarse o convalidarse recíproca y continuamente. Por otra parte, involucra diferentes niveles de abstracción, asociados a los diferentes niveles de análisis, cada uno de los cuales es más elevado que el anterior. Según Schwartz (1979 en Panaia, 2006: 59), la *Grounded Theory* tiene un modo de organización que obliga al investigador a convertirse, siempre, en más abstracto cada vez que busca comprender una situación observada durante el trabajo de campo.

3. Resultados

3.1. Ellas, las demoradas

Si bien, en contraste con los datos obtenidos por los Laboratorios MIG para las ingenierías, hallamos, para el total de casos en estudio, 74, un porcentaje general de retrasos mucho menor a lo esperado hubo una diferencia importante entre varones y mujeres. Mientras ellos interrumpieron sus estudios apenas en un 3% (1 caso de un total de 29 varones); ellas en un 27% (11 casos de un total de 45 mujeres).

Si miramos estos resultados en contraste con los obtenidos por los Laboratorios MIG[9] de las carreras de ingeniería compilados en Panaia (2009; 2011; 2013a; 2015), podríamos señalar que son positivos. Las razones de estos resultados positivos podrían pensarse en torno al tipo de contenido curricular de la carrera de comunicación social. La Comunicación Social, sea entendida como disciplina o como campo académico, forma parte del conjunto de las ciencias sociales. Según Martinelli (2010: 286), las Ciencias Sociales forman "el núcleo formador de futuros ciudadanos comprometidos con las problemáticas del mundo". El investigador social, acude a la historia para entrar en diálogo con sus objetos de estudio, a fin de comprenderlos (Lulo, 2002). En tal sentido, el aspecto hermenéutico de las Ciencias Sociales contribuiría no solo a la interpretación de los científicos sociales sino a la modificación y el afianzamiento de la auto-comprensión y auto-

---

9   MIG: Laboratorios de Monitoreo de Inserción de Graduados, abiertos por la Dra. Panaia en diferentes universidades tecnológicas del país.

interpretación de la sociedad. En tal sentido, los contenidos curriculares de las carreras de ciencias sociales permitirían a sus estudiantes la comprensión de sí mismos y de la sociedad, hecho que favorecería al aprendizaje y disminuiría los riesgos de atrasos, interrupciones y abandonos.

Ahora bien, también podemos encontrar una explicación a este fenómeno en las características de los programas de las materias. Observamos, en la tesis doctoral, a partir del análisis del currículo, algo que adelantamos en la sección anterior, que los programas de las materias de la ex ECI, en los años que estos graduados cursaron la carrera, no necesariamente responden a un orden creciente de complejidad, son de carácter descriptivo, enciclopédicos y fragmentarios. Hemos visto también que, las exigencias, en cuanto a la praxis que deben realizar los estudiantes, no superan a los ejercicios de documentación de información, y elaboración de informes, también descriptivos. Solo en algunas materias de las especialidades se les enseña a realizar trabajos más especializados y técnicos.

Tabla 1. Porcentaje de mujeres y varones que interrumpieron la carrera, total de casos

Tiempo de interrupción		Sexo	
		Masculino	Femenino
Sin interrup.	Fr.	28	33
	%	96,6%	73,3%
< 1 año	Fr.	0	2
	%	0,0%	4,4%
>= 1 año y < 2 años	Fr.	0	4
	%	0,0%	8,9%
>= 2 año y < 3 años	Fr.	1	4
	%	3,4%	8,9%
>= 3 año y < 4 años	Fr.	0	1
	%	0,0%	2,2%
>= 4 años	Fr.	0	1
	%	0,0%	2,2%
	Fr.	29	45

Fuente: Elaboración propia. Período de relevamiento: julio-octubre 2014.

Lo anterior nos lleva a dejar de lado una lectura positiva de esta información, evitar contrastar estos resultados con los de carreras más técnicas como las ingenierías, que tienen su propia problemática y complejidad, y preguntarnos por los motivos de interrupción de carrera de las once mujeres que conformaron la muestra de nuestra investigación. El hecho de que sea porcentualmente menor la cantidad de personas con interrupción en estos graduados no disminuye la gravedad del problema. Y más aún, teniendo en cuenta que son ellas las demoradas en principio (aun sosteniendo todos los recaudos en torno a que se trata de una muestra pequeña de personas, no representativa del total de la población en términos probabilísticos).

Del 27% de mujeres que sufrió demoras, 10 tardaron entre 1 y 3 años y 2 entre 3 y más años. En comparación con la duración teórica de la carrera, de 5 años, que suele extenderse a 6 por efecto de la tesis, estas mujeres graduadas se excederían en tres años (si tomamos el valor teórico) y en dos si tomamos el valor real.

Ahora bien, como en la muestra hay más mujeres que varones (45 ellas; 29 ellos), no podemos señalar que esta tendencia de más mujeres que varones con retrasos sea generalizable al total de la población (si tomamos a las 3 cohortes seleccionadas para el estudio en forma completa).

La lectura comparativa de los datos obtenidos para las tres cohortes indica que 6 mujeres de 20 de la cohorte 2005 fueron las que sufrieron algún tipo de retraso (un 30%); mientras que para la cohorte 2002, apenas un 19% y, para la cohorte 2000, otro 30% (dato que pierde validez, teniendo en cuenta que se trata de 3 mujeres de un total de 10 correspondientes a la cohorte).

3.2. Los motivos de demora

El motivo de demora que aparece con mayor frecuencia es el de los retrasos por razones académicos, muy puntualmente, por la obligación de los estudiantes de realizar una tesina de licenciatura. Hacer una tesis implica tiempo disponible, compromiso personal, compromiso grupal (en la ECI, puntualmente, por permitir a los estudiantes realizarla hasta de a tres personas) e institucional (porque la ECI debe garantizar que sus estudiantes se reciban, y porque es necesaria la intervención de los profesores en el proceso de dirección de las tesis). En la mayoría de los casos, la tesis fue el motivo de interrupción de los estudios. Ahora bien, este motivo académico, aglutina una serie de otros motivos.

A continuación, ejemplificamos los motivos hallados (problemática de género ligada a lo académico, lo económico, la salud, los viajes), con casos paradigmáticos.

3.2.1. La problemática de género

Por una parte, están los motivos personales, que en cuatro casos quedan directamente asociados con la problemática de género. Se trata de casos de mujeres que se casan y tienen que articular su vida privada con su vida pública (en la que se ubican los estudios de grado). Es el caso de Alba (comunicación personal, 20 de agosto de 2014), graduada cohorte 2005, quien señaló que hizo toda la carrera corrida y se retrasó con la tesis, que le llevó tres años. En este caso, si bien ella menciona otros factores como el institucional, el matrimonio aparece como principal causa del retraso. Veamos un fragmento de la entrevista:

-¿Tuviste retrasos en la carrera?
-No, en general lo hizo todo de corrido, hasta la tesis que me llevó tres años.
-¿Y por qué te llevó tanto?
-Primero porque me recibí antes que mis amigos, y ahí estaba el dilema de hacerla sola o grupal. Yo me estaba por casar, quería presentarla antes, era como muy alocado. Luego acostumbrarse a la vida de casada, y cada vez como que el tiempo de estudio era menos. Un día dije: la voy a rendir y me puse. Tuve varias idas y vueltas, con la elección de director. Al no tener una concurrencia obligatoria con la facultad, se va cortando el nexo con la facultad. No te enteras, no tenés un medio que te informe, hasta el punto de que tus profesores dejan de ser tus profesores, y cuesta mucho encontrar un tutor. Hasta que por fin encontré una tutora que más o menos me pudo guiar.

En relación con la manera en que Alba vivió su período de maternidad,

-(…) Hay un período de maternidad. ¿Cómo viviste ese período, qué fue positivo, y que considerás que no fue tan positivo?
-El cambio fue muy grande, más de lo que imaginaba. Uno dice: bueno, total tengo dos hijos y sigo con todo igual (…), hay mujeres que sí lo logran; no fue mi caso. Mi caso fue que cuando me tocaba volver a trabajar, la vi tan chiquitita, y perderme todo eso (…), y aparte pagarle a una niñera, prácticamente era cambiar la plata, y no quería perderme esos primeros años de crianza y de estar yo como mamá presente. Así que fue un dejar todo. Sí tiene sus contras, pero con los años lo veo reflejado en nenes que tienen problemas, que yo sé que los míos no pasan. Son siempre cosas que tenés que dejar. Son decisiones que tenés que tomar, y en este momento lo tomé así. Con aciertos y desaciertos fue lo que sentí, e hice.

Si me gustaría el día de mañana volverme a incorporar, si bien de a poco estoy haciendo emprendimientos y no quedarme eternamente en el (...), pero es bastante dificultoso cómo cuesta volver, uno pierde los contactos, la práctica. Me topé con que cuando vuelvo muchas cosas cambiaron, la era digital, los contactos, el que estaba en tal canal ya no está. Cuesta mucho arrancar. Mi idea es hacer algo propio que me permita trabajar tres o cuatro horas, por eso estoy con el tema de los maquillajes.

También están aquellas mujeres a las que, en función de sus responsabilidades como madres y, en ocasiones, como sostén del hogar, no pueden dedicarse demasiado al estudio. En un caso, lo anterior quedó asociado también a las dificultades para aprender a estudiar y para rendir y aprobar algunas materias filtro. Es el caso de Sabrina (comunicación personal, 31 de julio de 2014), graduada 2005, y su dificultad con la asignatura Lingüística, hecho que retrasa su carrera académica.

Y dijiste: allá voy.
-Allá voy. Los primeros años fueron muy difíciles, porque no había bajado el nivel de actividad familiar, económicamente me costaba mucho, pero bueno. También no sabía estudiar, me costaba mucho, así que lingüística se encargó de pararme los primeros años.
Un año dije: abandono; y después dije no. ¡Ya está! ¡Mis hijas entran a la universidad, y que se las arreglen!

Estos dos casos paradigmáticos sintetizan los motivos de interrupción de carrera de las cuatro mujeres con problemática de género. El análisis de estos casos permite retomar el postulado de Butler que entiende que la matriz heterosexual de género, con alta presencia masculina, asigna, socialmente, a hombres y a mujeres determinada significación a partir de construcciones culturales de estatus, roles y continuidades. Las dos mujeres hacen referencia a cómo la vida familiar, y en particular, la presencia de los hijos y el hecho de ser madres y/o esposas, afecta la carrera académica. En la decisión de demorar los estudios o casi abandonarlos se resignifica la matriz de género a partir del *habitus* (incorporado en la primera socialización, aunque reforzado en los ámbitos escolares) que se reproduce a sí mismo y reproduce a aquella que especifica el rol socialmente esperado de "la madre sufriente, la madre que cuida, la madre que enseña" (Butler en Blanco y Jodor, 2013).

Desde Bourdieu (2000a), las mujeres con sus disposiciones reproducen la matriz de género y, reproducen, a su vez, el orden patriarcal naturalizado. La pregunta que surge es: ¿se convierte, el hecho de ser mujer, en una barrera estructural, como resultado de un condicionamiento social y cultural ancestral de una sociedad conservadora androcéntrica? (Blanco y Jodor, 2013).

La pregunta anterior, no pareciera obtener una respuesta contundente, tomando en consideración los motivos de interrupción de carrera del resto de las entrevistadas, quienes no aludieron a problemáticas de género, sino a otras razones de índole económicas, de salud o relativas a viajes.

3.2.2. Razones económicas

En relación con las razones económicas, están aquellas que tuvieron problemas para concretar la tesis, como Cecilia (comunicación personal, 26 de agosto de 2014), quien expresó con una claridad conmovedora su situación en la entrevista:

-¿Y el ritmo de estudio, tuviste retraso en la carrera?
-En los últimos años.
-Tuviste problemas con la tesis.
-Tuve problemas de recursos. Era el 2001, y no había casi cursos de e-mails, no era tan masivo, poca gente tenía PC o Internet en su casa. A mí me resultó definir el tema de la tesis, porque era (…), primero sabía que tenía que hacer la tesis sola, y segundo no sabía cómo iba a responder. Fue como un desafío. En segundo lugar, necesitaba que alguien me prestara una compu, su casa, muchos meses, implicó toda una búsqueda. Una amiga me daba la llave de su casa cuando iba a trabajar, y yo iba y así durante un años y medio. Yo no tenía ni PC ni Internet, ni plata. Era un desafío.

3.2.3. Los viajes

En otros casos, los viajes al extranjero sean por placer o sean por intercambio, atrasa la realización de la tesis. Concomitantemente con las ausencias por viajes, está también la dificultad de encontrar compañeros compatibles para desarrollar la tesis y un profesor que los dirija (algo que apareció de manera repetitiva en la mayoría de los casos analizados, incluso en el caso de Alba, presentado en el apartado 3.2.1). Es el caso de Sarah (comunicación personal, 15 de agosto de 2014), graduada cohorte 2005:

-¿Tuviste interrupciones durante el estudio?
-En la tesis.
-¿Qué pasó?

-Fue que en el medio me fui a Europa, y eso dilató los tiempos de tesis, y el tiempo que llevó adaptarme a mis compañeros y que ellos se adapten a mí, y la búsqueda de la directora. Y la búsqueda del tema, también.
-¿Cuánto tiempo les llevó encontrar directora?
-Y como tres o cuatro meses.
-¿Pasaban de uno a otro o no encontraban directamente?
-Creo que tuvimos dos o tres candidatos, de las primeras no tuvimos respuesta, en esa época había mucha presentación de tesis. Finalmente dimos con (nombre de profesora), que, si nos siguió la tesis, pero nosotros en el ínterin cambiamos fácil, cuatro veces de tema.

3.2.4. La enfermedad

Existen otros casos en los que los motivos de salud afectan el transcurso lineal de la carrera, consecuencia de situaciones familiares que afectan a los sujetos. Es el caso de Azucena (comunicación personal, 31 de julio de 2014), graduada cohorte 2005, que se atrasó para rendir la tesis, por un tumor cerebral. Interesante es observar en este fragmento de entrevista que se presenta, un detalle referido al ideal de familia tradicional (tan característico de la educación basada en la matriz heterosexual de género):

(…) Mi papá se fue de mi casa. Mi casa fue como la familia Ingalls, y de golpe y porrazo, en el 2003, se fue en septiembre sin decir nada. Agarró el auto, empezó a cargarlo sin decir nada, se fue (…) una colisión familiar muy grande. Me costó terminar, rendí, pero ya mi mente y mi cuerpo con la última materia, explotó (…). En diciembre mi hermana mayor se separó, fue todo un proceso, empezó con anorexia, estuvo muy enferma, hospitalizada. En esa época nos tuvimos que hacer cargo (…). De golpe es como que nos quedamos solas a remarla con el laburo, la casa, los estudios (…) fueron demasiadas cosas, yo siempre fui como muy organizadora de todo el mundo. Mis hermanas: bueno, pero ¿qué hago? Y yo, hacé esto, esto y esto. Y así. Entonces para mí fue como asumir el rol masculino dentro de la familia (…).

Conclusiones

El porcentaje de sujetos que tuvieron retrasos durante la carrera es notablemente menor a lo esperado, y llamativamente inferior a los datos obtenidos por los Laboratorios MIG para las ingenierías, aunque con un saldo desfavorable para ellas. Mientras un 3% de varones interrumpió sus estudios, ellas lo hicieron en un 27%. El motivo de demora que aparece con mayor frecuencia (combinado con todos los demás motivos) es el de los retrasos por razones académicos, muy puntualmente, por la obligación de los estudiantes de realizar una tesina de licenciatura. Hacer una tesis implica tiempo disponible, compromiso personal, compromiso grupal (en la ECI, puntualmente, por permitir a los estudiantes realizarla hasta de a tres personas) e institucional (porque la ECI debe garantizar que sus estudiantes se reciban, y porque es necesaria la intervención de los profesores en el proceso de dirección de las tesis). En la mayoría de los casos, la tesis fue el motivo de interrupción de los estudios. Ahora bien, este motivo académico, aglutina una serie de otros motivos. Por una parte, están los motivos personales, que en ocasiones tienen relación con la problemática de género. Son estos casos de mujeres que se casan y tienen que articular su vida privada con su vida pública (en la que se ubican los estudios de grado). Es el caso de Alba (comunicación personal, 20 de agosto de 2014), graduada cohorte 2005, quien señaló que hizo toda la carrera corrida y se retrasó con la tesis, que le llevó tres años. En este caso, el matrimonio aparece como principal causa del retraso, aunque ella menciona también otros factores como el institucional. También están aquellas mujeres a las que, en función de sus responsabilidades como madres y, en ocasiones, como sostén del hogar, no pueden dedicarse demasiado al estudio. En un caso, lo anterior quedó asociado también a las dificultades para aprender a estudiar y para rendir y aprobar algunas materias filtro. Es el caso de Sabrina (comunicación personal, 31 de julio de 2014), graduada 2005, con la asignatura Lingüística, hecho que retrasa sus carreras académicas. Los casos seleccionados parecieran demostrar el postulado de Butler que entiende que la matriz heterosexual de género, con alta presencia masculina, asigna, socialmente, a hombres y a mujeres determinada significación a partir de construcciones culturales de estatus, roles y continuidades. Las dos mujeres hacen referencia a cómo la vida familiar, y en particular, la presencia de los hijos y el hecho de ser madres afecta la carrera académica. En la decisión de demorar los estudios o casi abandonarlos se resignifica la matriz de género a partir del *habitus* (incorporado en la primera socialización, aunque reforzado en los ámbitos escolares) que se reproduce a sí mismo y reproduce a aquella que especifica el rol socialmente esperado de "la madre sufriente, la madre que cuida, la madre que enseña" (Butler en Blanco y Jodor, 2013). Ahora bien, lo anterior se aplica solo a cuatro casos de mujeres. Las demás hacen referencia a otros motivos, tal como vimos: los económicos, los de salud, los relativos a viajes. Estos resultados permiten poner en cuestión la pregunta sobre si el ser mujer se convierte en una barrera estructural.

Bibliografía

Anuario Estadísticas Universitarias (2010). *Anuario Estadísticas Universitarias*, Ministerio de Educación, Ciencia y Tecnología, Secretaría de Políticas Universitarias. Recuperado de: [http://repositorio.educacion.gov.ar:8080/dspace/bitstream/handle/123456789/109591/Anuario_de_Estadisticas_Universitarias_2010.pdf?sequence=1].

Blanco, C. (2015a). "La mirada de las empresas sobre los comunicadores sociales. Una inserción difícil", en Panaia, M. (coord.), *Universidades en cambio: ¿generalistas o profesionalizantes?* (pp. 281-301), Buenos Aires, Miño y Dávila Editores.

Blanco, C. (2015b). "Desventajas comparativas en el mercado de trabajo para comunicadores graduados de la ECI, de la UNC". Trabajo presentado en las *XI Jornadas de Sociología de la UBA: Coordenadas contemporáneas de la sociología: tiempos, cuerpos, saberes*, Buenos Aires.

Blanco, C. (2017). "Campo mediático, condiciones laborales, representaciones sociales y demandas en la ciudad de Córdoba", en Panaia, M. (coord.), *De la formación al empleo. El desafío de la innovación* (pp. 137-164), Buenos Aires, Miño y Dávila Editores.

Blanco, C. y Jodor, N. L. (septiembre, 2013). "¿Las trayectorias laborales en el campo académico permiten una resignificación de la matriz de género? El caso de la Universidad Nacional de Córdoba", *Memoria Académica Publicación del Centro Interdisciplinario de Investigaciones en Género*, UNLP. Recuperado de: [http://www.memoria.fahce.unlp.edu.ar/trab_eventos/ev.3396/ev.3396.pdf].

Bourdieu, P. (1996). *Cosas dichas*, Barcelona, Editorial Gedisa, S.A.

Bourdieu, P. (2000). *La dominación masculina*, Madrid, Anagrama.

Bourdieu, P. (2006 [1979]). *La distinción. Criterios y bases sociales del gusto*, Madrid, Editorial Taurus.

Chiecher, A. (2011). "Mañana ingenieros, hoy estudiantes. Trayectorias educativas y laborales de los alumnos de ingeniería electricista de la Universidad Nacional de Río Cuarto", en Panaia, M. (coord.), *Trayectorias de graduados y estudiantes de ingeniería* (pp. 95-117), Buenos Aires, Biblos.

Cicalese, G. (2008). *Tensiones políticas y teóricas en la institucionalización de las carreras de Comunicación en la Argentina* (Tesis Doctoral). Recuperada de la Biblioteca del Centro de Estudios Avanzados (CEA) de la UNC.

Copello, M. (2011). *Programa de Desarrollo Territorial en el Área Metropolitana de Córdoba. Córdoba Innovadora*. Segundo Informe de Avance, 26 de septiembre, Córdoba, Ieral y Fundación Mediterránea. (UIA).

Formento, C. (2004). "Reflexiones sobre la relación educación-trabajo a partir del estudio de trayectorias laborales de alumnos de ingeniería". Trabajo presentado en el *IV Encuentro Nacional y I Latinoamericano la Universidad como objeto de investigación*, Argentina, Universidad Nacional de San Luis.

Glasser, B. G. y Strauss, A. L. (1967). *The Discovery of Grounded Theory*, Nueva York, Aldine Publishing Company.

Godard, C. (1996). "El debate y la práctica sobre el uso de las historias de vida en las Ciencias Sociales", en Godard, C. y Cabanés, R., *Uso de las Historias de Vida en las Ciencias Sociales* (pp. 1-56), Bogotá, Centro de Investigaciones sobre Dinámica Social, Serie II, Universidad del Externado de Colombia, Departamento de Publicaciones, julio.

Gutiérrez, A. B. (2005a). *Las prácticas sociales: una introducción a Pierre Bourdieu*, Córdoba, Ferreyra Editor.

Gutiérrez, A. B. (2005b). *Pobre, como siempre... Estrategias de reproducción en la pobreza. Un estudio de caso*, Córdoba, Ferreyra Editor.

Iavorsky Losada, I. (2011). "La cuestión de género en las carreras tecnológicas. La trayectoria académica y laboral de las graduadas de la UTN FRGP y la UNRC, Facultad de Ingeniería", en Panaia, M. (coord.), 1° Edición, *Trayectorias de graduados estudiantes de ingeniería* (pp. 235-257), Buenos Aires, Biblos Editorial.

La Voz del Interior (2015). "Crean hoy las facultades de Comunicación y Ciencias Sociales". Recuperado de: [http://www.lavoz.com.ar/ciudadanos/unc-crean-hoy-las-facultades-de-comunicacion-y-ciencias-sociales-0].

Lulo, J. (2002). "La vía hermenéutica: las ciencias sociales entre la epistemología y la ontología", en Schuster, F. L. (comp.), *Filosofía y métodos de las Ciencias Sociales*, Buenos Aires, Manantial.

Martinelli, A. (2010). "Social science in the public space", *World Social Science Report. Knowledge divides*, París, Unesco Publishing.

Panaia, M. (2006a). "Una revisión de la Sociología de las Profesiones desde la teoría crítica del trabajo en Argentina", *Estudios del Trabajo*, Núm. 32 (pp. 121-165), julio/diciembre.

Panaia, M. (2006b). *Trayectorias de ingenieros tecnológicos. Graduados y alumnos en el mercado de trabajo*, Buenos Aires, Miño y Dávila Editores.

Panaia, M. (2009). *Inserción de Jóvenes en el Mercado de Trabajo*, Buenos Aires, La Colmena Ed.

Panaia, M. (2011). *Trayectorias de graduados estudiantes de ingeniería*, Buenos Aires, Biblos.

Panaia, M. (2013a). *Abandonar la universidad con o sin título*, Buenos Aires, Miño y Dávila Eds.

Panaia, M. (2013b). "Abandonar la universidad: decisión premeditada o imprevista", en Panaia, M. (coord.), *Abandonar la universidad con o sin título* (pp. 21-65), Buenos Aires, Miño y Dávila Eds.

Panaia, M. (2015). *Universidades en cambio: ¿generalistas o profesionalizantes?*, Buenos Aires, Miño y Dávila Eds.

Panaia, M. y Budich, Y. (1999a). "Sociología de las profesiones. ¿Un modelo en crisis o en crecimiento?". Documento de Trabajo N° 8, Buenos Aires, Monitoreo de Inserción de Graduados. BID 802/OC-AR-PMT-SID 0614.

Panaia, M. y Budich, Y. (1999b). "Técnicas de análisis longitudinal en el mercado de trabajo profesional". Documento de Trabajo N° 4, UBA-CEA.

Paoloni, V. P. (2013). "La participación en comunidades de práctica como aporte para la formación profesional e inserción laboral de ingenieros químicos", en Panaia, M. (coord.), *Abandonar la universidad con o sin título* (pp. 139-167), Buenos Aires, Miño y Dávila Eds.

Pinto, A. (1970). "Naturaleza e implicaciones de la heterogeneidad estructural de la América Latina", *El Trimestre Económico*, Vol. 37, N° 145(1) (pp. 83-100), México D.F., enero-marzo.

Pinto, A. (1973). *Heterogeneidad estructural y modelo de desarrollo reciente de la América Latina*, Santiago, ILPES (Instituto Latinoamericano de Planificación Económica), CEPAL.

Prebisch, R. (1949). *El desarrollo económico de América Latina y sus principales problemas*, Santiago de Chile, CEPAL.

Salvia, A. (2016). "Introducción. Heterogeneidad estructural y marginalidad económica en un contexto de políticas heterodoxas", en Salvia, A. y Chávez Molina, E. (coords.), *Claves sobre la marginalidad y la movilidad social. Segregación urbana y cambios macroeconómicos* (pp. 19-41), Buenos Aires, Biblos.

Somma, L. (2011). "Trayectorias de formación académica de graduados tecnológicos. Una mirada retrospectiva de siete generaciones de graduados", en Panaia, M. (coord.), *Trayectorias de graduados estudiantes de ingeniería* (pp. 181-211), Buenos Aires, Biblos Ed.

Strauss, A. y Corbin, J. (1990). *Basics of qualitative research: Grounded Theory procedures and techniques*, Newbury Park, London, New Delhi, Sage.

Strauss, A. L. (1992). *La trame de la negociation. Sociologie qualitative et interactionnisme*, en Bazsanger, J. (ed.), París, L'Harmattan.

Teichler, U. (2005). *Graduados y empleo: investigación, metodología y resultados. Los casos de Europa, Japón, Argentina y Uruguay*, Madrid, Miño y Dávila Eds.

UNC (2015). "La UNC creó las facultades de Ciencias Sociales y de Ciencias de la Comunicación". Recuperado de la página institucional de la UNC: [http://www.unc.edu.ar/novedades/2015/diciembre/la-unc-creo-las-facultades-de-ciencias-sociales-y-de-comunicacion-social].

TRAYECTORIAS ESTUDIANTILES EN INGENIERÍA.

FACTORES ASOCIADOS CON EL LOGRO Y EL RETRASO EN LA CURSADA

Analía C. Chiecher, Jacqueline E. Moreno y Paola V. Paoloni

1. La educación: un tesoro

La educación encierra un tesoro. Frente a los numerosos desafíos del porvenir, constituye un instrumento indispensable para que la humanidad pueda progresar hacia los ideales de paz, libertad y justicia social (Delors, 1996). Así, la educación es la clave para el logro del desarrollo social, el progreso, el crecimiento, la inclusión y la mejora en la calidad de vida de las personas.

En Argentina, a diferencia de la mayoría de los países en el mundo, contamos con universidades públicas y gratuitas, distribuidas a los largo y a lo ancho del territorio. Sin embargo, aunque el ingreso en el sistema registra cifras cada vez más altas, el abandono de los estudios universitarios, el desgranamiento y la lentificación constituyen fenómenos que atentan en contra de la oportunidad de lograr un título universitario.

Las estadísticas muestran un incremento sostenido en el número de ingresantes año tras año. Desde la década del cincuenta ha tenido lugar un crecimiento notable, continuo y sin precedentes de la matrícula en el nivel de educación superior. Esta tendencia, que además no se circunscribe a nuestro país sino que es mundial, implicó el tránsito de una universidad de élites a un modelo de acceso de masas que facilitó la incorporación de sectores previa y tradicionalmente excluidos (Ezcurra, 2005). Sin embargo, también es una realidad que pocos de los que entran en el sistema universitario salen de él con el título de grado. Más aun, estudios previos han constatado reiteradamente que durante los primeros meses de cursado es cuando se producen la mayoría de los abandonos de carrera. Tal es el caso de investigaciones previas de nuestro equipo realizadas en el contexto de la Universidad Nacional de Río Cuarto (Chiecher *et ál.*, 2011; Pardo y Moragues, 2017).

En este marco de altas tasas de ingreso y bajas tasas de graduación se habla entonces de una *inclusión excluyente* o de la *universidad como puerta giratoria*, en el sentido de que si bien cada vez más personas entran al sistema, muchas –más de las que quisiéramos– salen de él y en muchos casos muy rápidamente. Aunque la problemática es generalizada en todas las universidades y carreras, las ingenierías son foco de atención. Nuestro país necesita ingenieros. Los ingenieros son esenciales para el desarrollo pero escasean en la Argentina.

> Cuando más se demandan las especialidades más variadas de la ingeniería, resulta más difícil encontrar ingenieros en cantidad y calidad. No solamente es lento el crecimiento en las especialidades más demandadas como Mecánica y Eléctrica o la Ingeniería en Petróleo y Minería, sino que además se importan ingenieros para cubrir las demandas más importantes. (Panaia, 2011: 84).

También en medios de divulgación suelen aparecer con frecuencia notas que avalan la situación descripta: "Con la mira en la ingeniería" (*La Nación* del 2/8/2017), "Faltan ingenieros y graduados en sistemas" (*El Cronista* del 22/7/2016), "Aseguran que hay mucha necesidad de ingenieros y pocos especialistas" (*Ambito.com* del 28/2/2016), "Las carreras que más necesita el país son las menos estudiadas" (*Clarín* del 6/11/2014), "En el país se reciben solo 300 ingenieros cada 1000 abogados" (*Clarín* del 7/7/2014)[1].

Decíamos en un escrito anterior que las Carreras de Ingeniería suelen ser objeto de mala prensa. Circula socialmente una representación de las ingenierías como carreras difíciles, complejas, sólo reservadas para los más capaces, inteligentes o casi genios. Sumado a que son pocos los estudiantes que eligen ingresar en una carrera de ingeniería, aquellos que toman la decisión y efectivamente lo hacen, no suelen transitar un camino llano y despojado de obstáculos. En efecto, dos de los problemas más serios son, por un lado, las altas cifras de abandono de los estudios, y por otro, el rezago o lentificación de la carrera y el potencial riesgo de abandono que esta situación genera (Chiecher, 2017). Ahora bien, a pesar de todo, algunos estudiantes consiguen sortear las dificultades, logran rendimientos satisfactorios y siguen

---

1 Links de acceso a las notas citadas: [http://www.lanacion.com.ar/2049144-con-la-mira-en-la-ingenieria], [https://www.cronista.com/3dias/El-otro-deficit-faltan-ingenieros-y-graduados-en-sistemas-20160722-0013.html], [http://www.ambito.com/829352-aseguran-que-hay-mucha-necesidad-de-ingenieros-y-que-hay-pocos-especialistas], [https://www.clarin.com/sociedad/formacion-universitaria-carreras-alumnos_0_BkZ--E_qwme.html], [https://www.clarin.com/sociedad/pais-reciben-solo-ingenieros-abogados_0_B13FfYo5vQx.html].

el ritmo propuesto por el plan de estudios de la carrera elegida. Pero ¿cuántos son los que logran finalizar una carrera de ingeniería en el tiempo estipulado por el plan de estudios?, ¿en qué se diferencian estos estudiantes de los otros que no logran cubrir con éxito las exigencias pautadas en los planes de estudios?, ¿qué variables o características del alumno operan a favor del logro académico?, ¿qué variables o características del contexto institucional y pedagógico favorecen potencialmente mejores logros?, ¿es posible incidir institucionalmente sobre estas variables?

En este capítulo procuramos avanzar en algunas respuestas posibles a estos interrogantes. Para ello, el concepto de 'trayectorias' resulta central. Dedicaremos unas líneas a esbozar algunos lineamientos teóricos al respecto. Luego, presentaremos un estudio realizado por el *Laboratorio de Monitoreo de Inserción de Graduados* de la Facultad de Ingeniería (Universidad Nacional de Río Cuarto)[2], en cuyo marco se realizó una reconstrucción retrospectiva de trayectorias académicas de estudiantes avanzados en Carreras de Ingeniería. Se presentará dicho estudio atendiendo tanto a su instrumentación metodológica como a los principales resultados hallados.

2. Trayectorias... ¿Reales o Teóricas? ¿Encauzadas o desencauzadas? ¿Exitosas o demoradas?

El título del apartado advierte que al hablar de trayectorias podemos hacer foco en aristas diversas. Trayectoria tiene que ver con un recorrido, un itinerario, un camino, el desplazamiento desde un punto hacia otro. En contextos educativos, las trayectorias seguidas por los estudiantes pueden ser –y de hecho son– muy diversas y variadas entre sí y también pueden ser más o menos ajustadas a las trayectorias que proponen los planes de estudio de las carreras.

En principio podríamos diferenciar, tomando aportes de Terigi (2010), las *trayectorias académicas teóricas* de las *trayectorias aca-*

---

2   El Laboratorio de Monitoreo de Inserción de Graduados (MIG) funciona en la Facultad de Ingeniería de la Universidad Nacional de Río Cuarto desde el año 2004. Fue fundado y puesto en funcionamiento por la Dra. Marta Panaia. Depende de Secretaría Académica de la Facultad de Ingeniería y es dirigido por dos de las autoras de este capítulo: Dra. Chiecher y Dra. Paoloni. La función del Laboratorio MIG es la de relevar sistemáticamente datos sobre las poblaciones de estudiantes, graduados y abandonadores de la Facultad de Ingeniería, con el fin de ponerlos en conocimiento de la Secretaría Académica, dependencia desde la cual es posible tomar decisiones políticas y académicas fundadas en la información recogida.

démicas reales. Las primeras hacen referencia a aquellos recorridos que siguen la progresión lineal prevista por el sistema, en los tiempos marcados por una periodización estándar. Por ejemplo, las Carreras de Ingeniería en la Universidad Nacional de Río Cuarto, tienen una duración teórica de 5 años. Así, un sujeto que inicia una Carrera de Ingeniería, debería teóricamente recorrer toda la trayectoria en ese tiempo y obtener el título al finalizar el quinto año de cursado. Sin embargo, es claro que no todos los estudiantes logran seguir el ritmo pautado por tales criterios; más aún, son muy pocos quienes lo consiguen.

Las trayectorias de muchos jóvenes suelen estar desacopladas de los recorridos esperados por el sistema y las de muchos otros directamente son interrumpidas o abandonadas. Esto es, las trayectorias reales, aquellas que transitan los sujetos individualmente, cada uno a su ritmo, en sus tiempos, se distancian en mayor o menor medida de las trayectorias teóricas o ideales, puesto que se cruzan, se enlazan, se rozan, se combinan con sus trayectorias de vida y con las situaciones contextuales que a cada uno le toca atravesar.

Así, el aprendizaje sigue distintos cursos, tiene ritmos y tiempos variados, diferentes cronologías (Terigi, 2010) de acuerdo al entramado de variables personales y contextuales que atraviesan a cada sujeto. Si fuera por las trayectorias teóricas, si fuera por lo que establecen las leyes de obligatoriedad, si fuera por lo que marcan los planes de estudio, un estudiante que ingresa a estudiar Ingeniería debería egresar con su título 5 años después. Sin embargo, es claro que la duración promedio de las Carreras de Ingeniería supera con creces los 5 años. En nuestro contexto, la Universidad Nacional de Río Cuarto, el último relevamiento de graduados realizado por el *Laboratorio de Monitoreo de Inserción de Graduados* arrojó como resultado que las ingenierías tienen una duración promedio que va desde 8 a 10 años según la especialidad (Paoloni *et ál.*, 2017). Por otra parte, en las cuatro especialidades de Ingeniería que ofrece la UNRC, es muy reducido el grupo de graduados que lograron finalizar la carrera en un tiempo próximo al tiempo teórico estipulado por el plan de estudios. Para ser más concretos, solo un 12% de los ingenieros entrevistados finalizaron su carrera en un tiempo menor a 6 años. En el otro extremo, un 28% del grupo está integrado por ingenieros que lograron sus títulos en 10 años o más, es decir, sus trayectorias reales duplicaron –y triplicaron en no pocos casos– las trayectorias ideales o teóricas estipuladas por los planes de estudios.

Más aun, no es necesario focalizar en graduados o en estudiantes avanzados en sus carreras para detectar desfases y desacoples entre las trayectorias teóricas y las reales. Basta mirar el inicio de las trayectorias, el cursado del primer año de estudios, para apreciar que son muchos más los que desacoplan sus trayectorias de las teóricamente estipuladas que aquellos que logran ceñirse a lo pautado por el plan de estudios. En tal sentido, en los últimos años el *Laboratorio de Monitoreo de Inserción de Graduados* de la UNRC asumió, como una de sus tareas, la de realizar un seguimiento de las trayectorias de los ingresantes en Carreras de Ingeniería tomando como punto de corte el final del primer cuatrimestre de cursado. En ese momento del ciclo lectivo se analizan datos de rendimiento académico de los estudiantes y se conforman tres grupos: 1) alumnos de bajo rendimiento (definidos como aquellos que no lograron regularizar ninguna de las asignaturas del primer cuatrimestre); 2) alumnos de rendimiento medio (definidos como aquellos que tan solo regularizaron algunas de las asignaturas); 3) alumnos con trayectorias de logro (definidos como aquellos que consiguieron regularizar y/o promocionar todas las asignaturas del primer cuatrimestre). Año tras año se observa sistemáticamente que este último grupo, el que está integrado por estudiantes que consiguen seguir el ritmo teórico pautado por el plan de estudios −al menos en el primer cuatrimestre de sus carreras− es el menos numeroso, representado menos de un tercio del total de ingresantes. Datos recogidos sobre las últimas cohortes dan cuenta de que en 2015 tan solo un 28% de los ingresantes lograron regularizar todas las asignaturas del primer cuatrimestre, en 2016 un 21% y en 2017, un 23% (Chiecher, 2017).

Seguir la trayectoria teórica implica ingresar a tiempo, permanecer, avanzar un curso por año y aprender. Esa es la teoría de la trayectoria escolar sobre la cual se asienta el diseño del sistema. Sin embargo, muchas de las trayectorias efectivamente desarrolladas por los sujetos se entrelazan con historias de vida y situaciones que las apartan, en más o en menos, de lo teóricamente establecido.

En otros términos, los tiempos académicos no corren en paralelo y sin cruzarse con los tiempos y situaciones personales y contextuales. Por el contrario, las trayectorias académicas reales están signadas por un tinte subjetivo que cada individuo le aporta. Así, la experiencia del tiempo y la definición de una trayectoria académica personal se entretejen con los circuitos que circunscriben los planes de estudio; en ese entramado se construyen itinerarios o recorridos cargados de subjetividad, de individualidad, y no siempre coincidentes con los trayectos pre configurados que definen los planes de estudio y los tiempos curriculares (Guebara y Belelli, 2012).

Las trayectorias académicas reales son entonces aquellas que efectivamente acontecen, que están signadas por la singularidad de cada individuo, aquellas que muestran tanto las estadísticas educativas como las investigaciones que indagan historias de vida, aquellas que atraviesan una serie de avatares que las apartan, en mayor o menor medida, del diseño teórico previsto por el sistema. Son, en términos de Terigi (2010), *trayectorias no encauzadas*, que se salen del cauce y que no siguen el modelo teórico.

En este escrito presentaremos la instrumentación metodológica y los resultados de un estudio realizado con una cohorte de estudiantes de Ingeniería. El estudio se propuso reconstruir retrospectivamente las trayectorias académicas reales (sean estas encauzadas o desacopladas, exitosas o demoradas) de estudiantes de ingeniería y analizar la participación que en tales recorridos han tenido una serie de variables vinculadas con los sujetos y con sus contextos e historias de vida.

3. Trayectorias de estudiantes de Ingeniería.
Una mirada retrospectiva

3.1. Aspectos metodológicos del estudio

Diseño de la investigación. El estudio que presentamos en este escrito se valió de métodos mixtos. En efecto, se apeló a la combinación de enfoques cuantitativos y cualitativos tanto para la recolección como para el análisis de datos. En términos de Hernández Sampieri *et ál.* (2010) estaríamos frente a un diseño de triangulación concurrente. De manera simultánea (concurrente) se recolectaron y analizaron datos cuantitativos y cualitativos sobre el problema de investigación. Como anticipamos, el estudio propuso una reconstrucción retrospectiva –y longitudinal– de las trayectorias de estudiantes que se inscribieron para cursar una Carrera de Ingeniería 5 años antes del relevamiento.

El grupo objeto de estudio y la construcción de la población. Se trabajó con los inscriptos en Carreras de Ingeniería en el ciclo lectivo 2012. Se decidió intencionalmente tomar esta cohorte para el estudio puesto que en el momento de realizar la recolección de datos (año 2016), estos estudiantes debían estar 'teóricamente' cursando el 5° año de la carrera; ello en caso de ir al ritmo de la trayectoria teórica pautada por los planes de estudio de las Carreras de Ingeniería que se dictan en la Universidad Nacional de Río Cuarto[3].

La actividad inicial consistió entonces en construir la población objeto de estudio, identificando dos grupos a partir del listado de inscriptos 2012 en las cuatro Carreras de Ingeniería de la UNRC: por un lado, quienes seguían activos como estudiantes de ingeniería en el momento del estudio (año 2016), cualquiera fuera su nivel de avance en el plan de estudios y por otro, quienes no habían renovado su inscripción y que por tanto se infirió habían abandonado los estudios[4].

El listado inicial totalizaba 212 aspirantes para las cuatro carreras que ofrece la Facultad de Ingeniería. Sin embargo, tras depurar el listado eliminando casos que no aparecían en el sistema (por no haber completado el proceso de inscripción) y casos duplicados (puesto que algunos se anotan en más de una carrera), el total se redujo a 159 estudiantes.

La cohorte en su conjunto está compuesta por estudiantes que en su mayoría son varones (83%). Solo 27 (17%) son mujeres en el total de 159, concentrándose la mayor cantidad en Ingeniería Química, como es más frecuente cada año; de hecho, 21 de las 27 estudiantes de sexo femenino cursaban Ingeniería Química.

En el momento de la recolección de datos para el estudio, 79 (50%) de los 159 sujetos eran alumnos efectivos de la Facultad de Ingeniería en tanto que los 80 restantes (50%) no habían renovado inscripción y no estaban activos en las carreras en que se habían inscripto, con lo cual fueron identificados como abandonadores.

Focalizaremos en este escrito en el grupo de estudiantes que seguían activos en las carreras de ingeniería transcurridos 5 años desde su ingreso. Dentro de este grupo, conformado por 79 sujetos, solamente 16 (20%) estaban cursando las asignaturas del 5° año de alguna de las carreras de ingeniería (no adeudando además asignaturas de años anteriores), en tanto que los restantes 63 (80%) seguían con actividad en la carrera aunque registraban distintos grados de retraso o demora.

Se tomó contacto vía telefónica para pactar un encuentro personal con cada uno de los 79 sujetos. Se logró contactar y efectivamente concretar un encuentro personal con 48 de ellos: 15 de los 16 que

---

3   Ingeniería Mecánica, Ingeniería en Telecomunicaciones, Ingeniería Química e Ingeniería Electricista.

4   La actividad mencionada fue posible mediante la consulta de la situación académica de cada estudiante en el Sistema de Información de Alumnos (SIAL).

cursaban conforme a lo pautado por la trayectoria teórica (94%) y 33 de los 63 demorados (52%)[5].

Instrumentos de recolección de datos. En el marco de un encuentro cara a cara con cada estudiante, y con el objetivo de lograr una reconstrucción lo más completa posible de su trayectoria en la universidad, se administraron diversos instrumentos de recolección de datos; algunos habilitan análisis cuantitativos en tanto que otros ofrecen información cualitativa. Se presentan y describen a continuación los instrumentos administrados.

Encuesta longitudinal de reconstrucción de trayectorias. El instrumento, elaborado por Panaia (2006), se conforma de una serie de calendarios que permiten captar mes a mes y año a año las trayectorias académicas, laborales y los principales acontecimientos vitales que afectaron al sujeto desde su ingreso a la Universidad hasta el momento de ser entrevistado.

Cuestionario sobre motivación y estrategias de aprendizaje. El *Motivated Strategies Leaning Questionnaire* (más conocido por su sigla MSLQ), fue elaborado por Pintrich *et ál.* (1991) y es un cuestionario de administración colectiva que consta de 81 ítems. Las respuestas se dan en base a una escala Likert de 7 puntos en la que los estudiantes marcan el acuerdo o desacuerdo con las afirmaciones expresadas. Consta de dos secciones: una referida a la motivación y la otra relativa al uso de estrategias de aprendizaje. Para este estudio hemos administrado la sección relativa a uso de estrategias de aprendizaje de la versión adaptada y validada por Donolo *et ál.* (2008).

La sección relativa al uso de estrategias de aprendizaje está constituida por 50 ítems agrupables en nueve escalas que se presentan en la siguiente Tabla[6].

---

5   En este punto es importante destacar la complejidad del operativo de campo puesto que implicó la búsqueda y contacto con los sujetos uno por uno; primero de manera telefónica y en segunda instancia en un encuentro presencial con aquellos que aceptaron concurrir. En algunos casos sucedió que los números telefónicos de contacto estaban desactualizados y entonces ni siquiera se consiguió contactar con esos sujetos; en otros casos, tras varios intentos de contacto no obtuvimos respuesta alguna. Por fin, algunos de los sujetos contactados manifestaron con total libertad no querer formar parte del estudio, ya que la participación era voluntaria, en tanto que otros respondieron al llamado, pero no concurrieron el día pautado para la entrevista.

6   Dado que el instrumento fue diseñado para ser aplicado en el marco de una asignatura, se realizaron ajustes mínimos en algunos ítems con el fin de ampliar el contexto de referencia al contexto más general de la carrera.

Tabla 1. Escalas de uso de estrategias del MSLQ

Estrategias de repaso	Escala conformada por 4 ítems que aluden al grado en que el estudiante usa estrategias vinculadas con recitar o nombrar ítems de una lista a ser aprendida. Se trata de estrategias que conducen a un procesamiento más bien superficial del material (Ejemplo: *Cuando estudio para estos cursos, practico diciendo el material para mí mismo una y otra vez*).
Estrategias de elaboración	Escala integrada por 6 ítems que indagan sobre el uso de estrategias de elaboración por parte de los alumnos. El resumen, el parafraseo y la creación de analogías son ejemplos de este tipo de estrategias (Ejemplo: *Cuando estudio, escribo resúmenes breves de las ideas principales de la lectura y de mis anotaciones de clase sobre las exposiciones*).
Estrategias de organización	Los 4 ítems que componen esta escala indagan sobre el uso de estrategias de organización. Son ejemplos de este tipo de estrategias, señalar conceptos en un texto y estructurarlos en diagramas o mapas conceptuales que muestren las relaciones entre ellos, seleccionar ideas principales en un texto, etc. (Ejemplo: *Yo hago cuadros, diagramas o tablas sencillas que me ayuden a organizar el material del curso*).
Pensamiento crítico	La escala de pensamiento crítico está integrada por 5 ítems que refieren al grado en que el estudiante usa sus conocimientos previos en situaciones nuevas para hacer evaluaciones críticas, resolver problemas o tomar decisiones (Ejemplo: *Yo considero los materiales de cada materia como un punto de partida e intento desarrollar mis propias ideas sobre ellos*).
Autorregulación metacognitiva	La escala abarca 12 ítems relativos a la conciencia, conocimiento y control que tiene el estudiante sobre su propia cognición (Ejemplo: *Cuando estudio, me fijo metas para dirigir mis actividades en cada período de estudio*).
Manejo de tiempo y ambiente	Los 8 ítems que integran la escala aluden al modo en que el estudiante organiza su tiempo y ambiente de estudio. (Ejemplo: *Dispongo de un lugar apropiado para estudiar*).
Regulación del esfuerzo	La escala está formada por 4 ítems relativos a la habilidad del estudiante para controlar el esfuerzo y atención frente a las distracciones o ante tareas poco interesantes o tal vez difíciles (Ejemplo: *Aun cuando los materiales de una asignatura sean aburridos y poco interesantes, yo procuro quedarme trabajando hasta que los finalice*).

Continúa >>

Aprendizaje con pares	La escala incluye 3 ítems que aluden a la disponibilidad del estudiante para trabajar cooperativamente con sus compañeros (Ejemplo: *Cuando estudio para una materia, a menudo dejo tiempo libre para discutir sobre el material de la clase con un grupo de compañeros*).
Búsqueda de ayuda	Esta última escala está compuesta por cuatro ítems relativos a la disposición del estudiante para solicitar ayuda a sus pares o al docente frente a algún problema (Ejemplo: *Le pregunto al profesor para clarificar conceptos que no comprendo bien*).

Cada estudiante dio respuesta al cuestionario en el marco de un encuentro personal con el investigador y en formato de lápiz y papel.

* *Cuestionario de relatos motivacionales.* Para obtener datos relacionados con las metas y perfiles motivacionales de los estudiantes, tanto en el momento de ingreso como 5 años después (en el momento del contacto), se administró un cuestionario de relatos motivacionales. El referido instrumento presenta 5 relatos (tomados de Huertas y Agudo, 2003) que describen a estudiantes con distintas metas y perfiles de motivación.

Los relatos –que pueden conocerse accediendo a la versión *online* del cuestionario[7]– ilustran el perfil de estudiantes orientados hacia el aprendizaje, el lucimiento, el miedo al fracaso, salvaguardar la autoestima y no complicarse la vida. En la Tabla 2 se describen brevemente las orientaciones mencionadas.

Tabla 2. Metas y perfiles de motivación

Aprender	Los sujetos orientados hacia metas de aprendizaje se plantean objetivos relacionados con la búsqueda de conocimiento, con adquirir o perfeccionar ciertas habilidades. Son estudiantes con una orientación intrínseca hacia el aprendizaje, les interesa aprender y disfrutan de ello. Eligen las tareas por su contenido, por su novedad, por lo que puedan sumar a sus conocimientos sobre un tema. Cuando llevan a cabo una tarea recurren a sus, sin ansiedad ni preocupación por el juicio de los demás; intentan superarse a sí mismos y mejorar sus capacidades con respecto al inicio de la actividad. Esta orientación motivacional es frecuentemente relacionada en la literatura con un mejor rendimiento académico.

Continúa >>

---

7   Cuestionario sobre trayectorias exitosas en el primer año universitario. Link: [https://docs.google.com/forms/d/e/1FAIpQLSczUZm8uj4ApoCbDkWJ0uZBWCmjmPorCd86dTpccO_aoXD6Sw/viewform].

PROFESIÓN E INNOVACIÓN EN UN CONTEXTO FLEXIBLE

Lucirse	Los estudiantes orientados hacia el lucimiento se plantean objetivos tales como obtener buenas notas de la manera más rentable y buscar juicios positivos de los demás. Están más que nada interesados en la comparación social y en lucir mejor o destacarse del resto. El aprendizaje, para estos estudiantes, no es un fin en sí mismo sino un medio para alcanzar otras metas. Les interesa demostrar su capacidad para realizar una tarea así como la imagen de sí mismos que obtendrán al ejecutarla. Dado que buscan juicios o evaluaciones positivas de parte de los demás, cualquier error o situación de incertidumbre es vivido como una amenaza. Así, las tareas preferidas por estos sujetos son aquellas que les permiten proporcionar una respuesta rápida y correcta.
Evitar el fracaso	Los sujetos orientados por el miedo al fracaso comparten las metas de aquellos que buscan lucirse, aunque con consecuencias más negativas por tratarse de una tendencia motivacional de evitación. Se preocupan ansiosamente por ser buenos alumnos, con acciones enfocadas al esfuerzo. Este modo de proceder conduce al sujeto a cumplir con las obligaciones y esforzarse por desarrollar todas las tareas de clase, evitando tareas difíciles, puesto que prefieren cuidar sus capacidades y autoestima. En este caso, la atención y los recursos personales se centran hacia el objetivo de evitar valoraciones negativas de los demás. Toda la acción está teñida de preocupación y cualquier medio se torna válido para no fallar.
No complicarse	Estos sujetos se proponen estar a gusto, tranquilos y ser felices. Estudian de acuerdo a sus tiempos personales, sin apuro ni tensiones. No sacan quizás notas espléndidas, no se destacan como estudiantes y tampoco están focalizados en ello. Se esfuerzan lo justo y necesario como para aprobar y seguir adelante sin demasiadas complicaciones.
Salvar la auto-estima	Son sujetos centrados en preservar y resguardar su autoestima. Esta inquietud por salvar su imagen lleva a los alumnos a tener actitudes y comportamientos que no favorecen su aprendizaje, como por ejemplo, evitar pedir ayuda, sentarse en las últimas filas de la clase para pasar desapercibidos, no preguntar dudas de lo explicado en clase al profesor por temor a hacer el ridículo, etc. Estos estudiantes suelen optar por evitar aquellas tareas que demanden demasiado esfuerzo y tiempo en pos de cuidar las propias capacidades, autoestima y evadir las valoraciones negativas del resto, sean éstos sus pares o docentes.

Se solicitó entonces a los sujetos leer los relatos y escoger: a) aquél que considerara que mejor lo representaba en el momento del ingreso,

b) aquél que mejor lo representara en el momento del contacto con el entrevistador; c) aquél que consideraba el estudiante 'ideal'.

* *Entrevistas semi-estructuradas.* Luego de la administración de los instrumentos antes descriptos se procedió a mantener con cada el sujeto una entrevista semi-estructurada con el objetivo de profundizar en la información obtenida, oír sus voces, comprender mejor las distintas situaciones de cursada e indagar profundamente acerca de los motivos que inciden en el avance, el retraso y el abandono de los estudios. Las entrevistas fueron grabadas en audio y luego transcriptas en registros escritos para su análisis.

3.2. Destejer la trama. *Variables personales y contextuales con impacto en las trayectorias estudiantiles*

En este apartado se presentarán los principales resultados hallados como consecuencia de la administración de los instrumentos de recolección de datos antes descriptos.

Se considerarán comparativamente las trayectorias de 3 grupos de estudiantes, a saber: 1) 15 estudiantes con cursadas exitosas, cuyas trayectorias reales coinciden con las trayectorias teóricas pautadas en sus planes de estudio; 2) 15 estudiantes con trayectorias algo demoradas (con más del 50% de la carrera aprobada); 3) 18 estudiantes con trayectorias muy demoradas (con menos del 50% de la carrera aprobada).

3.2.1. Características sociodemográficas: el estudiante y su contexto familiar

Edad. La edad promedio en el momento de ser contactados era de 22 años para los estudiantes que informaron trayectorias de logro y para aquellos que estaban algo demorados. Para el grupo de los más demorados –aquellos que no habían logrado aún el 50% de aprobación de la carrera a pesar de haber transcurrido más de 5 años desde su inscripción– la edad promedio aumenta un año (M=23).

Género. Los porcentajes de varones y mujeres dentro de cada grupo son similares y mantienen la composición por género que se da año tras año en el ingreso, donde cerca de un 80% son varones. Entre los más demorados –aquellos que aún no habían logrado aprobar el 50% de la carrera– asciende levemente la representatividad de los varones (tan solo un 3%).

Gráfico 1. Distribución de estudiantes por género según trayectorias de cursado (N=48 estudiantes)

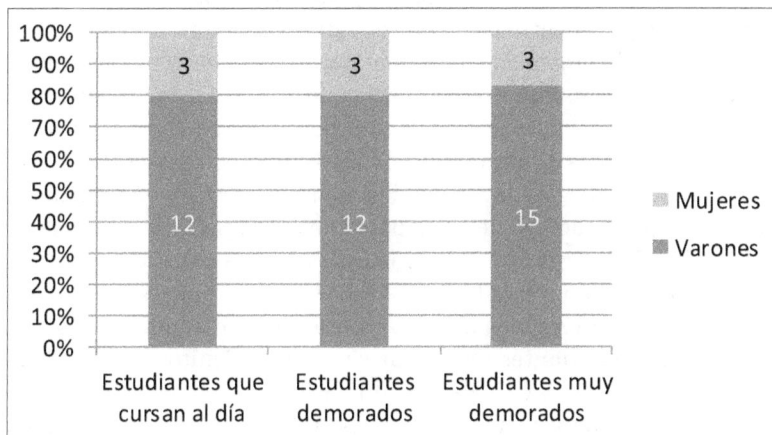

Fuente: Elaboración propia.

Aunque algunos estudios previos informan que las mujeres suelen mostrar trayectorias más destacadas e incluso mejores rendimientos académicos que los varones (Chiecher, 2017; Loureiro y Míguez, 2015), los resultados hallados en este estudio no estarían en la misma línea.

Gráfico 2. Distribución de estudiantes por procedencia según trayectorias de cursado (N=48)

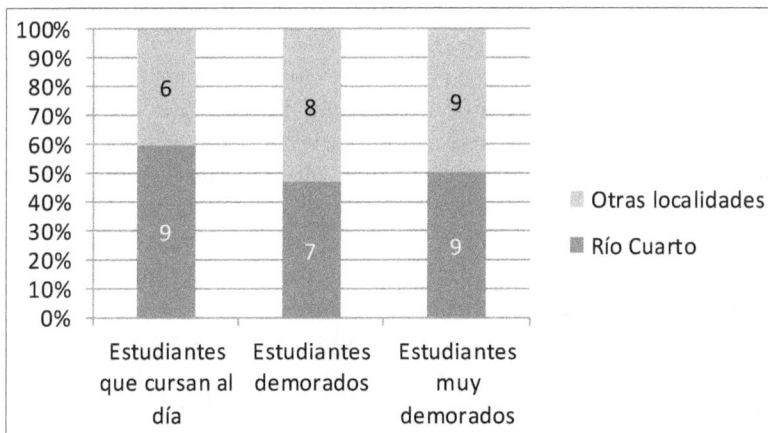

Fuente: Elaboración propia.

Procedencia. Si consideramos la procedencia de los estudiantes –esto es, la ciudad donde vivían hasta el momento de iniciar sus estudios–, la composición de los grupos se presenta también bastante similar. Sin embargo, dentro del grupo de estudiantes con cursadas al día es algo mayor la proporción de los que son oriundos de la misma ciudad de Río Cuarto; esto es, son estudiantes que no necesitaron mudarse de una ciudad a otra para iniciar sus estudios universitarios, con lo cual han estado exentos de algunos de los obstáculos adicionales que deben sortear quienes llegan de afuera. Por ejemplo, ubicarse en una nueva ciudad, conocer medios de transporte antes no utilizados, manejar dinero, hacerse cargo de tareas domésticas, entre otros.

En un estudio realizado con estudiantes de primer año de Ingeniería, Pardo y Moragues (2017) encontraron que aunque mayoritariamente los estudiantes reconocen como más dificultoso del inicio de la vida universitaria el poder organizar los tiempos para el estudio y encontrar la manera adecuada de estudiar, también se reconocen como obstáculos o dificultades el hecho de estar lejos de la familia y la necesidad de ubicarse en una nueva ciudad. De este modo, podríamos pensar, en función de los resultados obtenidos, que el hecho de permanecer en la ciudad donde uno vive y en el hogar familiar en el momento de iniciar los estudios universitarios podría operar como facilitador de la transición por el difícil momento del ingreso.

Nivel educativo de la madre. El nivel educativo de la madre presenta claras diferencias entre los grupos que estamos considerando. De hecho, el porcentaje de madres con nivel universitario o terciario completo decrece notoriamente en los grupos de estudiantes con demoras y, contrariamente, aumenta el número de madres con menor instrucción.

El papel de la madre ha sido destacado en diversos estudios que han dejado al descubierto la incidencia positiva de un alto nivel de instrucción en las madres sobre el rendimiento de los hijos. El presente estudio ratifica estos resultados. Mujeres con mejores niveles educativos son madres que tienden a tener una actitud positiva hacia el estudio de sus hijos, más preocupadas por el desempeño de ellos y con una mayor orientación hacia la importancia de la continuación de los estudios hasta su titulación (Garbanzo, 2007).

Nivel educativo del padre. El nivel educativo alcanzado por los padres también presenta diferencia en los grupos, mostrando una tendencia similar que la variable nivel educativo de la madre.

Gráfico 3. Nivel educativo de la madre según trayectorias de cursado (N=48)

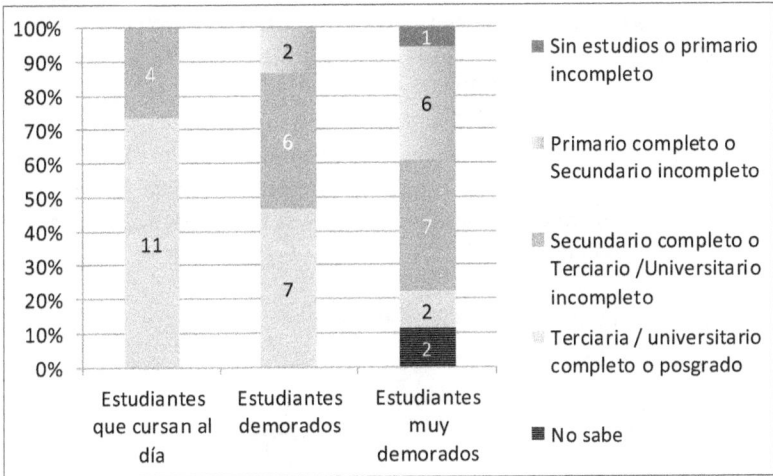

Fuente: Elaboración propia.

Gráfico 4. Nivel educativo del padre según trayectorias de cursado (N=48)

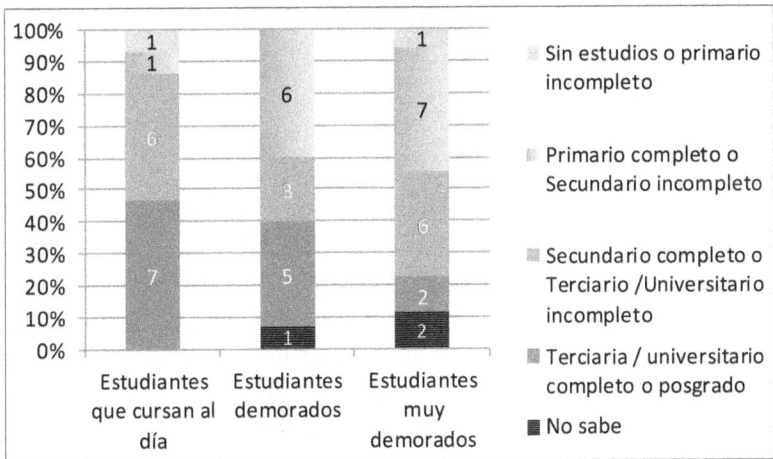

Fuente: Elaboración propia.

Los resultados están en la línea de los hallados en otros estudios. Tanto el nivel educativo de la madre como del padre van descendiendo

conforme más se aleja la trayectoria de los estudiantes de la teóricamente estipulada; es decir, los padres de los estudiantes con cursadas exitosas, o ajustadas a lo teóricamente pautado, han completado
mayormente estudios universitarios. La familia y el ambiente en que
transcurre la vida de los sujetos ejercen un peso particular sobre el
rendimiento (Aparicio, 2009).

Condición de actividad de la madre. En los grupos de estudiantes
con cursadas al día y con menor nivel de demora, las madres mayormente trabajan y muchas de ellas lo hacen en la docencia. En cambio,
en el grupo de los más demorados, prevalecen las madres cuya función
es la de ser amas de casa.

Gráfico 5. Condición de actividad de la madre según trayectorias de
cursado (N=48)

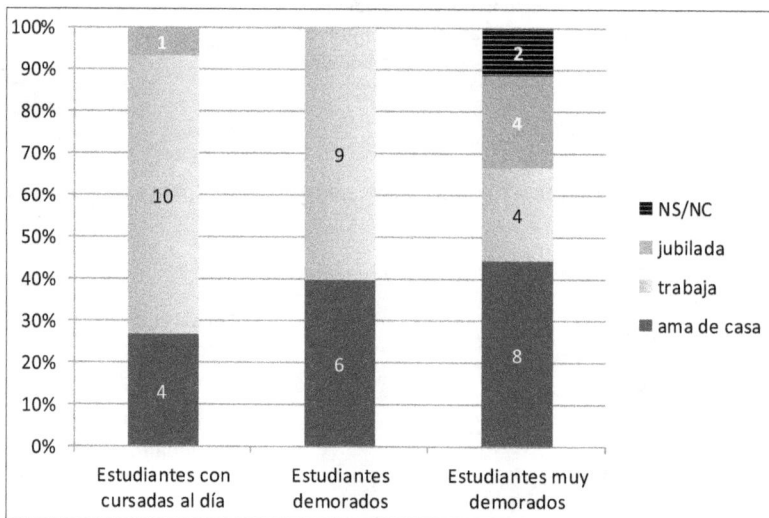

Fuente: Elaboración propia.

Condición de actividad del padre. En cambio, en los tres grupos,
la mayor parte de los padres son trabajadores. En el grupo de estudiantes con trayectorias de logro, los padres se dedican mayormente
a trabajos relacionados con agricultura, ganadería y minería y con
industria y construcción. En el grupo de estudiantes algo demorados
el rubro más numeroso es el de agricultura, ganadería y minería,
mientras que en el grupo de estudiantes más demorados una buena
aparte de los padres se desempeñan en comercios.

PROFESIÓN E INNOVACIÓN EN UN CONTEXTO FLEXIBLE

Gráfico 6. Condición de actividad del padre según trayectorias de cursado (N=48)

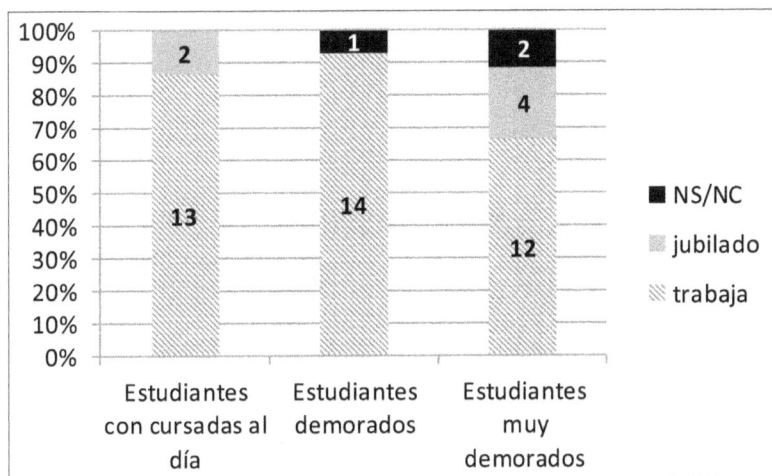

Fuente: Elaboración propia.

En síntesis, mientras que los estudiantes que cursan al día y los que están algo demorados pertenecen a familias en las que mayormente ambos progenitores trabajan, entre los estudiantes más demorados las madres por lo general son amas de casa, siendo presuntamente los padres los únicos sostenes del hogar.

3.2.2. Estudiar y trabajar: cuando las dos trayectorias se transitan simultáneamente

Uno de los puntos sobre los que se relevaron datos es el relativo a las trayectorias laborales. Específicamente se consultó a los estudiantes si en algún momento, desde su ingreso en Ingeniería, habían trabajado en paralelo a los estudios. La situación fue la que se ilustra en el Gráfico 7.

Como puede observarse, en el grupo de estudiantes con mayor demora hay también mayor porcentaje de sujetos que han compatibilizado trabajo y estudio (67%). Sin embargo, en el grupo de estudiantes que cursan al día también se registra un considerable porcentaje de sujetos que han trabajado en algún momento de sus trayectorias dentro de la universidad (53%).

Gráfico 7. Compatibilización de estudio y trabajo según trayectorias
de cursado (N=48)

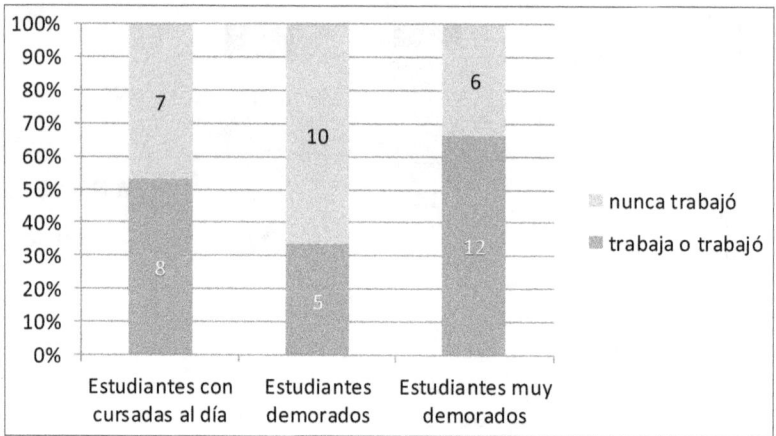

Fuente: Elaboración propia.

La diferencia entre un grupo y otro está marcada fundamentalmente por el *momento* de la cursada en el que compatibilizaron estudio
y trabajo. En este sentido, parece importante señalar que ninguno de
los estudiantes con trayectorias exitosas trabajó durante el primero
y segundo año de cursada. La mayor parte de estos estudiantes que
compatibilizaron trabajo y estudio, se implicaron en alguna actividad
laboral hacia el final de la cursada (57%), en el quinto año, ya muy
próximos a la finalización. En cambio, en los grupos de estudiantes
demorados la compatibilización entre trabajo y estudio aparece más
frecuentemente desde el ingreso mismo y se mantiene estable acom-
pañando –y quizás complejizando– sus trayectorias académicas. Más
aun, aunque aquí no estamos analizando el grupo de los que abando-
naron la carrera, vale decir que fue el grupo que presentó el más alto
porcentaje de sujetos (35%) que trabajaban en el momento de iniciar
sus estudios universitarios.

Por otra parte, los estudiantes con trayectorias exitosas dan
cuenta de una única experiencia laboral (esto es, no han tenido varios
trabajos sucesivos ni simultáneos), casi siempre vinculada con becas
o ayudantías de investigación o de docencia que ofrece la misma universidad a estudiantes avanzados. En cambio, dentro del grupo de los
estudiantes más demorados, hay sujetos que se desenvolvieron hasta
en 4 trabajos a los largo de la cursada y en muchas ocasiones esas
actividades no estaban vinculadas a su formación.

PROFESIÓN E INNOVACIÓN EN UN CONTEXTO FLEXIBLE

Probablemente, también difieran las razones por las cuales unos y otros se implican en actividades laborales. Así, mientras que para los chicos con cursadas al día el desempeño en alguna actividad laboral vinculada con la carrera represente probablemente una *oportunidad* de ganar experiencia y antecedentes de cara al inminente egreso, para aquellos que compatibilizan desde el inicio mismo trabajo y estudio, que cambian de una actividad a otra y que además se desempeñan en trabajos sin relación con la carrera, probablemente el trabajo represente un *medio* y una *necesidad* para sostener los estudios.

Por otra parte, parece contundente aquel que los primeros años de cursada son sin dudas los que requieren el mayor esfuerzo de adaptación. El ingreso y el modo en que se afronta y se transita resultan claves en la configuración de distintas trayectorias. Aunque habitualmente se piensa que compatibilizar estudio y trabajo redunda en retrasos y dificultades para cursar en los tiempos previstos, los resultados hallados evidencian que, en ciertas condiciones, es posible trabajar y cursar los estudios al día. Entre estas condiciones prevalecería la de implicarse en actividades laborales en un momento avanzado de la trayectoria, dejando 'liberado' de otras ocupaciones al periodo del ingreso; periodo en el cual se requiere el mayor esfuerzo de ajuste al sistema, adaptación, afiliación y aprendizaje de la nueva cultura en la que se inserta el sujeto.

3.2.3. Trayectorias educativas e interrupciones: cuando hay que hacer una pausa...

Las interrupciones en el estudio constituyen un aspecto importante a ser considerado, puesto que de extenderse demasiado o reiterarse con frecuencia, pueden desembocar en cronificación de los estudios, o bien, en deserción del sistema. Por esta razón, este fue otro de los aspectos sobre los que se indagó en el relevamiento de los estudiantes de la cohorte 2012.

Si atendemos a los periodos de interrupción de los estudios entre los sujetos que estamos analizando, aparecen claras diferencias entre los grupos. Quienes mantuvieron trayectorias ajustadas a lo teóricamente estipulado no han interrumpido lógicamente sus estudios. Las interrupciones se tornan más frecuentes en tanto más demoradas, o distantes de los trayectos teóricos, son las cursadas. En el grupo con mayor demora se registra la mayor cantidad de sujetos (39%) que han tenido que interrumpir en 1 o incluso más ocasiones sus estudios.

Gráfico 8. Interrupciones en la cursada según trayectorias de cursada

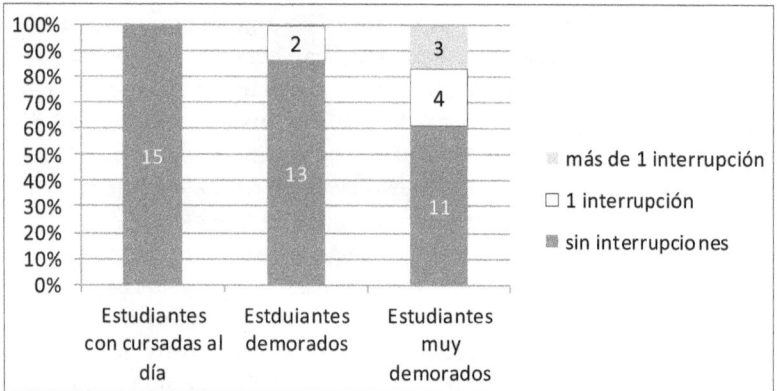

Fuente: Elaboración propia.

Un análisis de los motivos de las interrupciones permite apreciar que en mayor medida fueron acontecimientos vitales importantes los que obligaron a hacer una pausa en el cursado; por ejemplo, uno de los sujetos refirió verse afectado por ataques de pánico, en tanto que otro reveló el fallecimiento de su padre –quien además solventaba sus estudios–.

Este alto porcentaje de alumnos con trayectorias muy demoradas que declararon haber interrumpido sus estudios en alguna ocasión cobra sentido si se contrasta con resultados de relevamientos anteriores, realizados también con estudiantes de Ingeneiría de la Universidad Nacional de Río Cuarto. Así, en el relevamiento realizado en el año 2014, con una población de 611 estudiantes, solo el 6% reconoció interrupciones en el estudio (Moreno et ál., 2016). Como puede observarse, en el grupo de los estudiantes más demorados contactados en esta investigacion, la cifra de quienes interrumpieron sus estudios asciende a un 39%; un porcentaje que supera con creces el de la población general de estudiantes.

3.2.4. Acontecimientos vitales: cuando la vida misma impacta en las trayectorias

Un punto sobre el que también se tomaron datos es el de los acontecimientos vitales importantes; específicamente aquellos que los sujetos reconocen con impacto en sus trayectorias académicas. Por ejemplo, hechos tales como el casamiento, nacimiento de hijos, fallecimiento de padre o madre, enfermedad propia o de algún familiar cercano, entre otros, pueden impactar en los cursos que siguen las trayectorias en la universidad. De hecho, los datos recogidos en este estudio muestran con claridad que las trayectorias educativas de los sujetos se rozan, se tocan y se cruzan en algunos puntos con sus historias de vida.

El siguiente gráfico ilustra claramente que la mayor proporción de sujetos a quienes les han sucedido acontecimientos o sucesos vitales trascendentes, de diversa índole, son los del grupo más demorado.

Gráfico 9. Ocurrencia de acontecimientos vitales trascendentes según trayectoria de cursada (N=48)

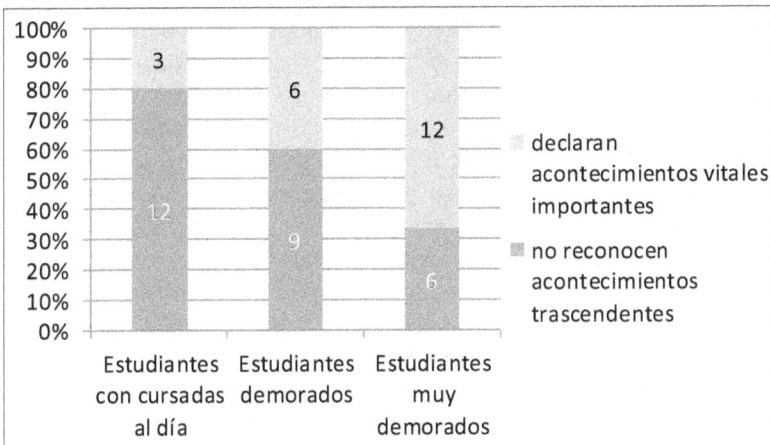

Fuente: Elaboración propia.

Sin dudas, cuestiones vinculadas con la propia salud física y mental, la enfermedad o fallecimiento de quien opera como sostén económico de los estudios, la necesidad de trabajar o las reiteradas mudanzas –incluso cambiando las personas con quienes se convive– son eventos con gran potencial para impactar en las trayectorias educativas de los sujetos. Tal impacto se ve reflejado en las demoras e incluso interrupciones que éstos generan.

El siguiente fragmento, extraído textualmente de la entrevista mantenida con un estudiante del grupo con demoras, ilustra la irrupción de un acontecimiento o evento trascendente que terminó provocando interrupción momentánea de los estudios:

En segundo año me empecé a dar cuenta de que estaba muy acelerado en la Universidad, tenía ciertos síntomas, ataques de pánico (...) la presión por el estudio, más otros problemas personales hicieron que me estresara demasiado (...) dejé materias, estuve medicado y con tratamiento.

3.2.5. Perfiles cognitivos: cómo estudian cuando estudian

Se obtuvo también información sobre los perfiles cognitivos y estrategias de aprendizaje a las que recurren los estudiantes para afrontar sus estudios universitarios.

El análisis comparativo de las estrategias de aprendizaje usadas por los grupos que estamos comparando no arrojó diferencias significativas para ninguna de las variables medidas con el MSLQ (en su versión adaptada por Donolo *et ál.*, 2008). En una escala que va desde 1 a 7 puntos, se registraron medias cercanas a 5 puntos en las variables relativas a *estrategias de elaboración de la información, estrategias de organización de la información, pensamiento crítico, autorregulación, manejo del tiempo y ambiente de estudio, regulación del esfuerzo, aprendizaje con pares y búsqueda de ayuda.* La escala referida a estrategias de repaso, en coincidencia con otros estudios que han empleado el mismo cuestionario, obtuvo una media algo más baja, cercana a 4 puntos en los tres grupos. En términos generales, podemos hablar de un perfil cognitivo adaptativo, pero que no presenta diferencias entre los estudiantes con trayectorias de logro y los demorados.

Sin embargo, cabe destacar que los datos proporcionados por el cuestionario administrado permiten describir las estrategias de estudio de los estudiantes en el momento de ser contactados; esto es, luego de 5 años de haber ingresado a la universidad. En tal sentido, las entrevistas que se mantuvieron individualmente con cada estudiante aportan una perspectiva retrospectiva y algo diferente. Traeremos en este punto, el análisis de una de las preguntas formuladas en el marco de las entrevistas: *Desde el momento que ingresaste a la Universidad hasta ahora ¿has cambiado tu forma de estudiar?*

Frente a la pregunta, todos los entrevistados coincidieron en percibir el ingreso en la Universidad como una entrada a *otro mundo.* Por un lado, lleno de libertades, como vivir solos o con amigos para los que vienen desde otras ciudades, poder decidir si asistir a una clase o no, elegir cuándo rendir un final, etc.; libertades que también supusieron en su momento nuevas responsabilidades y, juntamente con ellas, mayor autodisciplina.

En el marco descripto, los estudiantes que presentan demoras en sus estudios se reconocieron a sí mismos como *inexpertos* en el momento del ingreso; esto es, con escasas habilidades para organizar sus actividades académicas, alta tendencia a posponer metas y caer en distracciones, dificultades para saber qué y cómo estudiar, desconocimiento del manejo institucional, entre otros. Por su parte, los estudiantes con trayectorias de logro, aquellos que consiguieron una cursada exitosa, no negaron haber vivido ese *choque* que se produce al pasar del secundario a la universidad pero, a diferencia del grupo anterior, destacaron sus habilidades para tomar decisiones rápidas, en función de los resultados, ya sea para mejorarlos u optimizarlos, sin que esto les 'costara' perder años de cursado. Así, quienes han logrado mejores resultados académicos, son aquellos que desde el momento del ingreso lograron realizar cambios y ajustes importantes en sus formas de estudiar, tal como lo expresa un estudiante en el siguiente fragmento de entrevista: *"Bueno, el primer cambio fue en el 1er año cuando arranqué estudiando solo y bueno ahí ni bien me empezó a ir mal tuve que juntarme con alguien, bueno ese fue un cambio"*.

El testimonio permite apreciar dos cuestiones importantes. Por un lado, el darse cuenta rápidamente de la necesidad de ajustar y cambiar un comportamiento, lo cual habla de la habilidad para autorregular el aprendizaje. Por otro lado, el ejemplo ilustra también la habilidad de este estudiante para manejar los recursos del contexto; en este caso, el aprendizaje con pares.

En cambio, los estudiantes de menor rendimiento, aquellos que retrasan en mayor medida el cursado, expresaron en general haber modificado el tiempo o las horas dedicadas al estudio, pero no las estrategias para abordar la información y manejar los recursos del contexto. El siguiente testimonio extraído de una entrevista ilustra esta posición: *"Más que todo he cambiado en la constancia, pero estudio de la misma manera (...) más cantidad de estudio, más horas estudio (...)"*. Parece claro que el solo hecho de dedicar más tiempo, sin un cambio radical en la manera de enfocar el aprendizaje, no siempre alcanza para garantizar resultados distintos.

3.2.6. *Motivaciones y metas de los estudiantes: hacia dónde van y cómo afrontan los estudios*

Por fin, se administró también un cuestionario orientado a indagar motivaciones y metas de los estudiantes universitarios. En este punto aparecen resultados interesantes, que parecen marcar diferencias entre los grupos que estamos analizando. Recordemos que se presentó a los sujetos un cuestionario con 5 relatos que describen a estudiantes con diversas metas y perfiles de motivación. En función de ello se les solicitó además responder: 1) con qué relato se identificaban en el ingreso; 2) con qué relato se identificaban en el momento de responder el cuestionario, esto es, 5 años después de haber ingresado; 3) cuál era el relato que desde su perspectiva representaba al estudiante ideal.

El siguiente Gráfico presenta las metas y perfiles de motivación con que se identificaron los estudiantes retrotrayéndose al momento del ingreso en la universidad.

Gráfico 10. Metas de los estudiantes al ingresar en la universidad según trayectoria de cursado

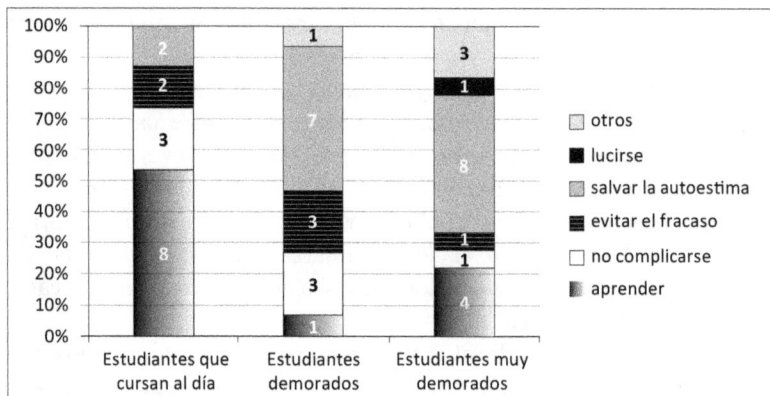

Fuente: Elaboración propia.

Como puede observarse, entre los estudiantes que luego de 5 años de haber iniciado la carrera dan cuenta de haber logrado trayectorias exitosas y ajustadas a las trayectorias teóricas previstas, prevalecían claramente las metas de aprendizaje en el momento de iniciar la carrera. De hecho, 53% de los alumnos con trayectorias exitosas eligieron esa meta para identificarse como ingresantes. En contraposición, solamente 7% de los demorados y 22% de los estudiantes muy demorados informaron orientarse hacia metas de aprendizaje en el momento del ingreso. Más aun, en los grupos de estudiantes demorados y muy demorados aparece fuertemente en el momento del ingreso la meta de salvar la autoestima, la cual que no suele presentarse asociada con rendimientos destacados.

Si vamos a la segunda pregunta, que solicitaba a los estudiantes escoger el relato que los representaba en el momento de dar respuesta al cuestionario —esto es, luego de 5 años de trayectoria recorrida en la universidad— los siguientes fueron los resultados.

Gráfico 11. Metas de los estudiantes en el momento de responder el cuestionario según trayectorias de cursado

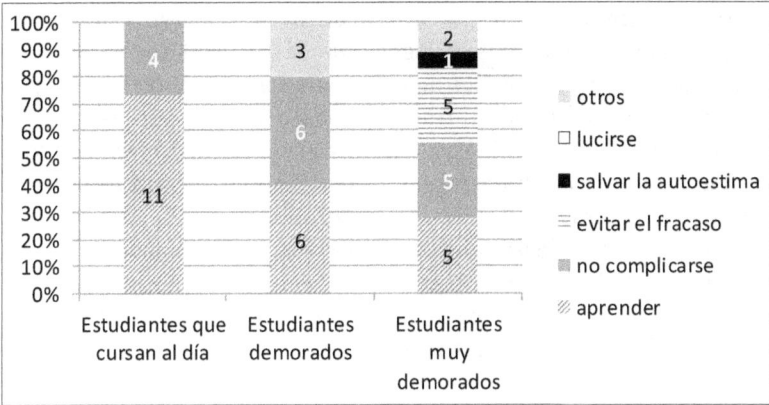

Fuente: Elaboración propia.

Como puede verse, se mantiene en el grupo de estudiantes con trayectorias de logro una mayoría de sujetos que se identifican con la meta de aprender (73%); esto es, estudiantes que se plantean objetivos relacionados con la búsqueda de conocimiento y con la adquisición o perfeccionamiento de ciertas habilidades. Son estudiantes con una orientación intrínseca hacia el aprendizaje, a quienes les interesa aprender y disfrutan de ello. Esta orientación motivacional ha sido frecuentemente relacionada con un mejor rendimiento académico y los resultados de este estudio avalan de manera contundente tal afirmación.

En el otro extremo, en el grupo de estudiantes con mayores demoras, solo un 28% escogió el relato vinculado con la meta de aprender y lo que llama más aún la atención es que en un porcentaje similar aparece la meta de evitar el fracaso (28%); esta última, no suele correlacionar con buen rendimiento y si bien puede ser esperable en situaciones como el ingreso —momento en que los estudiantes enfrentan un mundo nuevo—, resulta por lo menos llamativa su marcada presencia entre estudiantes que llevan más de 5 años en la universidad.

Los sujetos orientados por el miedo al fracaso son inseguros y suelen experimentar intranquilidad y ansiedad al verse asaltados por la idea de que no aprobarán un curso puesto que no son capaces de hacerlo. A diferencia de los sujetos orientados hacia el aprendizaje –quienes disfrutan de conocer y de involucrarse en actividades desafiantes– los sujetos que evitan el fracaso suelen experimentar intranquilidad, ansiedad y eligen implicarse en tareas sencillas que, aunque no les aporten grandes conocimientos, les aseguren no fracasar.

Imaginemos qué poco gratificante debe ser, para estos sujetos del grupo más demorado, la experiencia de haber transitado 5 años en la universidad acompañados de estas emociones de intranquilidad y ansiedad y de este temor al fracaso; fracaso que por otra parte se ve en cierto modo como un hecho consumado si consideramos que luego de 5 años estos estudiantes no lograron aprobar ni tan siquiera el 50% de la carrera.

Por fin, cuando se les consulta a los sujetos cuál consideran que es el estudiante ideal, los tres grupos coinciden en señalar mayoritariamente a aquel que persigue metas de aprendizaje. El siguiente gráfico ilustra la distribución de las respuestas.

Gráfico 12. Metas del estudiante ideal según trayectorias de cursada

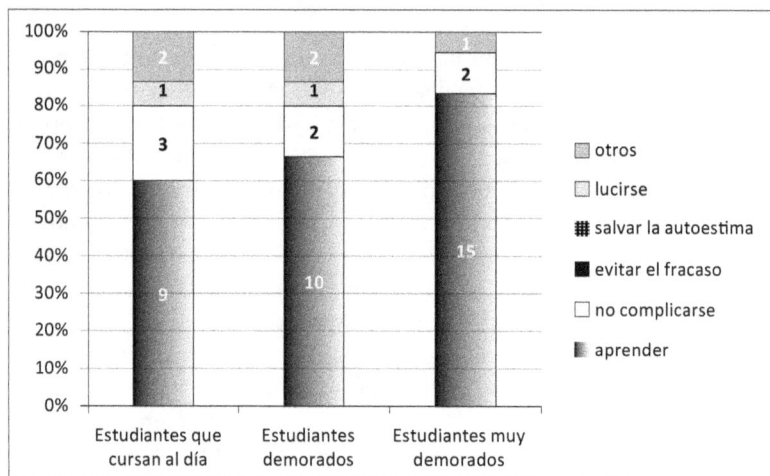

Fuente: Elaboración propia.

Puede apreciarse que en todos los grupos –y de manera más notoria entre los estudiantes más demorados–, los sujetos advierten que las metas de aprendizaje son las más beneficiosas para afrontar los estudios, puesto que un estudiante orientado a aprender logra conocimientos, desarrolla habilidades y además disfruta de ello.

4. Volver al comienzo: el ingreso como foco de atención

El punto de partida del escrito fue el reconocimiento del valor social de la educación y las oportunidades –aunque a veces condicionadas– que ofrece en nuestro sistema educativo argentino la universidad pública y gratuita. Lo cierto es que aunque tenemos universidades públicas y gratuitas a lo largo y ancho del país, no todos los jóvenes *'quieren'*, ni todos *'pueden'*, cursar este nivel de enseñanza y finalizarlo exitosamente. Algunos nunca llegan, otros se asoman pero quedan en el camino y, por fin, un tercer grupo, logra avanzar hacia la meta hasta graduarse y conseguir un título (Coronado y Gómez Boulin, 2015).

Aunque es frecuente que directa o indirectamente se atribuya la responsabilidad al estudiante de sus buenos o malos resultados, lo cierto es que las motivaciones, formaciones y capacidades se gestan en una matriz social y trascienden a los individuos. Esto es, los buenos o malos desempeños de los estudiantes, las trayectorias que en definitiva transitan, no son solo resultado del esfuerzo que ponen, las aspiraciones e ilusiones con las que llegan a la universidad o el compromiso que individualmente asumen, sino que también se ven influidas por una compleja trama de variables y de otras múltiples trayectorias que se entretejen, se cruzan, se rozan con las trayectorias académicas.

Los resultados de este estudio mostraron con claridad algunos de los factores que podrían estar asociados con distintos tipos de trayectorias. Así, mirando retrospectivamente los estudiantes que lograron cursadas al día se diferenciaron de aquellos con trayectorias demoradas en aspectos tales como su procedencia, el nivel educativo y la condición de actividad de sus padres, las actividades laborales desempeñadas durante sus trayectorias de formación, la irrupción de acontecimientos vitales trascendentes, la habilidad para ajustar el perfil cognitivo y las estrategias de aprendizaje a las exigencias de la universidad, las metas y motivaciones que los orientaban en el ingreso y aquellas que los orientan actualmente.

Los estudiantes que tras 5 años de cursada informaron trayectorias de logro, esto es, trayectorias muy próximas a las definidas por el plan de estudios de sus carreras, en general eran oriundos de Río Cuarto y no debieron mudarse de ciudad ni abandonar el hogar familiar en el momento de iniciar sus estudios universitarios; son hijos de madres y padres con niveles educativos más bien altos (secundario y universitario mayormente); tanto sus madres como sus padres desempeñan actividades laborales y contribuyen al sustento del hogar; algunos de estos chicos suelen implicarse en actividades laborales cuando estas representan una oportunidad de ganar experiencia y aprendizajes (nunca en los primeros años de carrera sino más bien en los últimos); si trabajan (o trabajaron en alguna oportunidad) lo hacen generalmente en actividades vinculadas con la carrera, mayormente en el marco de becas de docencia o investigación dentro del mismo ámbito universitario; vivenciaron el periodo de ingreso como un momento de ruptura o choque, pero fueron hábiles en darse cuenta rápidamente de que debían realizar ajustes en sus maneras de abordar el conocimiento; reconocieron en sí mismos metas de aprendizaje tanto en el momento de iniciar sus estudios como 5 años después; son chicos que se esfuerzan por aprender pero a le vez disfrutan de hacerlo.

En cambio, tras 5 años de permanencia en la universidad, los estudiantes más demorados, no habían logrado completar aún el 50% de la carrera que eligieron; es decir, no transitaron ni la mitad de la trayectoria teórica estipulada por el plan de estudios. Estos estudiantes provenían mayormente de otras localidades y vinieron a Río Cuarto con motivo de estudiar en la universidad; sus madres y padres tienen menores niveles de instrucción; mayormente solo los padres de estos estudiantes trabajan siendo las madres amas de casa, con lo cual hay un único sustento de hogar; son chicos a quienes en muchos casos la vida misma los ha enfrentado con enfermedades (propias o de sus familiares), mudanzas reiteradas, necesidad de trabajar para sostenerse económicamente, etc. y que debido a estos acontecimientos han tenido que interrumpir sus trayectorias educativas o bien prolongarlas y lentificarlas; vivenciaron el momento del ingreso como un momento de ruptura y choque pero no fueron tan hábiles para hacer rápidamente los cambios y ajustes necesarios; en no pocos casos, reconocieron tanto en el momento de ser ingresantes como 5 años después, perfiles de motivación y metas de evitación, las cuales no son adaptativas ni se asocian con rendimientos de logro.

Las tramas en las que cada sujeto desarrolla y transita su trayectoria se tejen entonces personal e individualmente pero también contextual y situacionalmente.

Los resultados del estudio que presentamos resaltan, iluminan, destacan y ratifican la importancia y trascendencia del ingreso en la universidad como un momento clave, en el cual podrían anticiparse o perfilarse probables trayectorias. Dada su importancia, es un periodo al que las decisiones y políticas universitarias deberían apostar muy fuertemente, puesto que es tal vez el periodo en el que más apoyo y acompañamiento necesitan los estudiantes y en el que más vulnerables y desprovistos de recursos se encuentran.

El ingreso, un momento en el que aquellos estudiantes que no son oriundos de la ciudad en la que está la universidad que eligen para cursar sus estudios deben afrontar el doble desafío de conocer el nuevo mundo universitario pero también el nuevo medio social en que se insertan; en general, una ciudad más grande de aquella de la que provienen. El ingreso, un momento en el que resulta conveniente abocar todos los esfuerzos y concentrar todas las energías en la carrera que se inicia, sin ningún tipo de distracciones, como pueden ser las actividades laborales. El ingreso, un momento en el que es necesario reflexionar sobre las metas y orientarse hacia ellas elaborando y ejecutando planes de acción. El ingreso, un momento en el que hay que aprender nuevas maneras de relacionarse con el conocimiento. El ingreso, un momento en el que es necesario relacionarse con los pares, hacer nuevas amistades, poner en juego habilidades socioemocionales a veces poco desarrolladas. El ingreso, un momento que operaría –en términos de Frigerio (2017)– como una especie de 'umbral', un periodo que está *entre* el secundario y la universidad, *entre* tiempos, *entre* saberes, *entre* estilos de relaciones, *entre* universos, *entre* mundos, *entre* lenguas... en fin, miles de *entres*; un 'entre' que funciona aquí como preposición pero que sería necesario funcionara a la manera y en el sentido de un imperativo verbal –*'entre*, adelante, bienvenido'– invitando al estudiante no solo a entrar sino a permanecer en la universidad.

Conforme a los resultados reportados en este estudio, las decisiones políticas en la universidad deberían orientarse a jerarquizar el primer año del grado y otorgarle una alta prioridad en la estrategia institucional. Por otra parte, considerando que el éxito de los alumnos en la universidad está en buena medida determinado por las experiencias del primer año, se trataría de desarrollar esfuerzos activos para ayudarlos, apoyarlos y acompañarlos en la transición (Ezcurra, 2005). Aunque es claro que desde la institución no resulta posible incidir sobre todas las variables y factores que se entraman para configurar determinadas trayectorias, también lo es que la implementación de estrategias e intervenciones que apoyen a los estudiantes en este primer periodo pueden resultar cruciales para muchos de ellos.

5. Bibliografía

Aparicio, M. (2009). *La demora en los estudios universitarios. Causas desde una perspectiva cuantitativa*, Mendoza, EDIUNC.

Chiecher, A. (2017). "Estudiantes de Ingeniería. Perfiles asociados con trayectorias de logro", en Panaia, M. (comp.), *De la formación al empleo. Nuevos desafíos e innovación*, Buenos Aires, Miño y Dávila.

Chiecher, A.; Paoloni, P. y Guebara, J. (2011). "Abandonadores de carreras de ingeniería. Motivos de abandono de los estudios y definición de nuevas metas", Documento de Trabajo n° 10, Facultad de Ingeniería. Recuperado de: [http://www.ing.unrc.edu.ar/laboratorios/mig_rio4/archivos/10_documento-final.pdf]. Consultado: 12/12/2017.

Coronado, M. y Gómez Boulin, M. (2015). *Orientación, tutorías y acompañamiento en Educación Superior. Análisis de trayectorias estudiantiles, los jóvenes ante sus encrucijadas*, Buenos Aires, Noveduc.

Delors, J. (1996). *La educación encierra un tesoro. Informe a la UNESCO de la Comisión internacional sobre la educación para el siglo XXI*. Recuperado de: [http://www.unesco.org/education/pdf/DELORS_S.PDF]. Consultado: 29/06/2017.

Donolo, D.; Chiecher, A.; Paoloni, P. y Rinaudo, M. C. (2008). *MSLQe – MSLQvv. Motivated Strategies Learning Questionnaire. Propuestas para la medición de la motivación y el uso de estrategias de aprendizaje*, Río Cuarto, EFUNARC.

Ezcurra, A. M. (2005). "Diagnóstico preliminar de las dificultades de los alumnos", *Perfiles Educativos*, Vol. XXVII, N° 107, pp. 118-133. Recuperado de: [http://www.scielo.org.mx/pdf/peredu/v27n107/n107a06.pdf]. Consultado: 12/12/2017.

Frigerio, G. (2017). "Saberes sobre los umbrales: sentidos que se ponen en juego en el ingreso a la universidad", *VII Encuentro Nacional y IV Encuentro Latinoamericano*. Recuperado de: [http://www.encuentroingreso2017.com/2017/08/09/conferencia-graciela-frigerio/]. Consultado: 11/12/2017.

Garbanzo, M. G. (2007). "Factores asociados al rendimiento académico en estudiantes universitarios. Una reflexión desde la calidad de la educación superior pública", *Revista Educación*, N° 31 (1), pp. 43-63. Recuperado de: [http://www.revistas.ucr.ac.cr/index.php/educacion/article/viewFile/1252/1315]. Consultado: 11/12/2017.

Guebara, H. y Belelli, S. (2012). "Las trayectorias académicas. Dimensiones personales de una trayectoria estudiantil. Trayectoria de un actor", *Revista de Ciencias Sociales y Humanas*, Vol. 4, N° 4, pp. 45-56. Recuperado de: [http://www.ojs.unsj.edu.ar/index.php/reviise/article/view/40/39]. Consultado: 07/12/17.

Hernández Sampieri, R.; Fernández Collado, C. y Baptista, L. (2010). *Metodología de la Investigación*, Quinta Edición, México, McGraw Hill.

Huertas, J. A. y Agudo, R. (2003). "Concepciones de estudiantes universitarios sobre la motivación", en Monereo, C. y Pozo, J. I. (coords.), *La Universidad ante la nueva cultura educativa*, pp. 45-62, Barcelona, Ed. Síntesis.

Loureiro, S. y Míguez, M. (2015). "Ingeniería. Mayor ingreso de varones, mejor desempeño de mujeres", *Revista Argentina de Enseñanza de la Ingeniería*, N° 8, pp. 1-7. Recuperado de: [http://www.ing.unrc.edu.ar/raei/archivos/img/arc_2015-04-22_01_59_09-01.pdf]. Consultado: 15/12/2017.

Moreno, J.; Chiecher, A. y Paoloni, P. (2016). "¿Estudiantes en cambio? Resultados del segundo relevamiento del Laboratorio MIG en la Facultad de Ingeniería", Documento de trabajo n° 14, Facultad de Ingeniería. Recuperado de: [http://www.ing.unrc.edu.ar/laboratorios/mig_rio4/archivos/14_dt_rio_cuarto.pdf]. Consultado: 11/12/2017.

Panaia, M. (2006). *Trayectorias de Ingenieros Tecnológicos. Graduados y alumnos en el mercado de trabajo*, Buenos Aires, Miño y Dávila.

Panaia, M. (2011). "Trayectorias de ingenieros en un contexto flexible y de fragmentación territorial", en Panaia, M. (comp.), *Trayectorias de graduados y estudiantes de ingeniería*, pp. 83-91, Buenos Aires, Biblos.

Paoloni, P.; Bustos, D.; Chiecher, A. y Concha, L. (2017). "Tercer relevamiento de graduados de la Facultad de Ingeniería de la UNRC. Avances y resultados parciales", *IX Encuentro Nacional de Laboratorios de Monitoreo de Inserción de Graduados*, Avellaneda, UTN, mayo.

Pardo, E. y Moragues, E. (2017). "Deserción y bajo rendimiento en el primer año universitario. Lineamientos psicopedagógicos orientados a su prevención", Trabajo Final de Licenciatura en Psicopedagogía, Universidad Nacional de Río Cuarto.

Pintrich, P.; Smith, D.; García, T. y Mckeachie, W. (1991). *A manual for the use of the Motivated Strategies for Learning Questionnaire (MSLQ)*, National Centre for Research to Improve Postsecondary Teaching and Learning, Michigan, The University of Michigan.

Terigi, F. (2009). *Las trayectorias escolares. Del problema individual al desafío de política educativa*, Buenos Aires, Ministerio de Educación. Recuperado de: [http://www.bnm.me.gov.ar/giga1/documentos/EL004307.pdf]. Consultado: 07/12/2017.

Terigi, F. (2010). "Las cronologías de aprendizaje: un concepto para pensar las trayectorias escolares", Conferencia *online*. Recuperado de: [http://www.chubut.edu.ar/concurso/material/concursos/Terigi_Conferencia.pdf]. Consultado: 07/12/2017.

La encuesta a graduados recientes de la UNL en el marco de la producción de información sobre estudiantes y futuros profesionales:

Reflexiones sobre el aprovechamiento pedagógico, la orientación de estudiantes y el seguimiento de egresados

Graciela Clotilde Riquelme, Eliana Magariños y Natalia Herger

Introducción

Este capítulo plantea una síntesis de investigaciones y proyectos sobre el estudio y trabajo de universitarios en la perspectiva de la valorización pedagógica y su necesario aprovechamiento en los ámbitos de conducción académica de la universidad y las carreras, tomando como referencia los desarrollos recientes de la Universidad Nacional del Litoral en el marco de las actividades de transferencia a la Secretaria del Planeamiento del Programa Educación, Economía y Trabajo (PEET-IICE-UBA/CONICET)[1].

El primer apartado presenta antecedentes y cambios de la tendencia a la incorporación temprana al empleo de los estudiantes y graduados recientes de las universidades, que sin dudas están relacionadas a las características de los mercados de trabajo de cada área urbana y con la situación social y cultural en las mismas. El segundo apartado reseña algunos resultados de la de la encuesta a graduados recientes de la Universidad Nacional del Litoral (UNL), en función de indicadores relevantes sobre el perfil de los graduados según carrera y nivel ocupacional de los padres, la continuidad de estudios post graduación, la transición estudio y trabajo, el conocimiento del campo socio-profesional y referencias a la ocupación de los graduados.

---

1 Programa Educación, Economía y Trabajo del Instituto de Investigaciones en Ciencias de la Educación, Universidad de Buenos Aires-Facultad de Filosofía y Letras. Página web: https://educacion-economia-trabajo-peet.org/.

El último sostiene –a partir de una reseña de los sistemas de información regulares y de los estudios ad-hoc en curso en la UNL– una reflexión sobre su posible integración y aprovechamiento pedagógico con la intención de acompañar tanto a los estudiantes como a las actividades de los docentes universitarios en el desarrollo de proyectos específicos, prácticas y planes de estudio.

1. Estudio y trabajo de estudiantes y graduados recientes y la comprensión de la vida profesional

Acerca del estudio y trabajo

La existencia de estudio y trabajo en las universidades y otras instituciones de educación superior de Argentina es un hecho que se ha ido generalizando desde hace más de 40 años, como una característica distintiva de los alumnos de las universidades del país. La alternancia de estudio y trabajo, es decir, la tendencia a una temprana incorporación al mercado del empleo, no era una situación generalizada en las realidades universitarias de otros países latinoamericanos ni de países centrales, aunque en la última década comenzó a revertirse.

Tradicionalmente se sostenía que

(…) una dedicación de 'tiempo parcial' a los estudios acarrea riesgos para la apropiación de saberes y el desarrollo de una carrera universitaria con niveles adecuados de rigurosidad. Si a esta situación se le agregan las condiciones académicas de las prácticas docentes –tiempo parcial, dedicaciones ad-honorem, escasa planta docente–, que no acompañan la presión de los grandes volúmenes de matrícula, se visualizan las dificultades de los estudiantes universitarios para la formación en diversos campos de conocimiento. (Riquelme y Herger, 2009: 213).

La investigación original realizada en la UBA (Riquelme y Fernández Berdaguer, 1985 y 1989) puso en evidencia que un importante grupo de estudiantes universitarios trabaja mientras estudia y con la diversidad de problemáticas que esto conlleva, tanto para el individuo como para la institución encargada de su formación. Si bien, este rasgo prevalecía en universidades de grandes centros urbanos, tales como la Ciudad de Buenos Aires, Córdoba, Mendoza, Rosario y Tucumán.

En 2005 la comparación entre tres universidades (UNaM, UBA y UNMdP[2]) corroboró este comportamiento, y permitió reconocer pautas diferenciales en

---

2   Universidad Nacional de Misiones (UNaM), Universidad de Buenos Aires (UBA) y Universidad Nacional de Mar del Plata (UNMdP).

la inserción laboral de los que expresan tanto los estímulos provenientes de la estructura económico-productiva local y las necesidades económicas de los estudiantes, como las valoraciones culturales y sociales de las familias y los jóvenes de cada región en relación con el acceso a la universidad, el trabajo, la independencia económica y la conveniencia o no de la alternancia entre estudio y trabajo. (Riquelme, Pacenza y Herger, 2008: 235-236).

En 2011 y 2012 el análisis de la inserción laboral de los estudiantes universitarios avanzados que fueron encuestados en la UNL se caracteriza por tasas de empleo bajas, pues solo un tercio trabajaba al momento de la encuesta, mientras que la mitad de los estudiantes universitarios avanzados encuestados (sigla denominada EUA desde la primera encuesta de 1985) nunca había trabajado. A la par quienes trabajaban al finalizar la carrera, lo hacían en jornadas laborales cortas (hasta 20 horas semanales) o intermedias (21 a 35 horas) y los trabajos resultaban afines a sus estudios, destacándose que solo un quinto de los estudiantes que trabajaban lo hacían en ocupaciones que consideraban no afines.

Estas características de la inserción laboral de los EUA de la UNL resultan similares a las de otras universidades como la Universidad Nacional de Misiones en la que se realizó una encuesta similar, aunque el contexto económico-productivo local así como las características sociales y educativas de las familias resultan diferenciales en ambas universidades. (Secretaria de Planeamiento UNL, 2016: 116).

Es necesario generar una reflexión acerca de la generalización y la extensión progresiva de la incorporación de estudiantes a la vida laboral en otras latitudes. Tal el caso de universidades de los países centrales que han orientado sus planes de estudio al desarrollo de prácticas profesionales, pasantías en empresas, programas de alternancia en centros de investigación. Estas situaciones se han empezado a verificar tanto en universidades de EEUU (MIT, Stanford, Harvard, Columbia), como en programas de universidades de Europa, no solo los tradicionales de Alemania, sino en Bolonia y algunos casos de Francia e Inglaterra. Bien es cierto que todos estos casos se dan por desarrollos alternativos de estudio y trabajo definidos desde los planes de estudio y la conducción educativa en coordinación con sectores de punta del aparato productivo y áreas de investigación que conllevan una alta selectividad y meritocracia.

Los estudios sobre los determinantes del trabajo durante la educación superior en Europa sugieren que

(...) las necesidades financieras son sólo una de muchas motivaciones, y hay una proporción sustancial de estudiantes que trabajan por otras razones. De hecho, el porcentaje de estudiantes empleados durante la educación superior es también relativamente alto en Europa, donde las tasas de matrícula son considerablemente más bajas que en los Estados Unidos. Según la encuesta Eurostudent, en 11 países europeos más de la mitad de los estudiantes universitarios trabajan mientras estudian (Hochschul Informations System HIS, 2008). (Passaretta y Triventi, 2015: 233).

Entre las razones para trabajar y estudiar se señala que

(...) los estudiantes universitarios pueden decidir trabajar no sólo para pagar las matrículas o para obtener independencia financiera, sino también porque la experiencia laboral podría representar una ventaja en el proceso de búsqueda de empleo como graduado. (Passaretta y Triventi, 2015: 233).

En América Latina también se han desarrollado estudios sobre la relación educación y trabajo durante la universidad, que plantean que

(...) a partir de los resultados generales de la investigación, se puede concluir que el trabajo estudiantil cumple un papel importante para la formación, en el mercado de trabajo y en el nivel material. Desde esta perspectiva, el trabajo como proveedor de conocimientos y experiencias, no se opone a la formación universitaria, así como tampoco puede verse como un obstáculo, si no que se plantea como un complemento para la formación. (Guzmán Gómez, 2004: 310).

Según otras investigaciones

(...) éste es también un campo de reflexión y un reto para las IES (instituciones de educación superior), y para sus evaluadores externos, que se plantean profesionalizar sus carreras mediante estudiantes que no trabajen a los que se incorpore en su *curriculum* oficial prácticas profesionales, que hoy ya mayoritariamente realizan 'espontáneamente'. ¿No sería más razonable, eficaz y realista, tomar nota de los hechos y aprovechar que para gran parte de los estudiantes, estas prácticas ya se dan de manera 'espontánea' y que ello ayuda a mejorar la inserción profesional de los egresados y la calidad de enseñanza de las IES? (Planas-Coll y Enciso-Ávila, 2013: 36-37).

Si los estudiantes necesitan trabajar, uno de los desafíos para las universidades radica en las posibilidades de aprovechamiento pedagógico de estas prácticas en cátedras y espacios curriculares en la perspectiva de la integración teoría-práctica y la exploración de la identidad profesional (Riquelme y Razquin, 1997).

Del escaso aprovechamiento pedagógico de las prácticas de estudio y trabajo a la sobrevaloración de prácticas y pasantías

En este apartado se reseñan investigaciones previas sobre la relación de estudio y trabajo de universitarios, en tanto constituyen los antecedentes de los estudios realizados en la UNL y de las reflexiones acerca de la valorización pedagógica de las prácticas laborales de los estudiantes.

(i) Antecedentes y algunas evidencias desde fines de los ochenta y los noventa

Desde la década del ochenta, como se anticipara en párrafos previos, se han realizado estudios que planteaban la temprana entrada al mercado de trabajo de los jóvenes universitarios y sus impactos en la vida de estudio (Riquelme y Fernández Berdaguer; 1985 y 1989). Posteriormente, se abordaron las actividades académicas de mediación universidad-mercado de trabajo a partir de las cuales se gestionaba el acceso por parte de los estudiantes y graduados a distintas experiencias laborales (Riquelme y Razquin, 1997). El espectro de las respuestas relacionadas con el contenido de la intervención de las unidades académicas encuestadas iban desde la gestión del contacto oferta-demanda y la organización de entrevistas; la intervención en los convenios o contratos que regulan las prácticas de estudio y trabajo, la elaboración de las reglamentaciones de las condiciones laborales, pólizas; la organización y evaluación de las actividades, la regulación de los contenidos de las prácticas; la coordinación de tareas; la intervención en el reclutamiento, búsqueda, pre-selección, selección y/o presentación de los candidatos a realizar prácticas de estudio y trabajo; la vigilancia de la continuidad de las prácticas; el seguimiento de los universitarios en situaciones de práctica estudio-trabajo hasta otras referidas al cuidado de los aspectos de seguridad, o acciones destinadas a la publicación, control, ofrecimiento de avisos y promoción de las oportunidades de trabajo en los ámbitos universitarios; el asesoramiento a los demandantes sobre perfiles de puestos laborales, atención de la demanda; y el aprovechamiento de las base de datos.

El potencial aprovechamiento pedagógico de las prácticas de estudio y trabajo y las previsiones de las unidades de intermediación fue puesto a discusión entre los asesores pedagógicos de las carreras universitarias y los restantes actores de la gestión, y una cuestión central era la existencia o no de acciones de control y/o seguimiento de las prácticas pero en particular como se realizaba el monitoreo pedagógico de esas experiencias en las carreras, materias o planes de estudio. Las experiencias frustrantes eran aquellas en las que no se cumplían las tareas y los cursos de formación programados en los contratos –esto se atribuía a una mala organización de las prácticas–; otras que eran cubiertas por mecanismos poco transparentes de selección de universitarios –por ejemplo, "cuando la pasantía se la terminan dando a un conocido y aquellas que son percibidas como mecanismos de las empresas de obtener 'mano de obra barata'" (Riquelme y Razquín, 1997)–.

Qué opinaban los claustros. Las reflexiones y sugerencias de los claustros y actores involucrados en la vida académica de las universidades señalaban como cuestiones a distinguir:

- "el papel que juegan las 'prácticas' (en sentido amplio) para las empresas, las facultades y/ o universidades, los departamentos de carrera, las materias, los estudiantes y/ o recién graduados;
- el valor pedagógico que se le podría asignar a estas prácticas: importancia de las mismas en la formación académica y/ o profesional de un universitario/a;
- el rol que deberían cumplir las distintas instancias académicas (asesores pedagógicos en relación con la inserción curricular de las prácticas);
- la función laboral de las prácticas;
- la cobertura y los problemas para una expansión más generalizada;
- los aportes, las perspectivas o la visión de otros participantes que no pertenezcan a este tipo de unidades: representantes de empresas, representantes de estudiantes, otras áreas de la facultad o universidad, especialistas". (Riquelme y Razquin, 1997: 67-68).

Potencialidad formativa de las prácticas. La propuesta original del equipo de investigación se asentaba en la noción de "compresión del mundo del trabajo" (Riquelme, 1987, 1993), que reconoce y fomenta el indudable valor pedagógico de las acciones educativas integradas –entre ellas, las prácticas de estudio y trabajo y las pasantías laborales, en términos de favorecer la transición al mundo profesional–. La ideas era contribuir a "desmitificar" la sobrevaloración de las prácticas laborales de los universitarios, analizarlas en función de distinguir el tipo de inserción que promovían, los objetivos que se planteaban, las actividades que se sugerían y su integración con las propuestas pedagógico-curriculares de las carreras. Las prácticas de estudio y trabajo deberían, entre otras cosas, "propiciar la identificación de las principales características y tendencias del aparato productivo y el mercado de trabajo, así como los circuitos diferenciados de acceso al sistema educativo y a dicho mercado" e "introducir la idea de los saberes necesarios para un mundo laboral diverso y complejo" (Riquelme, 1993) en que los requerimientos no corresponden sólo con el sector dinámico y estructurado de la economía, sino que también derivan de las necesidades de profesionales que atiendan a la situación de las múltiples pobrezas y marginalidad de la población que comprometen el desafío de buscar alternativas de política social y aún científico-tecnológicas adecuadas.

La reflexión sobre la potencialidad formativa de las prácticas de estudio y trabajo de universitarios debería contemplar y recuperar discusiones sobre: cómo abrir los currículos universitarios a los múltiples y diversos campos profesionales de las carreras; la necesidad de flexibilizar el curriculum incluyendo opciones en las trayectorias curriculares pero que todas ellas garanticen el acceso al mundo de los saberes socialmente necesarios y sin abandonar la formación básica y científico tecnológica (Gómez Campo y Tenti Fanfani, 1989); las prácticas de estudio y trabajo de universitarios desafían y aportan a la definición de la identidad disciplinar y del rol profesional; la relación teoría-práctica en la universidad como marco de análisis de la potencialidad pedagógica de las prácticas de estudio y trabajo de universitarios y de las pasantías; el análisis de experiencias innovadoras en cátedras universitarias en relación al tratamiento teoría-práctica así como modalidades de integración de estas prácticas en los espacios curriculares (Riquelme y Razquin, 1997: 68-69).

(ii) Evidencias en tres universidades nacionales hacia 2005[3]

La investigación realizada en 2005 en tres universidades nacionales –UBA, Universidad Nacional de Misiones y Universidad Nacional de Mar del Plata– comprobó que en esas instituciones existía un grupo importante de estudiantes avanzados (EUA) que fueron definidos como estudiantes de "tiempo parcial" (Riquelme, Pacenza y Herger, 2008). Ello preocupaba pues la formación universitaria, tanto para la práctica académica, como para la profesional, requería un alto número de horas a la lectura concentrada, a la búsqueda de bibliografía alternativa o complementaria, al diseño y a la realización de ejercicios de investigación y a la práctica profesional, además de las

---

3   Se sigue Riquelme y Herger, 2009.

horas regulares de cursada de cada materia. Un estudiante de tiempo parcial difícilmente podría cumplimentar este tipo de asignaciones horarias esperadas y requeridas por su estudio, cuando dedica al trabajo más de seis horas diarias.

El estudio y el trabajo simultáneos fue reconocido como aportante de muchas ventajas y también se registraban dificultades en las tres universidades:

> (…) la falta de tiempo para dedicarle al estudio, lo cual incluye tanto la asistencia a clases como la realización de trabajos domiciliarios y en grupos; el cansancio y el *stress* que afectan las posibilidades de concentración y comprensión de los materiales de estudio; el retraso en la realización de la carrera, ya que deben cursar menos materias; los horarios de las clases que coinciden con los horarios de trabajo, especialmente, se señala la escasa disponibilidad de clases teóricas y prácticas que se desarrollen en horario vespertino y la dificultad de coordinar tiempos de estudio, de trabajo y los requeridos por otras responsabilidades familiares o sociales. (Riquelme y Herger, 2009: 228-229).

El malestar de los estudiantes trabajadores contrastaba, sin embargo, con la valoración que asignaban a su trabajo como experiencia para su futuro desempeño laboral; más del 60% de los EUA de las tres universidades opinaba que le sería muy útil pues se reconocía la contribución por ejemplo: al *"desempeño tareas relacionadas con mi carrera"*, lo que se refiere a lo que significa para los estudiantes de algunas carreras ingresar al mercado laboral en actividades afines a sus estudios; a que *"aplico la teoría en la práctica"*, lo que se refiere a la integración entre los aprendizajes teóricos que se dan la universidad y la posibilidad de aplicarlos en situaciones de la vida profesional; y al *"manejo de sistemas informáticos"*, *"acrecienta mis conocimientos en auditoría"*, etcétera, es decir, que se refieren claramente al aprendizaje de las herramientas, de las técnicas, de los procedimientos y habilidades específicos (Riquelme y Herger, 2009: 229). También son numerosos los estudiantes que consideraban que el trabajo que desempeñaban les sería útil, porque les permitía aprender a manejarse en el mundo del trabajo y desarrollar contactos interpersonales.

(iii) La experiencia de la UNL desde 2011 a 2017

La encuesta sobre la relación estudio y trabajo de los estudiantes la UNL fue aplicada en 2011 como réplica adaptada del instrumento original de 1985[4]. Todas las unidades académicas fueron convocadas a participar y decanos, secretarios académicos, directores de carreras y docentes prestaron la colaboración decisiva para concretar la aplicación de la encuesta en las clases de las últimas materias de las carreras.

La encuesta permitió una aproximación a la transición al mundo del trabajo de los estudiantes universitarios en etapas previas y durante la carrera, los tipos de ocupaciones desempeñadas, la participación en actividades académicas de docencia, investigación, extensión, pasantías y becas instituciones, así como a las opiniones y expectativas acerca de la futura inserción profesional. La interpretación según nivel ocupacional del padre y por tipos de carrera permitió identificar comportamientos diferenciales ligados al origen social de los estudiantes y la existencia de segmentaciones socio-profesionales en el acceso al trabajo. Los resultados de la encuesta, que se presentan en el siguiente apartado, se pusieron a disposición de las áreas de conducción de la universidad y las facultades en un documento preliminar, que fue objeto de intercambio y reflexión en un Seminario Taller realizado en 2013. Posteriormente el libro publicado (Secretaría de Planeamiento, 2016) planteo los resultados de la encuesta reflexiones acerca de la inserción laboral de los estudiantes avanzados de la UNL según origen social y tipo de carreras, así como la posible interpretación en relación con otros estudios en curso en la UNL.

Desde 2011 la UNL generó desde la Secretaría de Planeamiento una instancia de construcción colectiva para diseñar la encuesta para los graduados de toda la universidad, que consideró los tres antecedentes de la propia institución –de la Facultad de Ciencias Económicas, Facultad de Ingeniería y Ciencias Hídricas y Facultad de Humanidades y Ciencias– y un documento de antecedentes comparados de Europa, América Latina y Argentina elaborado especialmente para una Taller sobre alternativas de encuestas a estudiantes avanzados y graduados recientes y seguimiento de graduados en la UNL (10 de agosto de 2011, 13 a 16hs.). Los núcleos de contenido de las encuestas a graduados que son consideradas más relevantes fueron: las características personales y el origen social de los graduados; las actividades de formación complementaria a los estudios universitarios que realizaron para ajustar su perfil profesional; la intención de continuar estu-

---

4   La encuesta original (Riquelme y Fernández Berdaguer, 1985) fue adaptada en el marco de la cooperación técnica entre el PEET-IICE/UBA y la Secretaria de Planeamiento de la UNL; el objetivo fue generar conocimientos que pudieran aplicarse en el diseño de políticas académicas de las facultades y las carreras.

diando a partir de la graduación; evaluación de la formación recibida y los recursos de equipamiento e infraestructura de la universidad; la valoración de las experiencias de docencia, investigación, extensión y pasantías desarrolladas durante la carrera; la ocupación actual de los graduados recientes y referencias al campo profesional

2. Los graduados recientes de la UNL: hallazgos de la encuesta 2015

Este apartado presenta resultados correspondientes a la Encuesta a Graduados Recientes de la UNL en 2015, dirigida a caracterizar el perfil de los egresados de esta universidad considerando las diferencias por facultades y cuando la muestra lo permite por carreras. La variable nivel socio ocupacional del padre es utilizada como una variable de interpretación el origen social de los graduados. Este punto incluye una selección de temas claves en cuanto a: el perfil de los graduados según carrera, género, edad y origen social; las diferencias por facultad sobre la continuidad de estudios post graduación; la transición estudio y trabajo; algunas referencias sobre la última etapa de la vida laboral; el conocimiento del campo socio-profesional.

El perfil de los graduados según carrera, género, edad y origen social

Los graduados que respondieron la encuesta en 2015 dan cuenta del mayor peso relativo de las mujeres (55%) y la distribución etarea muestra un perfil joven de los graduados y algo más joven entre las mujeres respecto a los varones: con casi el 40% de las graduadas tiene hasta 25 años, mientras que este grupo alcanza el 34% entre los graduados varones. Esto se da en particular en las facultades de Ciencias Médicas (FCM), Ingeniería y Ciencias Hídricas (FICH) y Ciencias Agrarias (FCA), mientras que los graduados más jóvenes se encuentran en FCM, FCA, FCJS y FCE. El grupo de 30 años y más es mayoritario entre las graduadas y graduados de FADU y FHUC (35,6% y 40,6% respectivamente).

Cuadro 1. UNL. Graduados recientes por facultad según género y grupos de edad. Encuesta 2015. En porcentajes

Grupos de edad	Total	Femenino	Masculino
Hasta 25 años	**37,2%**	**39,9%**	**33,9%**
	FCM (73,4%)	FCM (75,3%)	FCM (70,2%)
	FCA (44,8%)	FICH (60%)	FCA (43,3%)
	FCJS (43,0%)	FCA (57,1%)	FCJS (38,5%)
	FICH (41,2%)	FCJS (46%)	FCE (38,5%)
26 a 29 años	**43,2%**	**42,7%**	**44,0%**
	FADU (69,2%)	FADU (79%)	FCV (66,7%)
	FCV (60,7%)	FBCB (54,8%)	FICH (57,9%)
	FBCB (51,3%)	FCV (50%)	FADU (55,6%)
	FICH (47,1%)	FCE (41,2%)	FCA (55,6%)
	FCE (38,3%)		FIQ (47,8%)
	FIQ (44,9%)		
30 años y más	18,6%	16,8%	20,8%
	FHUC (36,3%)	FHUC (33,9%)	FHUC (40,6%)
	FCJS (20,6%)	FCV (31,3%)	FADU (35,6%)
	FADU (20,6%)	FIQ (21,7%)	FBCB (27%)
	FIQ (20,3%)		FCE (26,9%)
	FCV (20,2%)		

Fuente: sobre la base de Cuadro Anexo 1. UNL. Encuesta a graduados recientes de la UNL. Encuesta 2015.

El origen socioeconómico medido a través del nivel ocupacional del padre permite organizar a la muestra de la población graduada en tres grupos:

- I-II-III, el mayor nivel ocupacional, coincidente con los Profesionales y profesores universitarios (I); Propietarios de comercios, pequeñas industrias, talleres y gerentes (II) y Directores de empresas, funcionarios públicos superiores (III);
- IV-V-VI, correspondiente a Jefes, supervisores y capataces (IV), Técnicos y maestros (V); Empleados y vendedores (VI);
- VII-VIII y IX, compuesto por Trabajadores especializados de los servicios (VII); Obreros especializados (industria y agrícola) (VIII); Peones, aprendices, personal de maestranza, cadetes, etc. (IX).

Es indudable que la UNL tiene un alto nivel socioeconómico en su población pues el 45,5% de los graduados corresponde al más alto nivel ocupacional, un 32,5% en el segundo grupo y solo un 7,4% del tramo de trabajadores.

Cuadro 2. UNL. Graduados recientes por facultad y carreras agregadas según nivel ocupacional del padre (*). Encuesta 2015. En porcentajes

Facultad	Total		Nivel ocupacional del padre			
			I-II-III	IV-V-VI	VII-VIII-IX	Sin Datos
Total	100,0%	1103	45,5%	32,5%	7,4%	14,6%
FADU	100,0%	107	42,1%	32,7%	8,4%	16,8%
FBCB	100,0%	152	36,2%	44,1%	4,6%	15,1%
FCA	100,0%	67	59,7%	22,4%	7,5%	10,4%
FCE	100,0%	175	46,9%	29,7%	8,6%	14,9%
FCJS	100,0%	165	42,4%	28,5%	4,8%	24,2%
FCM	100,0%	154	52,6%	31,8%	9,1%	6,5%
FCV	100,0%	89	52,8%	29,2%	6,7%	11,2%
FHUC	100,0%	91	42,9%	35,2%	7,7%	14,3%
FICH	100,0%	34	41,2%	41,2%	8,8%	8,8%
FIQ	100,0%	69	42,0%	30,4%	11,6%	15,9%

Nota: Nivel ocupacional del padre (I) Profesionales y profesores universitarios; (II) Propietarios de comercios, pequeñas industrias, talleres y gerentes; (III) Directores de empresas, funcionarios públicos superiores; (IV) Jefes, supervisores y capataces; (V) Técnicos y maestros; (VI) Empleados y vendedores; (VII) Trabajadores especializados de los servicios; (VIII) Obreros especializados (industria y agrícola); (IX) Peones, aprendices, personal de maestranza, cadetes, etc.
(*) En los casos en que el nivel de ocupación del padre no estaba especificado, se utilizó la ocupación de la madre. Fuente: UNL. Encuesta a graduados recientes de la UNL. Encuesta 2015.

El perfil de las facultades reitera esta tendencia, siendo la FCA la que registra mayor porcentaje de nivel ocupacional u origen de estrato social alto (59,7%), siguiéndole la FCV (52,8%) y FCM (52,6%) y con el 42% al 47% de los graduados las facultades de FIQ, FADU, FCJS, FHUC y FCE. Los graduados cuyos padres son trabajadores especializados o trabajadores de menor calificación (peones, aprendices, personal de maestranza, cadetes) varían entre menos del 5% en FBCB y FCJS y el 12% en FIQ. Corresponde advertir el alto nivel de "no respuesta" o sin dato que sin duda debe corregirse pues en muchas facultades alcanza porcentajes que superan 15%.

Los estudios de post graduación

La intención de seguir estudiando es expresada por casi la totalidad los graduados recientes que completaron la encuesta en 2015 (93%), más del 40% planea continuar estudiando inmediatamente, mientras que la mitad de los encuestados iniciaría nuevos estudios "más adelante". Las precisiones por facultad dan cuenta que:

- los graduados recientes de FCM, FHUC, FCJS, seguidos por FBCB y FICH son quienes en mayor proporción plantean que seguirán estudiando inmediatamente;
- los graduados de FCE, FCV y FCA y luego FADU seguirán con sus estudios "más adelante";
- los graduados de FICH, FIQ y FCA tienen los mayores porcentajes de graduados que al momento de la encuesta no tienen intención de seguir estudiando, aunque representan solo entre el 14,7% y el 10%.

Los graduados que piensan realizar principalmente estudios de posgrado, siendo las especializaciones las más elegidas, seguidas –aunque en proporción mucho menor– por quienes realizarían maestrías (10%) o doctorados (8,2%). Cerca el 12% de los graduados realizarían otra carrera de grado, mientras el 10% tiene intención de seguir estudiando pero no sabe qué tipo estudios realizaría (Cuadro 14). El gráfico siguiente permite seguir las respuestas de los graduados por facultades y carreras agrupadas, y siempre se pueden comparar con los totales de la UNL o con los de la facultad.

Gráfico 1. UNL. Graduados recientes que tienen intención de seguir estudiando por facultad y carreras agregadas según tipo de carrera. Encuesta 2015. En porcentajes

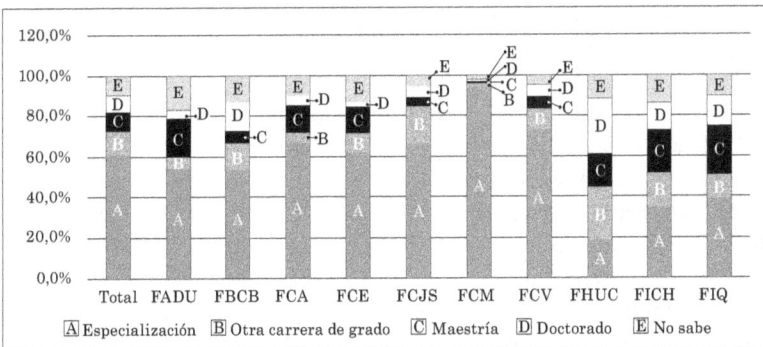

Fuente: UNL. Encuesta a graduados recientes de la UNL. Encuesta 2015.

El análisis por facultad precisan ciertos comportamientos sin dudas vinculados con la identidad de los campos profesionales de las carreras que dictan:

- los graduados de FCM realizarían casi en su totalidad una especialización (94%), seguidos por el 72% de los graduados de FCV y cerca del 66% de los de FCJS y FCA;
- FIQ tiene el mayor porcentaje de graduados que continuarían estudios de maestría, seguidos por los de FICH;
- FHUC, tiene el porcentaje más alto de graduados que iniciarán un doctorado (28%) y también de quienes realizarían otra carrera de grado (26,4%);
- los graduados que piensan continuar estudiando, pero aún no definieron el tipo de carrera es un grupo considerable en la facultad de Arquitectura (16,8%) alcanzando el 18% en la carrera de Arquitectura y Urbanismo.

La encuesta recoge las opiniones de los graduados que tienen intención de seguir estudiando acerca de los campos o áreas de conocimiento de su interés, que sin dudas tienen valor para las áreas académicas en tanto pueden orientar la oferta de posgrados y estudios complementarios de la universidad.

Transición estudio y trabajo

Cerca de dos tercios de los graduados recientes trabajó alguna vez (60%) durante la educación secundaria o la universidad. La alternancia estudio y trabajo es mayoritario entre los graduados de FADU, FCE, FICH y FHUC. La transición al trabajo se realiza principalmente en la última etapa de la carrera, en la cual la tasa de empleo alcanza el 57% entre el total de los encuestados, nuevamente los mayores porcentajes de graduados que trabajaron al final de la carrera son los de FADU, FCE, FICH y FHUC. Los graduados de FCM tienen las tasas de actividad laboral más bajas en las distintas etapas, seguidos por los de FCV.

La interpretación según al nivel ocupacional de los padres da cuenta de la mayor propensión laboral de los graduados cuyos padres desempeñan ocupaciones manuales y de operarios (VII-VIII y IX) pues el porcentaje que trabajó alguna vez es de 66%, mientras que en los graduados de nivel alto es el 55%. Entre los graduados encuestados en 2015 puede verificarse una tendencia en la relación entre nivel ocupacional y trabajo en las distintas etapas de los estudios secundarios y universitarios, que se va equiparando a medida que se avanza en la carrera.

Gráfico 2. UNL. Graduados recientes (*) que trabajaron alguna vez por nivel ocupacional del padre según etapa de los estudios secundarios y universitarios. Encuesta 2015. En porcentajes

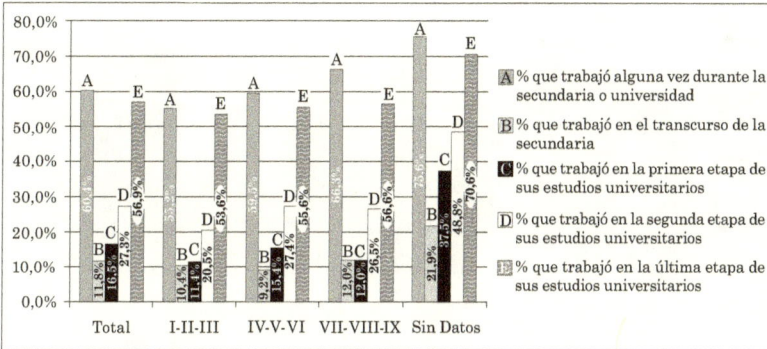

Nota: Nivel ocupacional del padre (I) Profesionales y profesores universitarios; (II) Propietarios de comercios, pequeñas industrias, talleres y gerentes; (III) Directores de empresas, funcionarios públicos superiores; (IV) Jefes, supervisores y capataces; (V) Técnicos y maestros; (VI) Empleados y vendedores; (VII) Trabajadores especializados de los servicios; (VIII) Obreros especializados (industria y agrícola); (IX) Peones, aprendices, personal de maestranza, cadetes, etc.
(*) En los casos en que el nivel de ocupación del padre no estaba especificado, se utilizó la ocupación de la madre.
Fuente: UNL. Encuesta a graduados recientes de la UNL. Encuesta 2015.

Los graduados que trabajaron en la última etapa de sus carreras reconocen que existía afinidad entre la ocupación que desempeñaban y sus estudios y que aplicaban los conocimientos adquiridos. Al igual que en la encuesta previa (2014), los graduados de FCM y FCV señalan una baja afinidad y baja o ninguna aplicación de sus conocimientos, que podría relacionarse con la necesidad o restricción de ser graduado para ejercer trabajos que afectan la salud de las personas y animales.

La interpretación por nivel social de origen da cuenta de leves diferencias entre los graduados, pues la gran mayoría dice que existía afinidad entre su trabajo en la última etapa de sus carreras y sus estudios, el 84% de los graduados de alto nivel ocupacional y el 79% de los de origen socio ocupacional más bajo reconoce esta afinidad.

Grafico 3. UNL. Graduados recientes que trabajaron en el transcurso de la última etapa de los estudios universitarios por facultad: porcentaje que considera que el trabajo realizado tenía afinidad con los estudios y porcentaje con alta aplicación en su trabajo de los conocimientos adquiridos en el estudio. Encuesta 2015. En porcentajes

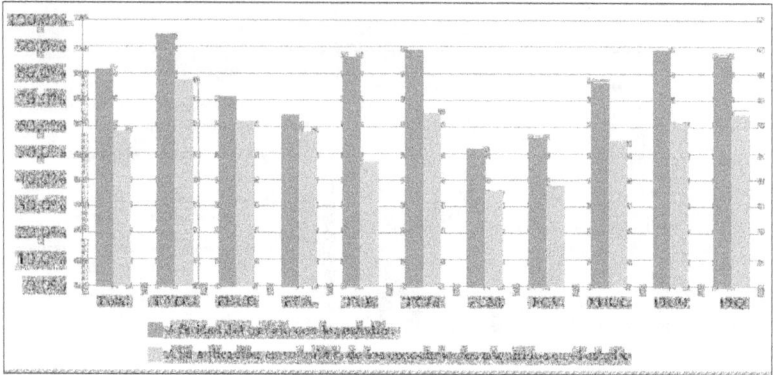

(*) En los casos en que los porcentajes no suman 100%, el porcentaje faltante corresponde a Sin datos/No responde.
Fuente: UNL. Encuesta a graduados recientes de la UNL. Encuesta 2015.

Comprensión del mundo del trabajo y del campo socio-profesional

Los graduados encuestados en 2015 dicen conocer el campo profesional en el que podrán desempeñarse, entre el 87% y 100%. Cabe señalar que los graduados de FCJS y los de FCV son los que tienen los menores porcentajes, 87% y 89% respectivamente. La mayoría de los graduados de 2015 considera que Santa Fe y la región es el ámbito en que podrán ejercer su profesión con mayor facilidad. Cerca de un tercio de los graduados de FADU, FCE consideran en que Santa Fe ejercerán fácilmente su profesión, mientras que igual porcentaje de los graduados de FCA, FCV y FICH consideran que será en la región y 30% de los de FIQ menciona a otras provincias.

Las opiniones respecto a dónde será más difícil ejercer la profesión son coherentes con las anteriores en tanto el 40% de los graduados de UNL dice que es otros países y alcanza mayores porcentajes entre los graduados de FCV (57,3%), FCM (55%) y FCA (50,7%). Resulta llamativo que entre un 20% y un 26% de los graduados de FCJS, FCA y FICH opinan que será muy dificultoso desempeñarse en otras provincias.

PROFESIÓN E INNOVACIÓN EN UN CONTEXTO FLEXIBLE

Cuadro 3. UNL. Graduados recientes por facultades según opinión acerca de dónde puede ejercer su profesión con mayor facilidad. Encuesta 2015. En porcentajes

| Facultades | Total | | Piensa que puede ejercer su profesión con mayor facilidad en | | | | | | | | |
			Santa Fe	La región	Santa Fe y la región	Otras provincias	Santa Fe, la región y otras provincias	Exterior	Todas las opciones	Otras combinaciones	Sin Datos
Total	100,0%	1103	25,5%	22,0%	14,9%	10,4%	9,4%	0,8%	3,4%	9,6%	3,9%
FADU	100,0%	107	30,8%	23,4%	15,9%	6,5%	6,5%	0,9%	3,7%	12,1%	0,0%
FBCB	100,0%	152	27,0%	16,4%	12,5%	13,8%	6,6%	1,3%	2,6%	13,2%	6,6%
FCA	100,0%	67	13,4%	37,3%	10,4%	11,9%	13,4%	0,0%	6,0%	7,5%	0,0%
FCE	100,0%	175	36,6%	17,7%	17,7%	6,3%	12,0%	0,0%	4,0%	4,0%	1,7%
FCJS	100,0%	165	26,1%	25,5%	17,0%	6,7%	4,2%	1,2%	1,8%	4,8%	12,7%
FCM	100,0%	154	22,7%	25,3%	14,9%	7,8%	18,8%	0,0%	1,3%	8,4%	0,6%
FCV	100,0%	89	16,9%	32,6%	13,5%	13,5%	5,6%	0,0%	3,4%	11,2%	3,4%
FHUC	100,0%	91	33,0%	9,9%	16,5%	6,6%	12,1%	3,3%	5,5%	9,9%	3,3%
FICH	100,0%	34	8,8%	29,4%	17,6%	17,6%	0,0%	0,0%	2,9%	23,5%	0,0%
FIQ	100,0%	69	11,6%	11,6%	8,7%	30,4%	7,2%	1,4%	7,2%	18,8%	2,9%

Fuente: UNL. Encuesta a graduados recientes de la UNL. Encuesta 2015.

Cuadro 4. UNL. Graduados recientes por facultades según opinión acerca de dónde puede ejercer su profesión con mayor dificultad. Encuesta 2015. En porcentajes

| Facultades | Total | | Piensa que puede ejercer su profesión con mayor dificultad en | | | | | | | | |
			Santa Fe	La región	Santa Fe y la región	Otras provincias	Santa Fe, la región y otras provincias	Exterior	Todas las opciones	Otras combi-naciones	Sin Datos
Total	100,0%	1103	8,9%	7,8%	2,6%	16,9%	0,2%	40,0%	0,4%	12,8%	10,5%
FADU	100,0%	107	9,3%	14,0%	2,8%	19,6%	0,0%	29,9%	0,0%	19,6%	4,7%
FBCB	100,0%	152	14,5%	8,6%	2,0%	14,5%	0,0%	37,5%	1,3%	11,8%	9,9%
FCA	100,0%	67	1,5%	4,5%	3,0%	23,9%	1,5%	50,7%	0,0%	7,5%	7,5%
FCE	100,0%	175	9,1%	6,9%	1,1%	15,4%	0,0%	44,6%	0,0%	13,1%	9,7%

Continúa >>

FCJS	100,0%	165	7,9%	7,9%	0,6%	20,0%	0,0%	30,3%	0,6%	15,2%	17,6%
FCM	100,0%	154	5,2%	3,9%	0,6%	14,9%	0,0%	55,2%	0,0%	13,0%	7,1%
FCV	100,0%	89	1,1%	6,7%	1,1%	14,6%	0,0%	57,3%	1,1%	7,9%	10,1%
FHUC	100,0%	91	8,8%	11,0%	1,1%	14,3%	1,1%	35,2%	0,0%	15,4%	13,2%
FICH	100,0%	34	14,7%	8,8%	8,8%	26,5%	0,0%	17,6%	0,0%	14,7%	8,8%
FIQ	100,0%	69	20,3%	7,2%	17,4%	13,0%	0,0%	23,2%	0,0%	4,3%	14,5%

Fuente: UNL. Encuesta a graduados recientes de la UNL. Encuesta 2015.

Los graduados de la UNL consideran que las condiciones que más se valoran en la inserción de los profesionales jóvenes son el título profesional (57%) y la experiencia laboral (54%) afín a la carrera estudiada, seguida por la capacidad de trabajo en equipo (39%) y las habilidades adquiridas en la formación (27%).

Cuadro 5. UNL. Graduados recientes por facultades según opinión acerca que se valora más para la inserción de profesionales jóvenes en su especialidad. Encuesta 2015. Porcentaje de respuestas afirmativas a cada categoría de respuesta

Qué se valora más para la inserción de profesionales jóvenes en su especialidad	Facultad										
	Total	FADU	FBCB	FCA	FCE	FCJS	FCM	FCV	FHUC	FICH	FIQ
Experiencia laboral adquirida mientras estudiaba en trabajos afines a su carrera	54,4%	66,4%	45,4%	55,2%	72,0%	60,0%	25,3%	47,2%	51,6%	76,5%	63,8%
Experiencia laboral, aunque no sea afín a su carrera	9,8%	7,5%	9,2%	13,4%	14,9%	12,7%	3,2%	9,0%	8,8%	5,9%	10,1%
El título profesional	56,8%	50,5%	55,9%	59,7%	61,1%	55,2%	59,7%	59,6%	64,8%	50,0%	42,0%
Recomendaciones de profesores	7,1%	4,7%	3,9%	7,5%	4,0%	5,5%	3,2%	20,2%	17,6%	11,8%	4,3%
Recomendaciones calificadas de profesionales que se desempeñan en el área	17,1%	21,5%	21,1%	17,9%	19,4%	17,0%	8,4%	28,1%	12,1%	14,7%	8,7%
Capacidad de trabajo en equipo	38,7%	34,6%	46,7%	47,8%	30,3%	27,9%	50,6%	46,1%	22,0%	47,1%	47,8%

Continúa >>

PROFESIÓN E INNOVACIÓN EN UN CONTEXTO FLEXIBLE

Habilidades adquiridas	27,0%	39,3%	32,2%	20,9%	20,6%	19,4%	40,9%	22,5%	24,2%	20,6%	18,8%
Habilidades de organización	6,4%	10,3%	7,9%	14,9%	5,1%	4,2%	3,9%	3,4%	4,4%	8,8%	8,7%
Manejo de idiomas	14,2%	3,7%	10,5%	14,9%	13,7%	10,9%	18,2%	7,9%	15,4%	26,5%	39,1%
Utilización de técnicas informáticas	9,1%	29,0%	3,9%	7,5%	17,1%	10,3%	1,3%	1,1%	2,2%	8,8%	4,3%
Flexibilidad y adaptación al cambio	19,8%	15,9%	21,1%	28,4%	19,4%	19,4%	19,5%	23,6%	14,3%	14,7%	21,7%
Experiencia internacional	3,0%	7,5%	1,3%	0,0%	2,3%	2,4%	3,2%	3,4%	6,6%	0,0%	1,4%
Promedio de la carrera	14,4%	4,7%	13,8%	4,5%	3,4%	5,5%	44,8%	11,2%	28,6%	8,8%	10,1%
Sin datos	4,3%	0,0%	6,6%	0,0%	2,3%	12,7%	1,3%	3,4%	4,4%	0,0%	4,3%

Fuente: UNL. Encuesta a graduados recientes de la UNL. Encuesta 2015.

Menos del 10% de los graduados considera que la experiencia internacional, las habilidades de graduación, las recomendaciones de profesores, las técnicas informáticas y la experiencia laboral no afín pueden ser valoradas en la inserción laboral. La mayoría de los graduados recientes de 2015 considera que el perfil profesional se destaca por más de uno los aspectos propuestos (combinación de opciones) y el segundo lugar en importancia lo tienen los conocimientos adquiridos, especialmente entre los graduados de FHUC, FCJS y FCM.

Cuadro 6. UNL. Graduados recientes por facultad y carreras agregadas según qué destacaría de su perfil profesional. Encuesta 2015. En porcentajes

Facultad	Total	¿Qué destacaría de su perfil profesional?						
		Conocimientos adquiridos	Dominio de técnicas	Trabajo en equipo	Habilidades	Otras	Combinaciones (*)	Sin Datos
Total	100,0%	1103	16,6%	1,2%	5,0%	2,4%	0,0%	65,4%	9,4%
FADU	100,0%	107	9,3%	2,8%	0,0%	2,8%	0,0%	80,4%	4,7%
FBCB	100,0%	152	15,8%	0,7%	3,9%	2,6%	0,0%	66,4%	10,5%
FCA	100,0%	67	16,4%	1,5%	7,5%	3,0%	0,0%	65,7%	6,0%
FCE	100,0%	175	13,1%	1,1%	4,0%	2,9%	0,0%	71,4%	7,4%
FCJS	100,0%	165	21,2%	1,2%	3,6%	1,8%	0,0%	52,7%	19,4%
FCM	100,0%	154	18,8%	0,0%	7,8%	3,9%	0,0%	58,4%	11,0%
FCV	100,0%	89	15,7%	3,4%	13,5%	1,1%	0,0%	60,7%	5,6%

Continúa >>

FHUC	100,0%	91	27,5%	1,1%	2,2%	0,0%	0,0%	61,5%	7,7%
FICH	100,0%	34	8,8%	0,0%	5,9%	0,0%	0,0%	85,3%	0,0%
FIQ	100,0%	69	13,0%	0,0%	4,3%	4,3%	0,0%	71,0%	7,2%

(*) Incluye los graduados que han respondido más de una opción propuesta Fuente: UNL. Encuesta a graduados recientes de la UNL. Encuesta 2015.

La percepción de los recientes graduados acerca de los aspectos más destacables del perfil profesional logrado en la universidad podría incentivar la realización de actividades de formación complementaria a la de la carrera, que deberían ser planificadas por áreas académicas y de extensión de la propia universidad.

Trabajo actual

La mayor tasa de trabajo está entre los graduados de la FADU (75,7%), FCE (72%) y FHUC (70,3%).

Cuadro 7. UNL. Graduados recientes por facultad y carreras agregadas según situación de trabajo actual y cantidad de años que hace que trabajan. Encuesta 2015. En porcentajes

Facultad	Total	Trabaja actualmente		Años que hace que trabaja						
		Si	No	Total		1 año	2 a 5 años	6 a 10 años	11 años o más	Sin Datos
Total	100,0%	1103	51,4%	48,6%	100,0%	567	30,3%	38,3%	10,8%	7,9%	12,7%
FADU	100,0%	107	75,7%	24,3%	100,0%	81	19,8%	56,8%	13,6%	6,2%	3,7%
FBCB	100,0%	152	49,3%	50,7%	100,0%	75	24,0%	34,7%	9,3%	10,7%	21,3%
FCA	100,0%	67	46,3%	53,7%	100,0%	31	54,8%	25,8%	3,2%	3,2%	12,9%
FCE	100,0%	175	72,0%	28,0%	100,0%	126	28,6%	45,2%	9,5%	10,3%	6,3%
FCJS	100,0%	165	57,6%	42,4%	100,0%	95	38,9%	21,1%	9,5%	6,3%	24,2%
FCM	100,0%	154	5,2%	94,8%	100,0%	8	12,5%	37,5%	25,0%	12,5%	12,5%
FCV	100,0%	89	29,2%	70,8%	100,0%	26	38,5%	19,2%	7,7%	3,8%	30,8%
FHUC	100,0%	91	70,3%	29,7%	100,0%	64	20,3%	43,8%	18,8%	9,4%	7,8%
FICH	100,0%	34	64,7%	35,3%	100,0%	22	27,3%	63,6%	4,5%	0,0%	4,5%
FIQ	100,0%	69	56,5%	43,5%	100,0%	39	46,2%	25,6%	10,3%	10,3%	7,7%

Fuente: UNL. Encuesta a graduados recientes de la UNL. Encuesta 2015.

La mayoría de los que trabajan lo hacen desde hace un año y 2 a 5 años. En FICH, FADU, FCE y FHUC se registran los porcentajes más altos de ingreso al empleo desde hace 2 a 5 años (63,6% a 43,8%). Los graduados de FCA y FIQ se caracterizan por los mayores porcentajes de quienes trabajan hace un año.

PROFESIÓN E INNOVACIÓN EN UN CONTEXTO FLEXIBLE

Cuadro 8. UNL. Graduados recientes que trabajan actualmente por facultad y carreras agregadas según cantidad de horas semanales que trabaja. Encuesta 2015. En porcentajes

Facultad	Total		Trabaja actualmente					
			Menos de 20 horas	20-29 horas	30-39 horas	40 horas	41 horas o más	Sin Datos
Total	100,0%	567	16,8%	23,5%	17,8%	12,2%	21,0%	8,8%
FADU	100,0%	81	8,6%	28,4%	27,2%	19,8%	13,6%	2,5%
FBCB	100,0%	75	24,0%	18,7%	17,3%	8,0%	18,7%	13,3%
FCA	100,0%	31	12,9%	16,1%	3,2%	22,6%	45,2%	0,0%
FCE	100,0%	126	15,1%	26,2%	18,3%	8,7%	24,6%	7,1%
FCJS	100,0%	95	13,7%	28,4%	21,1%	10,5%	7,4%	18,9%
FCM	100,0%	8	62,5%	0,0%	12,5%	0,0%	0,0%	25,0%
FCV	100,0%	26	15,4%	26,9%	7,7%	15,4%	30,8%	3,8%
FHUC	100,0%	64	29,7%	25,0%	18,8%	10,9%	7,8%	7,8%
FICH	100,0%	22	22,7%	22,7%	22,7%	13,6%	18,2%	0,0%
FIQ	100,0%	39	2,6%	7,7%	5,1%	12,8%	64,1%	7,7%

Fuente: UNL. Encuesta a graduados recientes de la UNL. Encuesta 2015.

Los graduados recientes de 2015 parecen tener jornadas de trabajo de extensión menor a la normal, cerca del 40% trabaja hasta 29 horas semanales, presentando los mayores valores FCM, FHUC, FICH, FCJS, FCE y FCV. Cabe destacar que casi dos tercios de los graduados de FIQ y casi la mitad de los de FCA trabajan jornadas extensas, es decir, de 41 horas o más.

El trabajo que desempeñan los graduados recientes es mayoritariamente de tipo profesional (64,4% del total de encuestados). Los graduados de FHUC se diferencian por ejercer la docencia en coincidencia con el tipo de carreras de dicha facultad y resulta llamativo que más de un tercio de los graduados de FCM también ejerzan la docencia como actividad laboral. Los trabajos académicos o de investigación son minoritarios entre los graduados encuestados, presentando los mayores porcentajes en FIQ y en FHUC. La combinación de varios tipos de ocupaciones diferencia a más del 30% de los graduados de FICH y el 20% de FHUC.

Cuadro 9. UNL. Graduados recientes que trabajan actualmente por facultad y carreras agregadas según tipos de trabajos que realiza. Encuesta 2015. En porcentajes

Facultad	Total	Tipo de trabajo que realiza					
		Profesional	Académico	Docente	Investigación	Combinaciones (*)	Sin datos
Total	100,0%	567	64,4%	2,8%	7,6%	1,2%	8,1%	15,9%
FADU	100,0%	81	90,1%	0,0%	1,2%	0,0%	7,4%	1,2%
FBCB	100,0%	75	48,0%	9,3%	2,7%	1,3%	8,0%	30,7%
FCA	100,0%	31	77,4%	3,2%	3,2%	3,2%	9,7%	3,2%
FCE	100,0%	126	81,0%	3,2%	1,6%	0,0%	1,6%	12,7%
FCJS	100,0%	95	64,2%	0,0%	3,2%	0,0%	2,1%	30,5%
FCM	100,0%	8	25,0%	0,0%	37,5%	0,0%	0,0%	37,5%
FCV	100,0%	26	73,1%	3,8%	7,7%	0,0%	3,8%	11,5%
FHUC	100,0%	64	15,6%	4,7%	40,6%	4,7%	20,3%	14,1%
FICH	100,0%	22	54,5%	0,0%	4,5%	0,0%	36,4%	4,5%
FIQ	100,0%	39	66,7%	0,0%	5,1%	5,1%	12,8%	10,3%

(*) Incluye a los graduados que han respondido que sus trabajos corresponden a dos o más de los tipos propuestos.
Fuente: UNL. Encuesta a graduados recientes de la UNL. Encuesta 2015.

Gráfico 4. UNL. Graduados recientes que trabajan actualmente por facultad y carreras agregadas según afinidad entre la carrera realizada y el trabajo. Encuesta 2015. En porcentajes

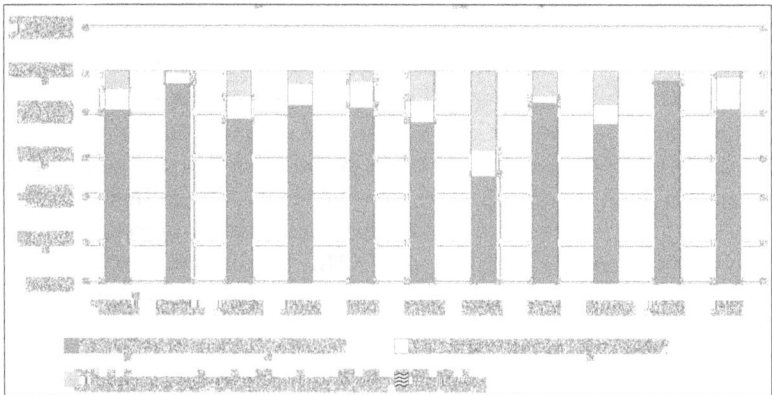

Fuente: UNL. Encuesta a graduados recientes de la UNL. Encuesta 2015.

PROFESIÓN E INNOVACIÓN EN UN CONTEXTO FLEXIBLE

La afinidad entre ocupación y carrera se verifica para la mayoría de los graduados en tanto señalan que "trabajan en relación a la profesión". Entre los graduados de Medicina se destaca que más de un tercio desempeña ocupaciones con escasa o nula relación con la profesión.

3. La producción de información para conocer y acompañar a los estudiantes en su vida estudiantil y socio-laboral

La preocupación de este capítulo es contribuir a pensar el uso posible de los sistemas de información para conocer las características de la vida estudiantil, el desarrollo educativo y de la enseñanza-aprendizaje en la universidad, la alternancia de estudio y trabajo y la transición a la vida profesional, con el objeto de acompañar tanto a los estudiantes como a las actividades de los docentes de las casas de estudio en el desarrollo de proyectos específicos, prácticas y planes de estudio.

Los sistemas de información regulares sobre estudiantes y graduados en la UNL

Las universidades y facultades de la Argentina cuentan con sistemas de información de uso común para la administración de los ingresantes y estudiantes y el registro y seguimiento de graduados (SIU Guaraní y SIU Kolla) cuyo uso, aplicación y adaptación se ha ido generalizando a lo largo de las últimas décadas. En la UNL también utiliza estos sistemas que le permiten registrar las actividades académicas de los estudiantes desde su ingreso a la universidad hasta su egreso (SIU-Guaraní). Al inscribirse un alumno debe completar el formulario SUR 1 y cada año, la reinscripción en el formulario SUR 2. De esta manera, se registran los datos socioeconómicos y académicos de los alumnos, que permiten un cierto seguimiento de su tránsito por la universidad, aunque aún persisten dificultades referidas a la calidad y validez de la información disponible en las diferentes unidades académicas.

Desde 2014, la encuesta a graduados recientes de la UNL se desarrolla como una adaptación del sistema SIU-Kolla, aplicándose obligatoriamente a todos los graduados de carreras presenciales en el momento de iniciar el trámite del título de grado. Esta encuesta regular de la universidad, coexiste con otras encuestas a estudiantes y graduados encaradas por las facultades y/o carreras específicas vinculadas al proceso de acreditación y autoevaluación. El SIU-Araucano contiene información estadística de alumnos de las carreras de los distintos niveles de la universidad. Se utiliza para informar datos estadísticos y de oferta educativa a la Secretaría de Políticas Universitarias.

El esfuerzo de la universidad ha sido el de poner en conexión todos los sistemas –los módulos del SIU relacionados con alumnos, presupuesto, gestión de recursos humanos, conjuntamente con los diseñados por la universidad relacionados con la gestión de transferencia de servicios, con la gestión de políticas de bienestar, etc.– con el objeto de contar con información en tiempo real para la gestión y mejorar así los datos disponibles para la toma de decisiones. En el cuadro se presentan los sistemas de información regulares de la UNL y las grandes temáticas que incluyen referidas a la vida estudiantil, el desarrollo educativo, la relación de estudio y trabajo y la transición a la vida profesional.

Cuadro 10. Sistemas de información de la UNL sobre estudiantes y graduados

Vida Estudiantil (quienes son los estudiantes, origen social)	Desarrollo educativo (enseñanza-aprendizaje)	Estudio y trabajo	Transición a la vida profesional
SIU Guarani - Planilla Sur I Aspirantes			
-Datos personales: Fecha, Nacimiento, sexo, Estado civil. -Estudios secundarios y superiores -Situación laboral del grupo familiar -Situación educativa del grupo familiar	-Estudios secundarios y superiores	-Situación de trabajo: condición de actividad, horas semanales, estabilidad laboral, sector de actividad, ocupación, categoría ocupacional	
SIU Guarani - Planilla Sur II Reinscripciones			
-Datos personales: Estado civil, lugar de residencia. -Situación laboral del grupo familiar	-Total exámenes rendidos -Total materias aprobadas -Número de materias aprobadas el año académica anterior	-Situación de trabajo: condición de actividad, horas semanales, estabilidad laboral, sector de actividad, ocupación, categoría ocupacional	
Adaptación del SIU Kolla - Encuesta a Graduados Recientes (2014 en adelante)			

Continúa >>

-Datos socio-demográficos -Condiciones de vida familiar -Características socio-económicas y educativas del grupo familiar -Historia educacional –previa y paralela al ingreso a la universidad–	-Historia educacional –previa y paralela al ingreso a la universidad– -Otros estudios -Estudios de post graduación -Valoración pedagógica de experiencias previas -Evaluación sobre la formación recibida	-Transición estudio y trabajo	-Trabajo actual -Comprensión del mundo del trabajo y del campo socio-profesional
Encuesta a Graduados Facultad de Ingeniería y Ciencias Hídricas (FICH)			
Año de Egreso Carrera	-Conocimientos y competencias adquiridas en la formación. Relación con desempeño profesional. -Contenidos de la carrera. Vigencia para el ejercicio profesional. -Actualización tecnológica de la formación de grado. Nivel de actualización tecnológica. Evaluación de docentes. -Actividades. Evaluaciones del desempeño docente. Información sobre actividades de perfeccionamiento, actualización y capacitación de unidad académica. -Perfeccionamiento y carrera de posgrado. Participación en actividades actualmente y en los últimos tres años. Carrera de posgrado. Vinculación con el grado. -Servicios de biblioteca y centro de documentación. Participación en actividades de la unidad académica. Becas.	-Participación en actividades de la unidad académica Becas de investigación Becas de vinculación con el sector productivo Becas de extensión Docencia	-Actividad laboral actual Aspectos del Perfil profesional Aspectos que favorecen y aspectos que dificultan a la hora de buscar y encontrar empleo -Contenidos de la carrera Vigencia para el ejercicio profesional -Relación con la carrera y la institución luego de la graduación
Encuesta a Graduados Facultad de Ciencias Económicas (FCE) (2010)			

Continúa >>

Datos personales	-Actividades académicas y laborales Plan de estudio Asignatura o actividad académica: mayor dificultad, menos el agradó, más el agradó Asignaturas que podrían eliminarse Reducción de contenidos/ampliación de contenidos de alguna asignatura Opinión sobre correlatividades Tiempo de cursada/plan estudio Momento de retraso Autoconfianza y satisfacción/valores y capacidades Organización de actividades FCE	Actividades académicas y laborales Participación en el sistema de pasantías rentadas de la facultad Participación en el sistema de pasantías académicas de la facultad Participación en el programa de investigación de la universidad y/o facultad Estudio y trabajo	Autoconfianza y satisfacción/valores y capacidades Capacidad para ejercer profesión Elección de carrera y facultad Orgullo de FCE/UNL Elección de institución de posgrado

En la UNL través de las distintas secretarias, las facultades y los equipos de docentes y de investigación se encaran proyectos orientados a intervenir en las condiciones del trabajo académico, que indirectamente pueden incidir y a la vez considerar las realidades del trabajo de los estudiantes universitarios. Estos al plantear el análisis curricular, dispositivos pedagógicos y estudios de trayectorias en el grado y pre-grado de las carreras, que consideran directa o indirectamente a los alumnos, identifican los factores intervinientes en la dinámica del acceso y permanencia de los estudiantes en la vida universitaria.

La Secretaría de Planeamiento ha implementado estudios específicos que permiten caracterizar distintos aspectos del tránsito de los estudiantes por la universidad así como la alternancia de estudio y trabajo, tales como la ya mencionada encuesta a estudiantes universitarios avanzados y posteriormente la encuesta a estudiantes realizada en el marco de la tercera autoevaluación institucional (2015).

También algunas facultades han implementado encuestas a estudiantes y graduados ligadas a acreditaciones de carreras. La revisión de los proyectos incluidos en el Plan de Desarrollo Institucional (PDI) y en las convocatorias de investigación de la universidad permitió identificar aquellos que pueden dar contexto a la interpretación de la realidad de estudio y trabajo y especialmente a su aprovechamiento pedagógico en el marco de los planes de estudio.

Cuadro 11. Encuestas específicas a estudiantes y graduados

Vida Estudiantil (quienes son los estudiantes, origen social)	Desarrollo educativo (enseñanza-aprendizaje)	Estudio y trabajo	Transición a la vida profesional
Encuesta "La relación estudio-trabajo y las expectativas de la vida profesional en la UNL" a estudiantes universitarios avanzados(EUA)- Secretaria de Planeamiento (2011)			
-Características sociodemográficas de los EUA -Características socioeducativas del grupos familiar de origen y actual -Historia educacional de los EUA	- Historia educacional de los EUA - La valoración pedagógica de experiencias	-Historia ocupacional -Relación educación y trabajo -La valoración pedagógica de experiencias	-Estrategias de inserción en la vida profesional.
Tercera Auto evaluación institucional- Encuesta a Estudiantes			
-Tránsito entre la educación secundaria y la universidad.	-Tránsito entre la educación secundaria y la universidad. -Caracterización de la UNL -Condiciones de cursado -Calidad de la enseñanza. -Conocimiento y valoración de servicios de apoyo a los estudiantes.	-Conocimiento de políticas y programas académicos relacionados con los estudiantes. -Relación estudio y trabajo: experiencia laboral, características del empleo.	-Expectativas sobre la situación ocupacional una vez que se reciba.
Acreditaciones de carreras			
Encuesta Facultad de Arquitectura y Diseño Urbanístico (FADU) *Encuesta Facultad de Ciencias Agrarias (FCA)* *Encuesta - Facultad de Ciencias Veterinarias (FCV)*			

Los proyectos focalizados sobre los problemas de deserción y desgranamiento de alumnos de la universidad son pocos, al menos entre los que pudieron ser relevados tanto en 2015 como en 2016/2017. En 2015 se destacaban dos proyectos se planteaban desde una carrera o plan de estudios diseñar un sistema orientado al seguimiento de alumnos, y estos corresponden a la Ingeniería Química y la Ingeniería y Ciencias Hídricas, en los últimos años se suman proyectos en Ciencias Veterinarias y el Instituto Superior de Música (FHUC).

En la UNL también se desarrollan proyectos referidos al estudio y promoción de prácticas profesionales, a través de proyectos de estudio y acción vinculados con dichas prácticas previas a la finalización de los estudios. Algunos sobre prácticas de compromiso profesional comunitario, trabajos prácticos finales, práctica profesional de contadores, aprendizajes profesionales en el pre-grado, itinerarios de formación práctica profesional en humanidades y sociales, formación profesional en música popular. Otros proyectos son de intervención en el ejercicio profesional, orientados a la mediación en el mercado de trabajo, en términos de búsqueda de empleos y ofertas laborales para estudiantes avanzados y graduados recientes. Los proyectos dirigidos al seguimiento de graduados parecen desarrollarse en los últimos años considerados en las facultades de Ingeniería y Ciencias Hídricas, Bioquímica y Ciencias Biológicas y Arquitectura.

Los sistemas de información y estudios específicos en clave pedagógica

Las universidades comprometidas con la inclusión y permanencia de los estudiantes y la mejora de los procesos de enseñanza y aprendizaje de los futuros profesionales, los sistemas de información deberían repensarse de manera de integrar los distintos registros disponibles sobre la vida en las aulas, la vida social y laboral de los alumnos. Los esfuerzos deberían estar dirigidos a la construcción de paneles de seguimiento de cohortes desde la inscripción en la universidad hasta su finalización, que integraran la información disponible referida al origen social de los estudiantes, su desempeño en las materias, la participación en otras actividades de la vida académica (becas, actividades de docencia, participación en proyectos de investigación, extensión, pasantías) y las actividades laborales que realiza.

Ello podría contribuir a la detección de los problemas comunes que se presentan en la cursada de una carrera (materias que presentan mayor dificultad, momentos de retraso y/o abandonos), rendimientos de los estudiantes, duración de las cursadas; etc. cuyo análisis e interpretación sirvan a la conducción de cada carrera y facultad para el diseño de proyectos de acompañamiento de los estudiantes y la revisión de contenidos y planes de estudio.

Los temas claves que deberían incluirse y analizarse a través los sistemas integrados son:

- la segmentación social de origen los estudiantes y su incidencia respecto al ingreso, permanencia y finalización de los estudios, así como respecto al acceso al trabajo durante los estudios;

- la diferenciación por carreras respecto las exigencias de cursada, la valoración de las experiencias laborales y las posibilidades de inserción laboral durante los estudios;
- los rendimientos alcanzados en las materias y planes de estudio, respecto a las materias de mayor dificultad, los momentos de retraso y/o abandono y los logros de estudiantes según origen social y condición laboral;
- la evaluación curricular respecto la relación teoría y práctica, contenidos generales y específicos, contenidos vacantes o poco desarrollados;
- la realización de prácticas de docencia, investigación, extensión y aún pasantías y su puesta en relación y aprovechamiento en los planes de estudio de las carreras.

La introducción de las pasantías y las prácticas laborales de los estudiantes universitarios en los espacios curriculares, y su aprovechamiento desde las cátedras desde la perspectiva de la integración teoría y práctica, constituye a la vez una realidad y un desafío que compromete y debería convocar a docentes e investigadores, pedagogos, espacios institucionales de gestión de las prácticas (tales como las áreas de pasantías, servicios de empleo bolsas de trabajo), estudiantes y graduados, espacios de transferencias tecnológicas y de vinculación universidad-aparato productivo hasta incluso responsables de la gestión y formación de recursos humanos en empresas, institutos, organismos públicos y otras instituciones del mundo de la producción y del trabajo, en especial en la búsqueda de alternativas superadoras de las contradicciones de la política social. (Riquelme y Razquin, 1997: 69).

Los estudios específicos realizados en marco de la universidad, por las carreras y/o por grupos de investigación deberían ser complementarios, nutrir y a la vez realimentar a los sistemas de información regulares sobre la vida de estudio y trabajo de los estudiantes y graduados. Todo esto debería convocar a los ámbitos de conducción académica de las universidades hacia un necesario esfuerzo de reflexión y debate para lograr una adecuada regulación de la valoración pedagógica de las prácticas laborales, a través de la provisión de empleos "pedagógicamente aceptables", la ampliación de subsidios y becas que favorezcan una mayor dedicación a los estudios en las diferentes etapas de la carrera y la propuesta de una diversidad de prácticas pre-profesionales que enriquezcan y complementen la formación de la aulas. Esto requeriría mayores consensos y recursos, tanto económicos como pedagógicos, orientados a prevenir o disminuir posibles situaciones de precariedad de la dedicación al estudio por parte de los alumnos que requieren trabajar.

Aprovechamiento pedagógico de los estudios y seguimiento de graduados

Las temáticas e indicadores de la encuesta tienen como objetivo obtener información que redunde en el aprovechamiento de los ámbitos de conducción académica de la universidad y las carreras. La posibilidad de integración con otros sistemas de información regulares y con estudios ad-hoc en curso en la UNL, con la intención de acompañar a la conducción de la universidad, de la facultades y a las actividades de los docentes de las casas de estudio en el desarrollo de proyectos específicos, prácticas y planes de estudio.

La estrategia de devolución resultados a áreas académicas está orientada a la realización de: reuniones de presentación de los resultados de la encuesta las secretarías de rectorado y de las Facultades; talleres de aprovechamiento de resultados por grupos de carreras y con responsables de las áreas académicas, las carreras y los claustros; talleres con estudiantes próximos a graduarse e intercambios con grupos de investigadores y profesionales de trayectoria en los diferentes campos profesionales

La UNL ha realizado un relevamiento exhaustivo de antecedentes sobre cuestionarios de seguimiento de graduados en el extranjero y en el país: encuesta CHEERS "Carreers after graduation- an european research study" a los tres años de graduación; encuesta REFLEX del Proyecto "The flexible profesional in the knowledge society: new demands on higher education in Europe" a los cinco años de graduación; los diseños de base del sistema KOLLA de Argentina que plantean consulta a los cinco años; los desarrollos del Monitoreo de Inserción de Graduados (MIG) a partir de la experiencia de la Regional General Pacheco de la Universidad Tecnológica Nacional, luego aplicada en la Universidad Nacional de Río Cuarto, Universidad Nacional de Avellaneda; el Observatorio de Inserción Ocupacional de Graduados de la Universidad nacional de Luján; el Programa de Estadísticas Universitarias de Secretaría de Asuntos Académicos de la Universidad Nacional de Córdoba y experiencias de encuestas en la Universidad Nacional de La Plata, la Universidad Nacional de Lanús , Universidad Nacional del Nordeste , la Facultad Regional de Bahía Blanca y Concordia de la UTN.

Los temas centrales en el diseño de la encuesta a graduados a tres o cinco años de graduación pueden resumirse en el siguiente diagrama:

Temas centrales en el diseño de la encuesta a graduados a 3 años

Situación laboral al momento de la graduación	Distintas ocupaciones – Cambios	Situación laboral al momento de la encuesta	Estudio y trabajo: Aportes de la formación obtenida en la carrera
Formación Intención de estudios pos graduación Otros estudios	Realización de estudios pos-graduación	Estudios realizados	
Rol participación como graduado	Campo profesional	Colegios Asociaciones	
	UNL u otras	Docencia Investigación Extensión Vinculación	
	Social	Localidad/Provincia/Región Social, política; etc.	

En el cierre corresponde destacar dos problemáticas que han sido promovidas desde el inicio de las actividades de transferencia y cooperación entre el PEET-IICE/UBA-CONICET y la Secretaría de Planeamiento de la UNL:

- una referida a la promoción de portales o presentación de las universidades en su contexto regional que permitiera identificar el potencial académico y de investigación, las capacidades de transferencia y de intervención en el medio de los grupos de la universidad, atractivo para los futuros ingresantes o para los sectores de la demanda social y productiva, y para los propios egresados en una relación dinámica de retro-alimentación sobre las experiencias de su desarrollo profesional;
- la otra referida al estudio y trabajo de universitarios, los graduados recientes y el seguimiento de egresados en el mercado de trabajo que posibilite el aprovechamiento de estos estudios para el diseño e implementación de políticas académicas de apoyo a la formación y de inserción académica y profesional de los estudiantes.

Las universidades en clave regional resultan un espacio de mediación, faro de irradiación y productoras de respuestas a las situaciones críticas de la sociedad y permiten comprender: las lógicas del mercado de trabajo y de las demandas de empleo; favorecer la inserción de recursos humanos con educación superior; la inserción académica de contenidos significativos derivados de las demandas sociales y productivas; generar respuestas adecuadas a las demandas; difundir la potencialidad de los grupos de investigadores-docentes de las universidades. En tal sentido las universidades deberían situar su desarrollo en relación con las restantes instituciones de educación superior en el contexto territorial regional, provincial, distrital, departamental y urbano a partir del lugar y significación de cada una en la oferta de educación secundaria, superior y universitaria en términos de las instituciones, las orientaciones de matrícula por campos o áreas de conocimiento; en alguna medida las experiencias de los Consejo de Planificación Regional de la Educación Superior (CPRES) tendrían que dar cuenta de estas orientaciones.

Bibliografía

Gómez Campo, V. y Tenti Fanfani, E. (1989). *Universidad y profesiones. Crisis y alternativas*, Buenos Aires, Miño y Dávila.

Guzmán Gómez, C. (2004). *Entre el estudio y el trabajo. La situación y las búsquedas de los estudiantes de la UNAM que trabajan*, Cuernavaca, México, UNAM, Centro Regional de Investigaciones Multidisciplinarias.

Passaretta, G. y Triventi, M. (2015). "Work experience during higher education and post-graduation occupational outcomes: A comparative study on four European countries", *International Journal of Comparative Sociology*, Vol. 56 (3-4), pp. 232-253.

Planas-Coll, J. y Enciso-Ávila, I. (2013). "Los estudiantes que trabajan: ¿tiene valor profesional el trabajo durante los estudios?", *Revista Iberoamericana de Educación Superior (ries)*, México, UNAM-IISUE/UNIVERSIA, Vol. V, N° 12, pp. 23-45. Recuperado de: [http://ries.universia.net/index.php/ries/article/view/322]. Consultado: 02/04/2017.

Riquelme, G. C. (1991). "Trabajo de jóvenes universitarios: Búsqueda de experiencia o empleo precario?", *Revista Estudios del Trabajo*, N° 2, pp. 111-134, Buenos Aires, Asociación Argentina de Especialistas en Estudios del Trabajo.

Riquelme, G. C. (1993). "La Comprensión del Mundo del Trabajo. Una propuesta alternativa para la enseñanza media", *Revista del Instituto de Investigaciones en Ciencias de la Educación*, Año II, N° 2, junio, pp. 2-12, Buenos Aires, Facultad de Filosofía y Letras, Miño y Dávila editores.

Riquelme, G. C. (2003). *Educación superior, demandas sociales, productivas y mercado de trabajo*, Colección Ideas en Debate, Buenos Aires, Miño y Dávila editores.

Riquelme, G. C. (ed.) (2009). *Sinergia pedagógica en universidades argentinas: articulación de la docencia, la investigación, la extensión y la transferencia con el desarrollo de los planes de estudio*, Tomo III, Buenos Aires, Miño y Dávila editores.

Riquelme, G. C. y Fernández Berdaguer, L. (1985). *Encuesta sobre los jóvenes de la educación superior (1985)*. Proyecto La inserción de los jóvenes en el mundo del trabajo. Área Recursos Humanos, Calificaciones y Formación Profesional. Argentina, Dirección Nacional de Recursos Humanos y Empleo, Ministerio de Trabajo y Seguridad Social.

Riquelme, G. C. y Fernández Berdaguer, L. (1989). "La inserción de jóvenes universitarios en el mundo del trabajo. La relación estudio-trabajo y las expectativas sobre la vida profesional", *Instituto de Ciencias de la Educación. Cuadernos de Investigación*, N° 2, Buenos Aires, Facultad de Filosofía y Letras, UBA.

Riquelme, G. C y Herger, N. (2009). "La realidad del estudio y del trabajo desde la perspectiva de los estudiantes universitarios avanzados en tres universidades argentinas: reflexiones para la política académica y los planes de estudio", en Riquelme, G. C. (ed.), *Sinergia pedagógica en universidades argentinas: articulación de la docencia, la investigación, la extensión y la transferencia con el desarrollo de planes de estudio*, Tomo III, Buenos Aires, Miño y Dávila editores.

Riquelme, G. C.; Pacenza, M. I. y Herger, N. (2008). *Estudio y trabajo de los estudiantes de tres universidades argentinas: acceso al empleo, etapas ocupacionales y expectativas sobre la vida profesional*, Tomo II, Buenos Aires, Miño y Dávila editores.

Riquelme, G. C. y Razquin, P. (1997). "Prácticas de estudio y trabajo de universitarios. Hacia una valoración pedagógica", *Revista del Instituto de Investigaciones en Ciencias de la Educación*, abril, Buenos Aires, Facultad de Filosofía y Letras, Miño y Dávila editores.

Secretaría de Planeamiento de la Universidad Nacional del Litoral (2016). *Los estudiantes avanzados, el trabajo y sus expectativas profesionales. Aportes a la política académica de una universidad pública*. Elaborado por: Riquelme, G. C.; Herger, N. y Magariños, E., Santa Fe, Ediciones UNL.

Teichler, U. (2005). *Graduados y empleo: investigación, metodología y resultados. Los casos de Europa, Japón, Argentina y Uruguay*, Colección Ideas en Debate, Serie educación superior, educación comparada y trabajo, Vol. 2, Co-Edición Centro para la Investigación sobre Educación Superior y el Mundo del Trabajo de la Universidad de Kassel (Alemania) y Facultad de Filosofía y Letras de la Universidad de Buenos Aires, Buenos Aires, Miño y Dávila editores.

PARTE II

LAS DEMANDAS DE LA REGIÓN A LOS CENTROS DE FORMACIÓN SUPERIOR

Trayectorias profesionales y demandas de innovación de los ingenieros en un contexto flexible

Marta Panaia

En las últimas dos décadas la economía argentina cambió su modelo de funcionamiento, con una mayor apertura de su economía y una especialización internacional todavía poco cristalizada, que demanda una creciente dotación de recursos naturales y una importante producción de bienes intermedios. Lo cierto es que en este contexto globalizado y muy heterogéneo en que se desarrolla actualmente la Argentina, es muy difícil establecer la evolución de las profesiones como grupo.

El trabajo centrado en uno de estos actores institucionales tiende a sesgar los resultados hacia las necesidades de la oferta o de la demanda y tiende a desconocer los problemas de una inserción estable, la posibilidad de continuidad y profesionalización de estos graduados y de inserción en el mercado de trabajo. Este trabajo reúne los resultados preliminares obtenidos en una investigación reciente sobre la inserción de profesionales de la ingeniería en el mercado de trabajo, en la Argentina actual. Nos basamos en un trabajo de campo con graduados de ingeniería realizada en varios Laboratorios MIG.[1], a través de la captación de las "temporalidades sociales"[2], para el análisis de trayectorias.

---

1   El relevamiento se realizó utilizando técnicas longitudinales que combinan el relevamiento cuantitativo con estudios biográficos. Los Laboratorios MIG trabajan con un dispositivo de recolección de datos basado en la articulación de los métodos cuantitativos y cualitativos. La recolección de los datos de tipo cuantitativo se realiza por medio de una encuesta de tipo longitudinal, la cual hace hincapié solamente en la trayectoria de formación-empleo. Los datos de tipo cualitativo se realiza a través de una entrevista semi-estructurada, biográfica, que capta las diferentes secuencias de su vida familiar, residencial, laboral y de formación, en forma retrospectiva. Los datos obtenidos en estos Laboratorios son comparables entre sí (Panaia, 2006).

2   El concepto de "temporalidades sociales" está tomado de Francis Godard, 1996 Este es un método sociológico de biografías como organización temporal de las existencias o historias

Circunscribiremos este trabajo a las formas de inserción y movilidad profesional en un contexto de fuerte flexibilización y en este mercado de trabajo nacional, con el fin de analizar cómo afecta la flexibilización la acumulación de saberes, la legitimación del poder y el acceso a cargos jerárquicos de estos profesionales.

En *primer* lugar, la estrategia de flexibilidad laboral interna o externa de las empresas que pueden estar indicando un aumento de las demandas básicas de conocimientos generales para insertarse en los puestos de trabajo. Estos conocimientos básicos son fundamentales para competir por los puestos de mejor calificación y no tener que emigrar de la zona en busca de mejores posibilidades y también las "chances" de no quedar excluidos o condenados a los puestos de mayor precariedad laboral. Entonces resulta importante tener en claro el nivel de conocimientos generales que demandan las empresas de la zona para acceder a sus demandas, lo cual no quiere decir que la oferta empresaria mejore las condiciones promedio de trabajo e ingreso, pero sí conocer mejor los niveles de ejercicio, y la protección que pueden brindar los colegios profesionales, por ejemplo las regulaciones sobre agrimensura, y construcción en cada región del país varían y condicionan tanto la conflictividad como las jurisdicciones profesionales con los agrimensores, como con los arquitectos y maestros mayores de obra.

En *segundo* lugar, la estrategia tecno-productiva de las empresas que abarca desde lo netamente productivo y tecnológico como los medios de comunicación entre los directores y la obra –pero que signa la competitividad de sus productos en el mercado–, hasta su política de innovación/desarrollo que lo ubica en una determinada trama empresarial donde las posibilidades de gestión de la mano de obra tienen un rol particular dentro del contexto general de modernización de la empresa.

La incorporación de tecnología informática, el *leasing*, y los sistemas de comunicación, varían en cada región y para cada tipo de obra y tienen mucho que ver con el nivel de inversiones de los contratantes y la formación de los profesionales.

---

de vida en términos de la organización causal. Esto permite la construcción de objetos teóricos centrados en la cadena causal de acontecimientos y situaciones sociales que organizan su existencia. Así la vida del sujeto no se reconstruye a partir de las representaciones subjetivas de la vida, sino a partir de aquellos acontecimientos que son potenciales de cambio en la construcción de las trayectorias individuales, como secuencias de acontecimientos en forma de secuencias causales.

PROFESIÓN E INNOVACIÓN EN UN CONTEXTO FLEXIBLE

En *tercer* lugar, las características de la gestión socio-histórica de determinadas profesiones y de los servicios cerebro-intensivos (las universidades) que son las que incorporan las corrientes más importantes de conocimientos productivos y los articulan en las unidades de formación. Estas profesiones, como las ingenierías (Lanciano Morandat y Nohara, 1995; Panaia, 2006) cuentan con un lugar central en las principales universidades del país y en universidades concentradas en algunas de sus especialidades más importantes porque es una profesión instrumental ampliamente ligada al desarrollo y a la incorporación de tecnología, pero está bastante lejos de ser una profesión homogénea, aun cuando se trate de títulos similares, expedidos en distintas regiones del país, por distintas universidades.

Cabe además señalar que dentro de las Universidades Nacionales, la Universidad Tecnológica Nacional genera el 80% de los ingenieros titulados del país y el 20% restante proviene de 32 universidades nacionales y 14 privadas. La Universidad Tecnológica Nacional cuenta con 30 regionales distribuidas por todo el país. En nuestro supuesto, cuanto mayor sea la capacidad de estas instituciones de generar buenos y experimentados ingenieros, mayor será la elasticidad de sustitución capital/trabajo y más fácil provocar cambios significativos en las técnicas productivas. Esto proporciona a la economía una mayor flexibilidad para maximizar la producción y alcanzar más rápidamente las fronteras del conocimiento tecnológico y favorecer el crecimiento. Las cifras más actualizadas (sic!) al respecto muestran que solo el 20,38% de los ingenieros trabajan en I/D y esto significa una densidad muy baja respecto de la población total de ingenieros (INDEC, 1998).

Estas dos últimas estrategias están netamente ligadas a la propia trayectoria tecno-productiva y a las prioridades que se dan al conocimiento, la ciencia y la tecnología y la difusión de los conocimientos, así como a la política de incorporación de conocimientos tecnológicos extranjeros o al desarrollo de los conocimientos tecnológicos propios.

Señala Verdier (2003) el papel de las instituciones y de los dispositivos de intervención pública en la construcción de la innovación y de ese espacio común de construcción de las competencias, tiene que ver con la calidad heredada y sus capacidades de la evolución, las instituciones de investigación y de enseñanza superior permiten a las empresas explorar más o menos rápidamente las posibilidades ofrecidas por la emergencia de nuevos campos tecnológicos y científicos. Se califica así al "encastramiento" de las estrategias de los diferentes actores presentes en un espacio económico del que se tratan de definir los límites.

La innovación, lejos de reducirse a un contenido técnico o tecnológico califica un conjunto de procesos complejos técnicos, organizacionales, relacionales y cognitivos (Lanciano *et ál.*, 1998). La innovación no es producto de la actividad de una empresa o de una organización sino que resulta inherente a la dinámica del sistema productivo y se constituye en la racionalidad que resulta del conjunto de funciones de las empresas y las instituciones de formación en el espacio industrial.

Esta concepción de la innovación se traduce en el concepto de "creatividad organizada" que es la innovación en el trabajo, complementaria de los "espacios de innovación". O sea, es una interrelación entre los actores y las instituciones que ocupan ese espacio y le dan una dinámica propia. Todo esto muestra que estos espacios no son independientes sino que construyen un espacio común donde cada uno de los actores funciona como un vector del espacio de innovación y genera una dinámica que se pueden separar analíticamente, pero que resultan comunes a los efectos prácticos[3].

Esta postura acerca del capital cerebro-intensivo afecta la acreditación o des-acreditación de los perfiles de ingenieros a nivel nacional e internacional y la inversión en su desarrollo o en su importación incorporada en los productos provenientes de países desarrollados, incidiendo necesariamente en la demanda y competencias de la formación local de ingenieros. La tendencia internacional de la formación de ingenieros en los países de alto nivel de desarrollo tiene consecuencias a tres niveles en la formación de ingenieros argentinos:

1. La incorporación de capital cerebro intensivo de países desarrollados a través de la tecnología de última generación evita la inversión y desarrollo en departamentos de I-D y sesga hacia la subcontratación y la inestabilidad las actividades de cálculo, procesamiento electrónico, etc.

2. La privatización y la asociación con multinacionales que traen sus propias patentes sesga la formación y práctica profesional hacia actividades de comercialización, gestión, administración, marketing, seguridad, calidad, control ambiental, etc. y los medios tecnológicos avanzados disminuyen, necesariamente, el número de ingenieros locales demandados.

---

3   Lanciano *et ál.* (1998) diferencian el espacio científico-técnico (investigación-desarrollo); el espacio industrial (empresas-instituciones, etc.); y el espacio educativo (formatos universitarios, estrategias de socialización profesional). Los actores de los tres espacios son los que generan el espacio de innovación y una dinámica de funcionamiento innovativo.

3. La concentración de competencias cerebro-intensivas en los núcleos estratégicos de inversión de los países desarrollados, excluye sistemáticamente a los ingenieros de países subdesarrollados o en vías de desarrollo, que carecen de los códigos idiomáticos y tecnológicos como para acceder a estos conocimientos, sesgando nuestros propios ingenieros hacia la diversidad de conocimientos blandos basados en la heterogeneidad de la experiencia adquirida.

1. Las demandas locales

El panorama en la Argentina, como en muchos otros países latinoamericanos muestra que los procesos de "institucionalización" del profesional es más débil que en los países desarrollados, pero en algunos casos como en las ingenierías, han tenido una importante repercusión primero en la construcción del desarrollo y además están relacionadas con los paradigmas de crecimiento a nivel educativo y político. Las últimas décadas muestran una crisis de estas profesiones tradicionalmente establecidas, como la ingeniería, por los cambios en el mercado de trabajo profesional y en la estructura productiva. Sin duda, existe una inadecuación entre el proyecto personal de los ingenieros o de los jóvenes estudiantes de estas Carreras y las demandas del mercado, porque cuando más se demandan las especialidades más variadas de la ingeniería, resulta más difícil encontrarlos en cantidad y calidad en el mercado. No solamente es lento el crecimiento de los graduados en las especialidades más demandadas como la Mecánica, Eléctrica o la Ingeniería en Petróleo y en Minería, sino que además se importan ingenieros para cubrir las demandas más importantes.

Se estima que se requieren alrededor de 7000 nuevos ingenieros en informática y sistemas por año, mientras que en el país solo se reciben menos de la mitad y en Petróleo, la demanda es muy superior a los que se reciben por año. A todas luces es imposible cubrir la demanda, nada más que a nivel tecnológico se requieren unas diez mil demandas por año y solo pueden cubrirse unas tres mil, poniendo en riesgo la posibilidad de crecimiento en algunos sectores.

Este capítulo indaga, cómo afectan estas situaciones estructurales del contexto en que se mueven los ingenieros en sus posibilidades de encontrar vías de innovación que aumenten su capacidad de retención tanto durante sus estudios en el período de formación, como después en la estructura social, cuando logren insertarse, en la producción y en la gestión el desempeño profesional de los ingenieros, su calidad de vida y sus aspiraciones profesionales. Cuál es la incidencia de la fragmentación educativa, de la flexibilización de los mercados de trabajo, la segmentación de los mismos o la heterogeneidad y coexistencia de distintos mercados de trabajo ante las trayectorias de *carrera interna de la empresa,* pero también para su inserción en el *mercado abierto.* Y por otra parte, como se logra la dinámica de la innovación.

1.1. Las diásporas

Los factores de atracción y expulsión afectan a muchos estudiantes de educación superior y de intelectuales, entre ellos tal vez más intensamente a aquellos que ven más posibilidades de realización en países de tecnología más avanzada, como los ingenieros.

Según Flores (2011) en los países de alto nivel de desarrollo, se han tomado las medidas necesarias para asegurar un flujo importante de estudiantes internacionales, ya sea para incorporarlos a la fuerza de trabajo calificada o para mejorar la calidad de la educación superior, pero en los países con problemas de dependencia financiera esta movilidad le resulta inquietante. La preferencia de nuestros estudiantes está centrada en Estados Unidos y los países centro europeos, Inglaterra, Francia Alemania e Italia, pero carecemos de estadísticas continuas al respecto.

En el año 2000, los argentinos en el exterior era de 603721 personas, de los cuales el 20,7% se concentra en Estados Unidos; el 17,2% en España ; el 10,4% en Paraguay; el 8,6% en Italia; el 8,0% en Chile y 7,7% en Israel (Calvelo, 2007 citado en Calvelo, 2011) datos extraídos de Censos de Población de los países de destino (Calvelo, 2011).

Las causas de estos flujos tienen que ver con la atracción que generan los países más desarrollados; la expulsión de los países de origen por la falta de desarrollo y la persecución política, las facilidades derivadas de la globalización y también razones económicas y personales. Según esta autora la falta de una teoría general sobre movilidad estudiantil, sobre el impacto en sus trayectorias y en sus desempeños profesionales limita fuertemente la comprensión y aprovechamiento de estas experiencias y a definirse frecuentemente como pérdida de cerebros.

El indicador de "tasas de permanencia" de doctorados extranjeros en "ciencias e ingenierías" producido por Michel Finn[4] (2005-2007) para Estados Unidos, y citado por Flores (2011) muestra que los argentinos tienen una tasa de *residencia temporaria* para la cursada de

---

4   National Science Fundation (NSF).

doctorados en esta materia, alta 54% 2002-2007. De 394 doctorandos argentinos en esas materias el 68% planea *permanecer* en USA y 51% tiene planes firmes para hacerlo. Esta importante predisposición a la permanencia puede estar relacionada con la "selectividad" de estos científicos más que con su origen.

Particularmente, en nuestro país esa movilidad está todavía muy poco organizada y es bastante unidireccional, de manera que poco pueden observarse los beneficios y ventajas que pueden lograrse con ella.

También en esta área de actividad nuestras estadísticas son deficitarias, pero los investigadores que recopilan estadísticas extrajeras, por ejemplo de la National Science Fundation (NSF), se puede discriminar a los titulados de posgrado en su ciencia y tecnología y en el *Informe Open Doors*, que toma los inscriptos argentinos de nivel de posgrado durante 10 años.

Si analizamos los pocos datos que aparecen sobre América Latina, en Brasil por ejemplo, entre 1970 y 2000, en Ciencias Exactas, física e ingeniería, había 397 argentinos varones en el sector productivo y 66 mujeres argentinas. El mayor porcentaje de instalación de estos profesionales en Brasil se produce en la década 70/80 (varones 41,6% y mujeres 75,8%), siempre del total de casos mencionados (Sala, 2011).

Para Lucilo (2011) Según datos del SESTAT entre 1999 y 2003, la cantidad de RRHH en "Ciencias e ingeniería" pasa de 10595 a 14000 profesionales.

Una estimación interesante para el caso argentino (Albornoz *et ál.*, 2002 citado por Lucilo, 2011) calcula que los científicos argentinos residentes representan el 40% del total de científicos e ingenieros en el exterior, que si bien es un supuesto resulta bastante razonable, en base a los datos que hay. También estiman que los investigadores argentinos que tenían el grado de doctor eran 11649, aunque esta cifra puede ser mayor por los doctores que no son investigadores.

Con ese criterio, se puede afirmar que los doctores argentinos en "ciencias e ingeniería" residentes en el exterior representan alrededor del 43% de los doctores residentes en el país (Albornoz *et ál.*, 2002 citado por Lucilo, 2011).

Según Lucilo, los científicos e ingenieros argentinos residentes en el exterior en 2003, eran alrededor de 35000 y representan alrededor del 10% del total de científicos e ingenieros residentes en Argentina. Los doctores en "ciencias e ingeniería" residentes en el exterior en 2003, eran alrededor de 5000 y representan alrededor del 43% de los doctores residentes en el país. Los investigadores residentes en el país representan en el 2003 alrededor del 18% del total de investigadores residentes en Argentina.

El Plan Raíces generado posteriormente al 2003, se ocupó expresamente de recuperar los científicos argentinos dispersos por el mundo, aunque fueron repatriados con grandes esfuerzos unos 800 de ellos, muchos quedaron en los países que les brindó posibilidades mejores de inserción laboral y condiciones de trabajo.

1.2. Situación interna de las posibilidades de promoción

En nuestro país, muchas veces los cargos de los ingenieros son ocupados por técnicos o estudiantes que tienen algunos años cursados y no han completado sus estudios, porque la demanda supera la oferta existente y los límites entre esas dos categorías son bastante borrosos, pero no es eficiente para un país utilizar sus ingenieros en cargos que puede cubrir un técnico.

Estas carreras son también las que tienen una mayor deserción. Sin que haya muchos estudios de los abandonadores de estas carreras, casi, el 50% de los alumnos de ingeniería abandona los estudios, en el primer y segundo año de cursada, aunque muchos de ellos trabajan gracias a los años cursados en esas Carreras (Panaia, 2013).

También hay que señalar que no existen muchos estudios al respecto, para ninguna profesión, de manera, que nuestros estudios resultan bastante solitarios en la comunidad académica.

Estas situaciones son estructurales del contexto en que se mueven los ingenieros en sus posibilidades de encontrar vías de innovación que aumenten su capacidad de retención tanto durante sus estudios en el período de formación, como después en la estructura social, cuando logren insertarse, en la producción y en la gestión el desempeño profesional de los ingenieros, su calidad de vida y sus aspiraciones profesionales.

Cuál es la incidencia de la fragmentación educativa, de la flexibilización de los mercados de trabajo, la segmentación de los mismos o la heterogeneidad, las diásporas de profesionales por falta de posibilidades, restricciones al desarrollo o persecución política y coexistencia de distintos mercados de trabajo ante las trayectorias de *carrera interna de la empresa,* pero también para su inserción en el *mercado abierto.* Y por otra parte, como se logra la dinámica de la innovación.

En primer lugar, la innovación remite a la relación micro-macro, en términos de las transformaciones internas y externas; endógenas y exógenas que implica.

En nuestro país la investigación/desarrollo está centrada generalmente en el Estado o en sus financiamientos y el aporte de la empresa privada es muy minoritario, mientras que en general cuando se piensa en innovación la mayor parte de los países se centran en las empresas. Entonces una cuestión que aparece como limitante es que los sueldos del estado y los financiamientos de investigación son siempre menores a los de las empresas privadas y además es pasivo de las frecuentes restricciones externas y vaivenes de la política del país, que en nuestro caso ha sido bastante restringida con el presupuesto de Ciencia y Tecnología. En términos de los atractivos y las déficits, estas restricciones presupuestarias y limitaciones de Carrera, funciona más como una expulsión de investigadores y científicos y especialmente de ingenieros que tienen otras posibilidades en países más desarrollados.

Por otra parte, como se menciona en otros textos (Panaia, 2015) los avances de la tecnología y de la ciencia han dado en todo el mundo un fuerte impulso a las ingenierías, pero los procesos de desarrollo no son parejos y los países han ido incorporando muy desigualmente los avances de esta profesión y sus aplicaciones al desarrollo. Hoy en día es evidente que la necesidad de ingenieros no puede satisfacerse en casi ninguno de los países desarrollados o en vías de desarrollo y por lo tanto, todos tienen que recurrir a incorporar ingenieros de otras latitudes, de allí que su formación y capacidades están en el centro de la atención de las empresas y actividades demandantes.

Durante las décadas de expansión de la sustitución de importaciones, el aumento de la matrícula, del número de profesores y de egresados, así como el número de invitados extranjeros y la participación de los egresados de la Carrera en distintas actividades demuestra que existe una "masa crítica" de ingenieros que se consolida cada vez más en todo el país. La realización de Congresos Nacionales, la existencia de revistas especializadas, así como los órganos de expresión de sus ideas, los Centros de Asociación Gremial y la cantidad de obras construidas o donde su participación es estratégica muestran el grado de asociación entre el desarrollo de esta profesión y el crecimiento del país. Las transformaciones del perfil regional del país y su inserción internacional, no siempre fueron acompañadas por los cambios en la formación de los titulados universitarios y sus necesidades regionales.

Si miramos los principales países llamados "emergentes" o "de desarrollo" descriptos particularmente bajo el acrónimo de BRIC'S[5] y CIVETS[6] : China, India, Sudáfrica, Brasil, pero también México, Argentina, Colombia, Senegal, países del Magreb, Egipto, etc. especialmente sus historias, formaciones, relaciones con el Estado, roles en la innovación y el desarrollo, así como dinámicas de profesionalización del oficio, se observan algunos datos interesantes.

Muchos de esos países han conocido en el curso de la última década un crecimiento muy importante del número de ingenieros diplomados cada año[7] cuando estos estudios profesionales están demostrando ciertas limitaciones en su formato actual y requieren de una profunda revisión, en particular en los países occidentales (UNESCO, 2010). Sin embargo, esas estadísticas son frecuentemente poco confiables y toman en cuenta niveles de diplomas y cursos muy diferentes. Por otra parte, existe muy poca unicidad en lo que cada país entiende por estudios de ingeniería y profundizar en cada uno de ellos, muestra muchas veces que bajo el mismo título se producen formaciones muy diferentes en contenidos y en niveles educativos. Dicho de otra manera, pocos estudios en Sociología de las Profesiones han sido recientemente realizados específicamente sobre la categoría profesional de los ingenieros en esos países, aun cuando la demanda creciente de las universidades y de las empresas, sobre todo en los mercados emergentes invita a desarrollar una compresión más fina de las prácticas de la ingeniería y de sus transformaciones.

El aumento de la demanda dio un impulso fuerte al estudio de las ingenierías en todo el mundo y tuvo como consecuencia un crecimiento significativo de la cantidad de graduados. Sin embargo, estas cifras parecen estar muy lejos de una distribución equitativa, porque si bien son los países centrales los que tienen una mayor demanda de ingenieros, no son ellos los que más incrementaron la graduación de los mismos. Es decir, son los países emergentes y periféricos los que aumentaron más el nivel de graduación en ingeniería. El problema que se plantea es la calidad de la formación de estos ingenieros.

Según las cifras de la OCDE (2006)[8], del total de personas con título de ingeniero que en 2006 integran la Población Económicamente Activa (PEA) de cada uno de sus países, en el caso de la Unión

---

5   Brasil, Rusia, India China y Sudáfrica

6   Colombia, Indonesia, Vietnam, Egipto, Turquía y Sudáfrica.

7   Gereffi y otros, 2006. China 600.000 nuevos ingenieros para 2005. India 350.000 ingenieros; USA 70.000 ingenieros.

8   Estas estadísticas solo incluyen a los países desarrollados.

Europea (27 países) son el 18,8%. Si discriminamos por país: Austria tiene el 28,1%; Bulgaria el 23,7% Alemania el 28,7%; Francia el 15,6% Italia el 14,2% Suiza el 24,6% y el Reino Unido el 14,3%, solo tomamos algunos de los países más significativos por su estructura industrial.

En cambio, para evaluar los cambios de los países periféricos, emergentes o componentes de estos grupos regionales como los BRIC'S o los CIVETS, o aún de países emergentes, solo se cuenta con los datos que aportan los gobiernos nacionales, cuya credibilidad carece muchas veces de fundamentos, son muy políticos o incluyen categorías poco comparables con los de los países desarrollados.

Los procesos que mencionamos resultan significativos a la hora de evaluar qué los afecta más directamente (Giré, Béraud y Déchamps, 2000).

En *primer* lugar, la globalización de la economía, el funcionamiento financiero que respalda las grandes obras de infraestructura y servicios públicos –casi todas con un alto compromiso de conocimientos de la Ingeniería– tienen una bajo nivel de contratación de la ingeniería nacional, aun cuando las reglamentaciones y contrapartidas de las inversiones internacionales, con los estados nacionales, provinciales o municipales se cumplan y representan porcentajes significativos del presupuesto correspondiente. Esto demuestra cierta confrontación entre los intereses de los profesionales locales, que intentan preservar su identidad nacional y los intereses de las grandes empresas multinacionales, que intentan imponer sus reglas e intereses a las fracciones de profesionales que se adapten a los intereses de estas grandes inversoras, a veces en contradicción con los intereses estratégicos industriales y medioambientales de nuestro país. Los procesos de tercerización de la economía que lleva a una menor disponibilidad de empleos directamente relacionados con la industria. O sea que la cantidad de ingenieros empleados en la industria tienen una tendencia declinante, lo cual evidentemente afecta su imagen de referencia (Lanciano, 1995; Bouffatigue y Gadeá, 1997; Panaia, 2006). Además aparecen nuevas formas de contratación que utilizan las empresas para acrecentar las ventajas de las contrataciones profesionales y el menor tiempo posible de contratación.

En *segundo lugar*, el aumento de las estructuras jerárquicas de las empresas que pone en cuestión quienes son cuadros y quienes no, cómo se accede a la categoría de cuadro y qué revisa en los hechos la relación del ingeniero con la empresa y con su proyecto personal, ocasionando a veces serios divorcios, dificultades para el ingreso de jóvenes ingenieros, reconversiones dolorosas para ingenieros de más de 40 años, despidos a veces numerosos, por reestructuraciones empresarias y no pocas veces por competencias técnicas que quedan obsoletas después de varios años, falta de capacitación continua, o de formación de posgrado, lo que está mostrando una ausencia de un *Plan de Carrera* con una promoción aceptable (Bolstanki, 1982; Bolstanki y Chiapello, 1999; Peretti, 1992). Todas estas razones convierten la relación de los ingenieros con las empresas en relaciones mucho más inestables hoy en día, porque lesionan sobre todo su poder de mando y la proyección futura de su carrera.

Por último, en *tercer* lugar, los cambios en la separación de las tareas de concepción, de investigación, de desarrollo, de producción, y de gestión que eran consideradas inevitables y sin embargo, actualmente esta división no es operatoria, porque hay una tendencia a des-tabicar al interior de la empresa. Por este motivo los aspirantes a esos cargos deberán manejar la matriz de conocimientos técnicos, pero también manejar otras lógicas, saber dirigir equipos, comunicarse fluidamente.

Es posible entonces pensar que la identidad proporcionada por la socialización tradicional basada en los conocimientos técnicos resulta insuficiente. Y de la misma manera, las trayectorias profesionales que estaban pensadas como el pasaje de una etapa de producción a una etapa de gestión, tienen contornos borrosos, porque ya no se puede separar nítidamente una de otra, hay elementos de ambas en las dos. Programar el porvenir deviene más complicado y difícil y el concepto de *Plan de Carrera* deviene una antigüedad. Sin embargo, lo que cobra mayor importancia es la elaboración de un plan o proyecto personal durante el curso de los estudios.

En nuestro país, respecto del *primer punto* hay que reconocer que nuestras estadísticas son muy deficitarias y no hay buenas evaluaciones de la cantidad de ingenieros que trabaja en el ámbito empresario. De los últimos datos producidos por el Ministerio de Trabajo en 2007, se puede observar que la presencia de ingenieros es mayor en las empresas más jóvenes y más creativas y tiende a disminuir en las empresas más tradicionales (MTSS, 2007)[9]. Se puede agregar que el país declara 15000 ingenieros en el sector productivo en el Censo 2010 de Naciones Unidas, pero como se trata de una cifra declarativa, habría que saber su grado de veracidad.

---

9   No son valores absolutos sino que están extraídos de una muestra de empresas y expresados en proporciones, de manera que es difícil hacer evaluaciones numéricas.

PROFESIÓN E INNOVACIÓN EN UN CONTEXTO FLEXIBLE

No obstante lo que habría que valorar de estas apreciaciones son los posicionamientos estratégicos respecto a la innovación, que tiende a ocupar el ingeniero, sobre todo en las empresas más nuevas y creativas. Respecto del aumento de los cuadros jerárquicos, es bastante evidente que la nueva gestión empresarial trata de responder a las demandas de autenticidad y libertad, ya que sobre todo los ingenieros jóvenes soportan con dificultad la disciplina de la empresa y el control estricto de los jefes y se niegan a ejercerlo con sus subordinados.

De hecho las carreras de empresa, en la Argentina, no constituyen más las vías regias de movilidad en el mercado de trabajo, que habían representado durante los períodos de mayor expansión económica de los países desarrollados y de muchas de las economías emergentes. Actualmente sus condiciones de desarrollo están afectadas por crisis cíclicas, la depresión del crecimiento de la industria, como uno de los sectores más perjudicados.

A estas condiciones externas que sesgan el campo de las ingenierías se suman algunas características típicas de la formación de la oferta en nuestro país, que deben ser consideradas:

1. Los largos períodos promedio que demanda la formación de ingenieros y el relativamente escaso volumen de la oferta ya especializada, supera las posibilidades de la empresa para planificar políticas de recursos humanos y carreras internas que necesariamente deberán desarrollarse en el corto plazo y con permanentes cambios de regulación.

2. La recalificación frecuente, a veces bastante distante de su calificación de origen, dado que la trayectoria laboral truncada, caótica o con frecuentes bifurcaciones es el escenario más reiterado de la carrera profesional del ingeniero argentino.

3. La exclusión de trayectorias continuadas o de largo plazo, condiciona frecuentemente la asociación de ingenieros en pequeñas empresas consultoras o al frente de emprendimientos empresarios de pequeñas y medianas empresas con trayectorias de suerte diversa en el mercado. El rol de los ingenieros en roles directivos, como consultores independientes y en tareas de asesoramiento por contrato es ampliamente conocida en nuestro país y las más de las veces desgastante de su potencial de acumulación de conocimientos en función del crecimiento.

4. La exclusión de las tareas de concepción y diseño en algunas de las ramas de tecnología de avanzada, como informática y telecomunicaciones, limita el rol de los ingenieros a la operación y allí los perfiles de calificación demandados son similares a los de un

técnico u otros profesionales intermedios mientras el ingeniero o queda sub-ocupado o se limita a las funciones de ajuste de la máquina.

5. La dimensión promedio de empresas que los demandan limita sus promedios de ingresos multiplicando sus estrategias de empleo o diversificándose hacia otras actividades para complementar ingresos, ya sea docencia, comercialización o incluso administración y venta.

Estas restricciones provenientes del marco mismo en el que se desarrollan *las carreras de empresa* y las trayectorias de los ingenieros argentinos, significa tomar en cuenta el contexto de las políticas de reestructuración de la oferta de titulados universitarios de Ingeniería que tiene varias dimensiones, lo que significa que existe esa política y al mismo tiempo cómo pesan en ella los cambios de las demandas empresarias. Nuestro estudio para este tema es puntual, pero en un nivel más amplio está dentro de nuestros objetivos a discriminar:

1. El análisis del perfil de ingenieros que se gradúa en el país y el volumen de cada una de las especialidades.
2. Los espacios de inserción ocupacional de los ingenieros tecnológicos y qué tipos de empresas demandan cada perfil de ingenieros.
3. Los tipos de puestos de trabajo a los que acceden los ingenieros y su campo profesional a partir de ellos.
4. Los márgenes de desajuste entre las competencias básicas requeridas por los puestos más frecuentes y los perfiles de la oferta. Este mismo tipo de esquema, puede ser instalado en otras regionales de la misma UTN y con algunos ajustes, por las diferencias institucionales y regionales, de otras universidades del país.
5. Las trayectorias más frecuentes de las distintas especialidades de las ingenierías y sus fragmentaciones típicas o sus bifurcaciones más frecuentes.
6. Por último, habría que tender a establecer una tipología de ingenieros según estas variantes y ver cuáles de ellas son las más demandadas.

Por otra parte, hay pocos estudios que analicen la transición tecnológica y organizacional que constituye la construcción actual de la profesión de ingeniero, pero lo cierto es que esa transformación se encuentra en pleno movimiento y es difícil establecer donde se va a estabilizar. Al mismo tiempo, la demanda global del país tiene diferencias regionales según la composición local de las empresas, como están vinculadas, las características de sus innovaciones tecnológicas y su composición por rama. De los estudios localizados realizados en cada uno de los Laboratorios MIG se hace evidente la fuerte diferencia regional entre unas y otras. En este contexto en que se establece el "contrato fundacional"[10] hay una modalidad que va a marcar el perfil de los ingenieros egresados de cada unidad académica. La expansión industrial o sus características productivas, también empuja las orientaciones de construcción y organización industrial[11].

Algunas reflexiones finales

En nuestro país la estrategia de innovación no es clara y muchos de los actores que deberían intervenir no participan o tienen poca claridad sobre la función que cumplen socialmente.

Según Lanciano *et ál.* (1998), hay una lógica que se da entre los actores y los espacios y las formas de regulación de esos espacios que incorpora el concepto de estrategia y de políticas. La noción de estrategia está en la base de la innovación y construye su base social. En ese sentido una estrategia de innovación es en sí misma una construcción social que expresa en un momento dado la racionalidad de las relaciones entre los actores. Ella es legitimada como elección y orientación eficaz de una inversión inmaterial: organización de un proyecto, coordinación y movilización de competencias, compromiso colectivo en el proceso de aprendizaje, cooperación con otras organizaciones y actores.

Esa estrategia no es independiente de esta perspectiva del sistema de actores donde se juegan sus potencialidades de innovación y los desafíos que los movilizan. Esto constituye en sí mismo un proceso estratégico objeto y medio de un aprendizaje colectivo. Se comprende que la noción de estrategia tiene hoy una acepción más amplia a la vez que la autonomía de los actores comprende a la empresa, la racionalidad de su acción colectiva.

---

10 En el sentido que lo utiliza Graciela Frigerio, como definición de los espacios institucionales que se corresponden con procesos históricos y donde existen redefiniciones realizadas por actores, pero éstas llevan las marcas de los orígenes, es decir el primer contrato o contrato fundacional, aquel que daba asignación de sentido a esa parcela del campo social Cf. Graciela Frigerio y otros, 1992.

11 En otro estudio donde analizamos toda la población censada de ingenieros por especialidad destacamos las diferencias de comportamientos por especialidad, no es posible mantener este tipo de análisis en este trabajo dado que se privilegió el corte por tamaño de empresa para separar aquellos ingenieros que tienen una secuencia de empleo que pueda identificarse como "carrera de empresa".

Las últimas décadas muestran una crisis de estas profesiones tradicionalmente establecidas, como la ingeniería, por los cambios en el mercado de trabajo profesional y en la estructura productiva, lo que muestran es una fuerte descoordinación entre los actores de la innovación que lleva a la dispersión de los esfuerzos hacia proyectos individualistas y discontinuos. En definitiva, esto afecta su desempeño profesional, su calidad de vida y sus aspiraciones profesionales. La incidencia de la flexibilización de los mercados de trabajo, la segmentación de los mismos o la heterogeneidad y la falta de programas de política educativa que se base en diagnósticos precisos de la coexistencia de distintos mercados de trabajo ante las trayectorias de *carrera interna de la empresa,* pero también para su inserción en el *mercado abierto.*

Existe bastante consenso entre los estudiosos del tema sobre tres procesos que resultan significativos a la hora de evaluar los procesos que los afectan más directamente. En *primer* lugar, los procesos de tercerización de la economía que lleva a una menor disponibilidad de empleos directamente relacionados con la industria. O sea que la cantidad de ingenieros empleados en la industria tienen una tendencia declinante, lo cual evidentemente afecta su imagen de referencia. En *segundo lugar*, el aumento de las estructuras jerárquicas de las empresas que pone en cuestión quienes son cuadros y quienes no y que revisa en los hechos la relación del ingeniero con la empresa y con su proyecto personal, ocasionando a veces serios divorcios, dificultades para el ingreso de jóvenes ingenieros, reconversiones dolorosas para ingenieros de más de 40 años, despidos a veces numerosos, por reestructuraciones empresarias y no pocas veces por competencias técnicas que quedan obsoletas después de varios años, falta de un *Plan de Carrera* con una promoción aceptable (Bolstanki, 1982; Bolstanki y Chiapello, 1999; Peretti, 1992). Sin embargo, poco se ha hecho desde el punto de vista de los programas políticos o estos han sido muy puntuales y poco sistémicos.

Todas estas razones convierten la relación de los ingenieros con las empresas mucho más inestables hoy en día, porque lesionan sobre todo su poder de mando y la proyección futura de su carrera. Por último, en *tercer* lugar, los cambios en la separación de las tareas de concepción, de investigación, de desarrollo, de producción, y de gestión que eran consideradas inevitables y sin embargo, actualmente esta división no es operatoria, porque hay una tendencia a des-comparta mentalizar al interior de la empresa. Por este motivo los aspirantes a esos cargos deberán manejar la matriz de conocimientos técnicos, pero también manejar otras lógicas, saber dirigir equipos, comunicarse fluidamente.

Es posible entonces pensar que la identidad proporcionada por la socialización tradicional basada en los conocimientos técnicos resulta insuficiente. Y de la misma manera, las trayectorias profesionales que estaban pensadas como el pasaje de una etapa de producción a una etapa de gestión, tienen contornos borrosos, porque ya no se puede separar nítidamente una de otra, hay elementos de ambas en las dos. Programar el porvenir deviene más complicado y difícil y el concepto de *Plan de Carrera* deviene una antigüedad. Sin embargo, lo que cobra mayor importancia es la elaboración de un plan o proyecto personal durante el curso de los estudios, muchas veces multiocupacional que provoca procesos de desprofesionalización más que de cohesión profesional.

Para el caso argentino, respecto del *primer punto* hay que reconocer que nuestras estadísticas son muy deficitarias y no hay buenas evaluaciones de la cantidad de ingenieros que trabaja en el ámbito empresario. No obstante lo que habría que valorar de estas apreciaciones son los posicionamientos estratégicos respecto a la innovación, que tiende a ocupar el ingeniero, sobre todo en las empresas más nuevas y creativas y los formatos educativos que aseguren la reproducción de la formación de base.

Respecto del aumento de los cuadros jerárquicos, es bastante evidente que la nueva gestión empresarial trata de responder a las demandas de autenticidad y libertad, ya que sobre todo los ingenieros jóvenes soportan con dificultad la disciplina de la empresa y el control estricto de los jefes y se niegan a ejercerlo con sus subordinados.

De hecho las carreras de empresa, en la Argentina, no constituyen más las vías regias de movilidad en el mercado de trabajo, que habían representado durante los períodos de mayor expansión económica de los países desarrollados y de muchas de las economías emergentes. Actualmente sus condiciones de desarrollo están afectadas por crisis cíclicas, la depresión del crecimiento de la industria, como uno de los sectores más afectados por la crisis del empleo de los ochenta y las estrategias empresariales que han adoptado las empresas, en los noventa (Kosacoff, 1998).

Por otra parte, los estudios no son homologables para todas las profesiones porque priman distintas representaciones de carrera y son otros los objetivos valorados socialmente en cada carrera, en las cuales ellas se desenvuelven. Los trabajos genéricos que abordan este tipo de temática dan cuenta fundamentalmente del hecho de la ruptura de las trayectorias socio-profesionales o laborales dadas las condiciones existentes de contratación en el mercado de trabajo o el nivel educativo. Es decir, trabajan con categorías sociales más amplias o de determinado nivel de estudios alcanzados lo cual acentúa la desprofesionalización de los grupos hacia una evolución incierta en términos de permanencia del grupo.

En cuanto al *tercer* punto a partir de las entrevistas biográficas (Panaia, 2006)[12] que permiten hacer un primer barrido de los parámetros que usan los propios graduados para calificar sus expectativas y representación de su experiencia profesional, tanto referida a las dificultades para construir la trayectoria profesional, como la realización de sus expectativas y la percepción de la solidez de la formación recibida[13]. El concepto básico que trabajamos es el de *estrategia profesional* (*Profesional Proyect*) (Sarfatti y Larson, 1977), con la que se trata de nombrar los procesos históricos por los cuales ciertos grupos profesionales llegan objetivamente a establecer un monopolio sobre un segmento específico del mercado de trabajo, al hacer reconocer su experiencia por el público, con la ayuda del Estado. Más que de estrategias individuales se trata de *estrategias colectivas* llamadas también objetivos. Esta es una estrategia histórica de constitución de un mercado profesional y no del ejercicio individual de una actividad profesional, está vinculada con las Asociaciones Profesionales y los Centro de control de la profesión.

La idea es que los grupos profesionales como seres colectivos, pueden nacer, desarrollar sus actividades, estableciendo una identidad que puede ser más o menos larga y persistente o desaparecer por un proceso lento o rápido de desprofesionalización o de aparición de nuevos saberes, ruptura de las reglas de competencia, cambios importantes en el sistema político y económico. Hay situaciones contextuales que generan riesgos potenciales, invasiones en el campo, apropiaciones de saberes que pueden producir movimientos y nuevas dinámicas. Los cambios pueden ser limitados o de gran amplitud y sus consecuencias también pueden ser más o menos permanentes.

Se puede concluir que los grupos profesionales son seres colectivos históricos que tiene un proceso de nacimiento, evolución, desarrollo y desaparición o pueden estabilizarse en determinadas formaciones que

---

12 Todos nuestros estudios sobre las ingenierías articulan un método de relevamiento cuantitativo con una entrevistas biográficas en profundidad.

13 Estos datos están referidos específicamente a la Universidad Tecnológica Nacional, que es la Facultad que produce mayor cantidad de ingenieros del país.

permanecen en el tiempo, pero siempre van a funcionar como factores de transformación de la sociedad en el tiempo.

Bibliografía

Boltanski, L. (1982). *Les cadres. La formation d'un groupe social*, París, Editions de Minuit.

Boltanski, L. y Chapiello, E. (2002). *El nuevo espíritu del Capitalismo*, Madrid, AKAL.

Bouffartigue, P. y Gadéa, Ch. (1997). "Les ingenieurs français-spécificités nationales et dynamiques récentes d'un groupe professionnel", *Revue Française de Sociologie* XXXVIII (pp. 301-326).

Calvelo, L. (2011). "Tendencias y patrones de emigración argentina entre 1960 y 2010", en Lucilo, L. (coord.), *Más allá de la fuga de cerebros*, Buenos Aires, Eudeba.

Flores, P. B. (2011). "Los flujos de movilidad internacional de estudiantes y graduados universitarios argentinos en el contexto de internacionalización de la Educación Superior", en Lucilo, L. (coord.), *op. cit.*

Giré, A.; Béraud, A. y Déchamps, P. (2000). *Les ingénieurs identités en questions*, ESCHIL-INSA de Lyon.

Kosacoff, B. (ed.) (1998). *Estrategias empresariales en tiempos de cambio*, Buenos Aires, CEPAL/UNQUI.

Lanciano, C.; Maurice, M.; Nohara, H. y Silvestre, J. J. (1999). *El análisis de la innovación: génesis y desarrollo*, Buenos Aires, PIETTE, agosto.

Lanciano, C.; Maurice, M.; Silvestre, J. J. y Nohara, H. (eds.) (1998). *Les Acteurs De L'innivation Et L' Entreprise (France-Europe-Japón)*, París, L'Harmattan.

Lanciano, C. y Nohara, H. (1995). "Socialisation des ingenieurs et construction de leurs competences. Au Japon, en Allemagne, en France et en Grande-Bretagne", France, Documento Seminario del LEST.

Lucilo, L. (2011). "Argentina: una estimación de la emigración de científicos e ingenieros", en Lucilo, L. (coord.), *op. cit.*

MTSS (2007). *Estructura productiva y empleo. Un enfoque transversal*, Buenos Aires, Miño y Dávila, noviembre.

Naciones Unidas (2010). Censo.

Panaia, M. (2006). *Trayectorias de Ingenieros Tecnológicos. Graduados y alumnos en el mercado de trabajo*, Buenos Aires-España, Miño y Dávila, marzo.

Panaia, M. (coord.) (2013). *Abandonar la universidad con o sin título*, Buenos Aires/Madrid, Miño y Dávila.

Panaia, M. (coord.) (2015). *Universidades en cambio: ¿Generalistas o profesionalistas?*, Buenos Aires/Madrid, Miño y Dávila.

Peretti, J. M. (1992). "Cadres: la grande peur de l'an 2000", *Stratégies ressources humaines* N° 3 (pp. 51-58).

Sala, G. (2011). "Argentinos calificados residentes en el Brasil", en Lucilo, L. (coord.), *op. cit.*

Sarfatti Larson, M. (1977). *The Rise of Professionalism*, Berkeley, University of California Press-The Wall Street Journal 20/9/2011.

Tousijn, W. (1994). "In concetto di professionalizzazione e la divisione del lavoro tra occupazioni", *Sociologia del Lavoro* N° 53 AIS (pp. 99-115).

Verdier, E. (1997). *La acción pública. ¿Factor de eficacia y cohesión social?*, Buenos Aires, PIETTE.

Verdier, E. (2003). "Sistemas de enseñanza superior e innovación", Conferencia dictada en Buenos Aires, noviembre.

Estudio de demanda de los graduados de la UNDAV

Marta Panaia y Laura I. Tottino

Introducción

Con la intención de indagar el rol de las instituciones universitarias en la generación de conocimiento, se va a abordar los aspectos claves en la calidad de la investigación, como son los perfiles, la valoración de la calidad de la enseñanza universitaria y la relación de las universidades con nuevas organizaciones, empresas y el Estado. En consecuencia, este trabajo indaga los vínculos de interrelación de la Universidad Nacional de Avellaneda (UNDAV) y la demanda de carreras "nuevas" que brindan servicios recreativos y culturales.

Teniendo presente los objetivos de formación de dicha universidad nos preguntamos *¿qué saberes y competencias demanda el mercado de trabajo ligado al servicio en la actualidad? especialmente el que brinda servicios deportivos, recreativos y culturales. Con el fin de indagar si la formación académica ligada a carreras deportivas, recreativas, culturales y turísticas que ofrece la Universidad Nacional de Avellaneda (UNDAV),* es una de las condiciones para cubrir algún puesto de labor. En un contexto donde se observa que comienzan a surgir nuevas universidades nacionales en el conurbano bonaerense donde se ofrecen cada vez más, carreras "nuevas" que brindan servicios recreativos y culturales, se busca la profesionalización de estos saberes específicos.

En relación a la educación superior, se observa que en las nuevas universidades del conurbano bonaerense, se trabaja en la constitución de un nuevo perfil que las constituya en espacios de construcción de saberes sociales inclusivos. El propósito es que ingresen a la universidad más capas sociales, especialmente primeras generaciones de jóvenes universitarios. Esto plantea procesos de diferenciación con la universidad pública tradicional, que se caracteriza por ser receptora de las clases medias como parte de su estrategia de ascenso social y porque históricamente ocupa un lugar de reconocimiento en el imaginario social argentino.

En Argentina, los efectos de la crisis de 2001 se reflejan en grandes cambios del imaginario social, en especial en la educación superior los cambios son complejos y tienen grandes variaciones por región y por tipo de universidad. Por lo tanto, resulta importante explorar la característica que asume la demanda en la zona de Avellaneda, de los graduados de las carreras de Licenciatura de Actividad Física y Deporte y la Licenciatura en Turismo y si la formación es un requisito que se tiene en cuenta.

Es necesario señalar que este trabajo surge del estudio que se está realizando en el Laboratorio MIG-UNDAV 2014-2016, donde se pudo comenzar a vislumbrar los posibles puestos de trabajo o espacios que pueden ocupar los Licenciados en Actividad Física y Deporte y los de Turismo y su inserción laboral. Con tal fin se realizaron entrevistas a informantes claves a los demandantes del sector y encuestas a graduados de dichas carreras de la UNDAV. La misma es una universidad pública, autónoma y cogobernada según su proyecto institucional que busca crear, preservar y transmitir conocimiento y cultura, considerando las características propias de la región, buscando diferenciarse de las universidades "tradicionales" y convertirse en referente, nacional e internacional para las disciplinas que las caracterizan principalmente vinculadas con el municipio de Avellaneda y la región.

Contexto socio-productivo y educativo de Avellaneda y la región

Si bien el territorio en el que se encuentra asentada la Universidad Nacional de Avellaneda (UNDAV) cuenta con un pasado donde predominaba la industria, hoy se observa un repliegue hacia una nueva configuración del mercado en los alrededores de la región ligado a los servicios. Lo que conlleva a que surjan grandes interrogantes referidos a las características del mercado de trabajo en general y del sector ligado al servicio en particular.

Preguntar sobre las características que tiene el mercado de trabajo, nos interpela a reflexionar sobre la inserción de los graduados de la UNDAV en un mercado laboral que se encuentra en permanente proceso de cambio organizacional en cuanto a los requerimientos de las calificaciones profesionales actuales. Así, de manera más específica nos preguntamos ¿qué saberes y competencias demanda el mercado de trabajo ligado al servicio en la actualidad? especialmente el que brinda servicios deportivos, recreativos y culturales. Con el fin de indagar si la formación académica, es una de las condiciones para cubrir algún puesto de labor. Además de explorar si existe una aceitada articulación entre la formación y la demanda de carreras no tradicionales o novedosas como las que se abordan en este trabajo. Es decir, si los demandantes de empleo conocen las carreras y qué puestos tienen para ofrecerles a estos profesionales.

Lo que se busca es la profesionalización del sector, se analizan las demandas en la zona, de las siguientes carreras: la Licenciatura de Actividad Física y Deporte, la Licenciatura en Turismo. Es importante señalar que la UNDAV se encuentra radicada en la provincia de Buenos Aires y tiene como zona de influencia el partido de Avellaneda en el que se sitúa y las localidades del partido de Lanús, Quilmes, Lomas de Zamora, Esteban Echeverría, Ezeiza, Almirante Brown, Florencio Varela, Berazategui y zona sur de la Ciudad de Buenos Aires.

Si bien para este estudio el interés es caracterizar de forma breve el contexto socio productivo de Avellaneda[1], primero es necesario aclarar que todos los partidos del Gran Buenos Aires no tienen el mismo peso relativo y tampoco, mantienen el mismo nivel de crecimiento, para este trabajo importa señalar que Avellaneda presenta en 2010, 342.677 habitantes, que la variación de su crecimiento entre 2001 y 2010 es de 4,2% y que se incluye dentro de un grupo de 10 Partidos que tienen un crecimiento moderado que va entre 3,1% y 4,9%. Avellaneda entre 1970 y 2010 pierde 5139 habitantes. Según el Censo de 2010, la Provincia de Buenos Aires tiene 15,6 millones de habitantes, de los cuales 9,9 millones viven en el Gran Buenos Aires, lo que representa el 63,5% de la población de la Provincia. Y su tasa de crecimiento es decreciente a lo largo de las últimas décadas. Mientras crece entre 1970-80 un 24,2%; apenas logra un crecimiento del 14, 5% entre 1980-1991 y un 8,2% entre 1991 y 2001. Entre 2001 y 2010, recupera un 14,9 de crecimiento, pero su crecimiento poblacional parece estabilizarse en niveles más bajos que los de la década del 1970, pero entre 1970 y 2010, los Partidos del Gran Buenos Aires, han duplicado su población.

En términos generales, los partidos del Gran Buenos Aires tienen una población joven, las mujeres tienen una proporción mayor que los varones, pero sobre todo en las edades avanzadas. Si se compara

---

1 Avellaneda fundado en 1895, con el nombre de Barracas al Sud, pasa a llamarse Avellaneda en 1914 y en 1944, logra su configuración geográfica actual, por la pérdida de tierras a favor de la creación del Partido de Lanús, creado ese año.

con la Ciudad de Buenos Aires, la población de los partidos del Gran Buenos Aires es más joven y con mayor índice de masculinidad, pero en ambas la población económicamente activa, alcanza los dos tercios del total. Sin embargo, mientras que en la Ciudad entre los no activos, predominan los adultos mayores, en los partidos del Gran Buenos Aires, predominan los niños.

Según el censo 2010, el peso relativo de la población extranjera, en los partidos del Gran Buenos Aires es de 7,5%, mientras que en la Ciudad es de 13,2% y un alto porcentaje de los mismos proviene de países limítrofes o del Perú. Avellaneda tiene 26219 habitantes extranjeros, que representan el 3,5% de la población del Partido y el 7,7% del total de extranjeros, según el Censo 2010. Avellaneda se encuentra dentro del grupo de 8 partidos que tienen entre 7 y 8% del total de extranjeros de los partidos del Gran Buenos Aires.

En cuanto al nivel educativo, los partidos del Gran Buenos Aires mantienen una tasa de analfabetismo tres veces mayor que la de la ciudad de Buenos Aires, con una tasa de 1,4%, pero su distribución entre los diferentes partidos no es pareja y hay partidos que tienen una tasa similar a la de la Ciudad y otros que la cuadriplican. Según, el Censo 2010, de la población mayor de 25 años, solo un 5,3%, completó una carrera universitaria. Este dato es importante para este trabajo, ya que está ligado a la creación de nuevas universidades en los partidos del Gran Buenos Aires y a la posibilidad de cursar estudios sin abandonar sus lugares de origen.

En consonancia se observa entre 1970 y el 2000, un proceso creciente de retiro del Estado Educador, una creciente valoración de la educación privada, en manos de instituciones y financiadores, no necesariamente educativos y la segmentación de zonas ricas y pobres, dentro del mismo territorio. Hay un aumento sistemático de la matrícula, según el Censo de 2001, pero aumenta el abandono, el desgranamiento y la cronificación de los estudios en poblaciones cada vez más concentradas en los establecimientos públicos, que cumplen, además de la función educativa, una suerte de contención social, de administración del conflicto y como refugio de los más desprotegidos. Estos alumnos que vivieron estos procesos en la segunda mitad del siglo XX, son los que hoy cursan sus estudios universitarios, muchos de ellos en el propio territorio bonaerense. Después del 2003, las políticas educativas se modifican, pero son todavía estudiantes jóvenes para acceder a la Universidad. Sin embargo, es importante marcar que se implementan políticas de re-territorialización de los distritos escolares y de las escuelas medias, que modificaron la relación de las instituciones

PROFESIÓN E INNOVACIÓN EN UN CONTEXTO FLEXIBLE

con el nivel central, acompañadas de otras medidas que mejoraron en general el nivel educativo estatal. No obstante se encuentra que, es mucho lo que hay que trabajar todavía para modificar las bases cognitivas actuales en vistas a formar una base social diferente para los estudios universitarios. En dicho contexto la propuesta es profundizar las características de la región, los procesos más importantes de las últimas décadas y las demandas sociales que aparecen sobre algunas de sus orientaciones y carreras.

Mercado de trabajo y demanda de graduados de la UNDAV

Sumergidos en un marco de transformaciones educativas y laborales, resulta importante abordar los vínculos entre enseñanza superior y el mercado del trabajo. Además, constituye uno de los tópicos que convoca gran interés para muchos estudiosos del tema y gobiernos. Así, a causa de la escasez de políticas públicas dirigidas a facilitar la inserción laboral de los jóvenes graduados, muchas universidades como la UNDAV, comienzan a preocuparse y a tratar de evaluar cómo construir puentes entre la formación y el trabajo. Esto conduce a indagar la trayectoria como estudiante y su posterior trayectoria como graduado. Por ello nos preguntamos si la formación que se ofrece alcanza a cubrir todas las necesidades que la sociedad demanda.

Demanda de graduados en la Licenciatura de Actividad Física y Deporte en el territorio de Avellaneda[2]

Tradicionalmente, la zona de Avellaneda se destaca por su relevancia en las actividades deportivas, con importantes clubes de futbol en su territorio de actuación en los campeonatos de primera división y actividad deportiva en toda la región.

Así, indagar la demanda que tienen actualmente los graduados en la Licenciatura de Actividad Física y Deporte en Avellaneda requiere de una primera aproximación a las posibles unidades de trabajo relacionadas al deporte y la recreación: Clubes, polideportivos y asociación cultural. En efecto, del total de 87 clubes relevados en el territorio de Avellaneda, se observa que las localidades que registran más entida-

---

2   Este parágrafo reproduce partes del Informe de demanda realizado por el MIG-UNDAV en 2016, redactado por la Mg. Laura Tottino.

des deportivas son Avellaneda, Wilde con el 23% y 22% respectivamente; luego lo siguen Sarandí y Dominico con el 14% y Piñeiro, Gerli y Dock Sud con el 10%, 9% y 7% respectivamente.

Como se puede observar (Cuadro1) se categorizan los diversos Clubes según un criterio de conocimiento o vinculación previa con instituciones de formación, especialmente con la UNDAV. El mismo revela la existencia de organizaciones con problemas de supervivencia (clubes pequeños y algunos clubes medianos, 85% y 10% respectivamente) y con muy poco margen para pensar en vinculaciones de formación antes de cubrir sus necesidades básicas. Por el contrario, las organizaciones que tienen una alta complejidad (5%), vinculadas con organismos de formación en distintos niveles son las que pueden realizar convenios con UNDAV u otras instituciones.

Durante 2016, los clubes medianos y pequeños, tienen que luchar por su supervivencia afectados por las subas de tarifas de los servicios como agua, luz, gas, entre otros incrementos. Sus mayores preocupaciones e intereses se alejan de la calidad educativa de las personas que trabajan o que realizan actividades, bajo la amenaza de no sobrevivir. Así los entrevistados señalaron la preocupación por la sobrevivencia del club y sobre todo la manutención de la estructura edilicia. Lo que implica, "no declarar la quiebra" de estas instituciones sin fines de lucro. Esta situación se observa y se vivencia en los clubes que se denominan medianos y pequeños, por lo menos en Avellaneda. A diferencia de los clubes grandes de la región que, si bien sufren el impacto económico, cuentan con más apoyo publicitario y una mayor capacidad de sostener las actividades más competitivas, un ejemplo es el fútbol de primera división qué moviliza millones de pesos y de dólares en los pases o venta de jugadores.

Es importante destacar que las organizaciones de fútbol, cómo AFA, FIFA, entre otros, por el momento no demandan profesionales ligados al deporte de educación no formal. Los jugadores cuentan con preparadores físicos, muchos de ellos ex jugadores. O sea que el conocimiento o *expertise* que tiene un técnico es fundamental para reproducir la actividad. De hecho, la mayoría de los técnicos o coordinadores deportivos son ex jugadores profesionales. En la actualidad muchos están haciendo el curso de técnico (lo que conduce a profesionalizarlos, otorgándole un certificado reconocido por la AFA).

Sin embargo no hay contención, aún en los clubes grandes, para los jugadores de las *inferiores,* muchas veces provenientes del interior, que no tienen suerte en ser seleccionados para las superiores y quedan

Cuadro 1. Clubes deportivos de Avellaneda categorizados según tamaño y nivel de vinculación institucional con la UNDAV. 2016

	Áreas o departamentos	Infraestructura	Funciones administrativas	Producción competitiva	Producción recreativa	Vínculo con Undav
Clubes deportivos de Avellaneda. 2016						
Grandes (5%)	**Mayor división de áreas o dtos.:** Cultura, Marketing y Comercialización, Atención al Cliente, Relaciones Internacionales, Subcomisión de la Mujer, Infraestructura, Prensa, Campaña Solidaria, Comisión de la Memoria, Área Solidaria, Vitalicios, Filiales, Educativa, RR.PP., entre otros.	**Mayor cantidad de sedes. Esta categoría tiene más de 3001 m2.** -Tienen más de 5 sedes. -Tienen piletas. Canchas de tenis, de futbol entre otras. Además cuentan con: -Más de 25 actividades recreativas. -Fútbol profesional. -Museo. -Educación Formal (colegio). -Colonias de vacaciones. -Gimnasios.	**Tienen una comisión revisora de cuentas compuesta por Contadores, Abogados. Trabajan más de 700 personas:** - Personal de mantenimiento. - Personal de limpieza. -Administrativos/as. -Abogados/as. -Profesores/as de educación física. -Entrenadores/as. -No tienen Licenciados en Actividad Física y Deporte. -El sistema de seguridad se terceriza. -Auspiciantes de marcas reconocidas en el país y a nivel mundial. -Reciben ingresos por más de 50 millones de pesos al año (son instituciones sin fines de lucro), de venta de jugadores y de	**Los torneos son organizados por la Asociación de Fútbol Argentino (AFA).**	**Realizan variadas actividades recreativas y culturales ligadas a la zona de residencia y a otros ámbitos de interés público.**	**Existe vínculo con la Universidad a través de convenios. Conocen la Licenciatura pero no sus habilidades.**

Continúa >>

Medianos (10%)	**Menor división de áreas y dtos.:** Se divide en tres grandes áreas: administrativa, legal y social.	**Tienen de 2 a 4 sedes. Hasta 3000 m2.** -Tienen gimnasio. -No tienen colegio, pero en algunos casos, en parte de la estructura funciona un colegio con el que están muy ligados. -Tienen pileta. -Colonia de vacaciones en muchos casos funciona solo en verano.	**Trabajan hasta 30 personas** (profesores, coordinadores y auxiliares que son estudiantes de profesorados de Educación Física). El sistema de seguridad se cubre por medio de recursos propios: un cuidador que vive en las instalaciones (casera), cámara de seguridad y alerta de vecinos. **Reciben ingresos hasta 75 mil pesos al año. De socios y auspiciantes de negocios cercanos al barrio** (reciben montos chicos, para comprar indumentaria, insumos para la cancha y para la pileta).	Torneos de fútbol de FADI para categorías infantiles y de una liga de FUTSAL local para chicos mayores de 14 años. No hay fútbol profesional.	La mayoría de las actividades recreativas y culturales que se realizan están ligadas a una función social de inclusión en la zona de residencia.	**En general no tienen vínculo institucional con la Universidad, pero les gustaría tener.** La mayoría no conocen la Licenciatura. Tampoco tienen idea qué puestos pueden cubrir o crearse.
Pequeños (85%)	**Muy poca o nula división de áreas:** Los integrantes de la comisión directiva se encargan de todo: la administración, las cuestiones legales y sociales.	**Tienen 1 sede de 800 m2 (hasta 400 socios donde muchos no pagan cuotas sociales).** -La mayoría no tiene pileta. -No tienen colegios. -La mayoría tienen gimnasios muy básicos.	**Los profesores y entrenadores/as trabajan *ad honorem*. Reciben ingresos de hasta 10 mil pesos por año, provenientes de socios y auspiciantes de comercios barriales** (muchas veces se traducen en camisetas, indumentaria y accesorios deportivos).	Torneos de futbol de FADI para categorías infantiles. No hay fútbol profesional.	Realizan variadas actividades recreativas y culturales ligadas a una función social y de integración en la zona de residencia.	**En general no tienen vínculo institucional con la Universidad, pero les gustaría tenerlo.** No conocen la Licenciatura y tampoco tienen idea qué puesto pueden cubrir o crear. Tienen vínculo con las escuelas del barrio y con centros culturales, a quienes les prestan las instalaciones para realizar Educación Física y actividades como teatro, muestras, entre otras.

Fuente: Trabajo de campo. Informe de Demanda UNDAV, 2016.

varados en Avellaneda o en Buenos Aires sin poder retornar a sus provincias y sin posibilidades de insertarse en la actividad.

Educación formal, se encuentra en los tres clubes grandes relevados en la zona de Avellaneda (Racing e Independiente) y uno de tamaño mediano (Club Mitre). En todos los clubes las contrataciones las realiza la institución, existen muchos casos donde se inscriben como monotributistas. En general están en relación de dependencia o como voluntariado. La primera situación se observa en los clubes grandes, mientras que en los chicos prima el voluntariado bajo la Ley Nacional de Trabajo Voluntario[3]. No obstante, no queda claro por qué colocar a un trabajador bajo esta figura cuando en el Art. 4 se lee: "La prestación de servicios por parte del voluntario no podrá reemplazar al trabajo remunerado y se presume ajena al ámbito de la relación laboral y de la previsión social". De esta forma se torna difícil la profesionalización de la actividad en éstos clubes debido a que las personas que coordinan, organizan y llevan adelante actividades deportivas , recreativas y culturales en su mayoría se inscriben en la figura del voluntariado en este tipo de organizaciones sociales, deportivas, recreativas y culturales.

En general, la propuesta que le hacen los representantes de los clubes medianos y pequeños, a los profesores y coordinadores de la actividad, es que se enmarquen dentro de la ley de trabajo voluntario, así el club paga el seguro de responsabilidad civil solamente, en realidad de riesgo de trabajo por cada uno de ellos y eso los coloca dentro de la ley sin tener empleados en negro.

Según el tamaño del club existe una mayor división de áreas de trabajo similar a cualquier estructura organizativa productiva. Sin embargo, en los clubes pequeños (que son la mayoría en el territorio de Avellaneda) existen dos o tres áreas generales en las que se integran todas las actividades. Por ejemplo, área social, legal y otra administrativa.

---

3   Ley de Voluntariado Social N° 25855, el 4 de diciembre de 2003 se sancionó la ley de voluntariado social por el Poder Legislativo, de jurisdicción nacional y el 7 de enero de 2004 fue promulgada parcialmente. La ley que se aprueba tiene como objeto promover el voluntariado social en actividades sin fines de lucro y regular las relaciones entre los voluntarios sociales y las organizaciones donde desarrollan sus actividades. Entre las cuestiones relevantes, destacamos la certificación de tareas y capacitación y la obligación de contratar seguros contra riesgos de accidentes y/o enfermedades derivados del ejercicio de la actividad voluntaria. [https://www.cilsa.org/que-hacemos/voluntariado/ley-nacional/].

Como es un club chico nos arreglamos nosotros, la que se encarga de todo lo administrativo es la secretaria general del club, con la ayuda de algunos miembros de la comisión o de madres de futbol. (Entrevista, Presidente del club Sarandí, 2016).

No, no hay área de vitalicios, pero hay socios vitalicios.
En cuanto a la función social, por ejemplo, el día del niño, hicimos el 1º de mayo un locro para el barrio gratis, para todo el barrio.
Todo lo que se hace en el club está dirigido a cumplir una función social en el barrio. (Entrevista, Presidente del club Sarandí, 2016).

Del trabajo de campo, surge en las entrevistas y encuestas realizadas a los clubes, organizaciones gubernamentales municipales y a organizaciones de clubes de barrio, que en general existe un alto nivel de desconocimiento de la existencia de la carrera de Licenciatura en Actividad Física y Deporte, así como de su finalidad. Por otra parte, la selección del personal para tareas específicas de organización y control de las diversas actividades culturales, deportivas y recreativas, no requiere –según los entrevistados– una capacitación específica o un título en carreras afines al deporte no formal. Por el contrario se prefiere y se valora más la experiencia que se adquiere como deportista profesional o en el caso del Club Regatas como socio histórico y el voluntariado de miembros del club que contribuyen entrenando y conteniendo a grupos de niños y jóvenes, sin títulos. La excepción son los profesores de Educación Física que son valorados, así como los estudiantes de dicho profesorado que hacen sus primeras experiencias, en general de manera voluntaria por un viático. Esto es frecuente en los clubes de barrio denominados "chicos".

En consecuencia se apela a la confianza y al reconocimiento deportivo informal y voluntario, más que al credencialismo; es decir a las personas que logran un título ligado al deporte y a la recreación. Es importante señalar que la ausencia de pasantes en las instituciones deportivas relevadas y en los organizamos públicos, se debe a que según la legislación vigente deben ser considerados como un trabajador más, con menos horas de trabajo y con la supervisión de un docente a cargo. La formalidad en el empleo es una dimensión que incide en la toma de decisiones de estas instituciones. La mayoría de las personas que trabajan o desempeñan funciones son voluntarios o en menores casos monotributistas (en los clubes considerados Grandes). No obstante, todos dicen que a pesar de no tener pasantes en estas instituciones, podrían comenzar a dialogar con miembros de la universidad para evaluar su posible incorporación. Es importante resaltar que no tienen claro en qué puestos podrían insertarse y cuál sería su función, dado que no son profesores de educación física y tampoco están habilitados para ello.

La actividad física y de deporte, se genera dentro del marco de educación no formal[4]. Sin embargo, la carrera de Actividad Física y Deportes en UNDAV, orientada hacia la gestión de estas actividades, se crea para construir un nexo entre las políticas públicas destinadas a la inclusión social y los saberes deportivos y lúdicos en ámbitos no formales en la cultura contemporánea. En un contexto donde las industrias que brindan servicios recreativos y culturales, recién comienzan a entran en los radares de la sociedad, es decir no sólo comienzan a generar valor agregado, sino que lo que se busca es la profesionalización para afianzarse en el país y ganar mercados en el exterior. La recreación, el deporte y la cultura se incluyen dentro de las actividades simbólicas y culturales.

En consecuencia, los espacios que pueden demandar[5] este tipo de profesionales están muy ligados a las actividades físicas y recreativas que se promueven en espacios no formales, que producen una gran participación social con fines inclusivos. En algunos casos son organizaciones sin fines de lucro como los clubes de barrio, donde en general se organizan colonias de vacaciones, pero también en otros ámbitos privados, es decir empresas de servicios de entrenamiento, que se dedican a organizar eventos deportivos como por ejemplo, El Club de corredores en la Ciudad de Buenos Aires, o *Ranning Team* y marcas como Adidas, Nike, entre otras. También se ofrecen servicios de forma independiente o *FreeLancer*[6], para grupos de pobladores loca-

---

4   La Ley 26206 de Educación de Argentina, en el apartado referido a la educación no formal del Título XI destaca que se deben organizar centros culturales para niños y jóvenes con la finalidad de desarrollar capacidades expresivas, lúdicas y de investigación mediante programas no escolarizados de actividades vinculadas con el arte, la cultura, la ciencia, la tecnología y el deporte. En el punto d), dice que es necesario coordinar acciones con instituciones públicas o privadas y organizaciones no gubernamentales, comunitarias y sociales para desarrollar actividades formativas complementarias de la educación formal. Para (punto e) lograr el máximo aprovechamiento de las capacidades y recursos educativos de la comunidad en los planos de la cultura, el arte y el deporte, la investigación científica y tecnológica (Art N°112). Ver Nancy Ganz (2013: 30).

5   Dada la presencia de un gran número de clubes en el territorio se hace necesario no solo clasificarlo por tamaño. Por una cuestión metodológica, se los va a categorizar por tamaño en club pequeño, club mediano y club grande, según cantidad de metros cuadrados y de actividades. Del mismo modo, se incluirá a los centros culturales de la zona que desarrollen actividades deportivas o recreativas. Ya que se entienden que son espacios no formales donde se podría insertar un profesional egresado de la UNDAV.

6   Se denomina *freelance* (o trabajador autónomo, por cuenta propia o trabajador independiente) a la persona cuya actividad consiste en realizar trabajos propios de su ocupación, oficio o profesión, de forma autónoma, para terceros que requieren sus servicios para tareas determinadas, que generalmente le abonan su retribución no en función del tiempo

les en territorios abiertos y públicos como son las plazas de los barrios y los alrededores de clubes. Dado que muchas de estas actividades se realizan en espacios que no requieren de una estructura edilicia.

No obstante, es importante destacar que la demanda se caracteriza por realizar entrenamiento en ámbitos no formales. Donde los profesionales pueden firmar contratos por obra o trabajo y/o cobrar por tiempo. Esta situación laboral también se puede observar en el sector de servicios que se dedica a las tecnologías de la información. Por ello, en este caso se entiende que las colonias de verano, los clubes especialmente los de barrios, los servicios que brindan entrenamientos a medida, son lugares y servicios que podrían requerir a dichos profesionales ya qué potencian los grados de socialización, propician que el juego entre amigos contribuya a la construcción de un ambiente en el que el aprendizaje y el placer se conjuguen.

Las colonias de verano de la zona, donde se transmite la importancia de la enseñanza de la educación física y el deporte en ámbitos de aprendizaje no formales, demandan en general a estudiantes de profesorados de Educación Física o en el mejor de los casos, a Profesores de Educación Física. No obstante, es importante destacar que la carrera de la UNDAV está orientada a brindar otro tipo de servicio que aún no se conoce en la mayoría de las instituciones deportivas, culturales y sociales. Las entrevistas realizadas indican que el 90% de los entrevistados (clubes grandes, medianos y chicos), no conocen este tipo de titulación, así como la existencia de esta carrera en la UNDAV y el 10% de los que la conocen, no pueden identificar las habilidades aprendidas y no saben qué puesto es posible cubrir con este tipo de profesional.

Demanda de graduados de las carreras afines al turismo

A diferencia de las actividades deportivas, las atractividades turísticas –que son las que disparan esta actividad– no son las más frecuentes en la zona de Avellaneda, de características más bien industriales y de servicios a la industria.

Si bien el turismo aparece como uno de los ejes en donde se asienta el crecimiento económico experimentado por la Argentina en estos últimos años, reflejado en el incremento de la ocupación y de la registración en las ramas características del turismo, existen anteceden-

---

empleado sino del resultado obtenido, sin que las dos partes contraigan obligación de continuar la relación laboral más allá del encargo realizado. Otras veces pueden firmar contratos por obra o trabajo y cobrar por tiempo, sobre todo en el mundo de las tecnologías de la información.

PROFESIÓN E INNOVACIÓN EN UN CONTEXTO FLEXIBLE

tes[7] que indican un alto nivel de precarización laboral en el sector, con trabajadores y trabajadoras altamente formados y que cumplen largas jornadas de trabajo con bajos salarios. Lo que plantea analizar cuáles son las posibilidades de desarrollo de esta actividad en el conurbano sur.

Por un lado, la estacionalidad inherente a la actividad turística, presenta picos de demandas de trabajadores y trabajadoras, es decir de una mayor mano de obra, llevando en ocasiones a la informalidad en la contratación (tiempo completo con un salario de medio tiempo), falta de capacitación y una marcada diferencia salarial entre las mujeres (son el mayor componente del mercado laboral turístico) y los hombres.

Por otra parte, involucra a diversas unidades de trabajo como: agencias de viajes, transporte, alojamiento, ocio y otros servicios de viajes; servicios administrativos, financieros, sanitarios, culturales, entre otros, a los que hay que añadir todos los otros sectores proveedores de las empresas turísticas como la construcción, la agricultura, las industrias manufactureras e industrias de transformación. En el caso de Avellaneda, se encuentra que tiene escasa demanda de profesionales debido a la baja cantidad de empresas de servicios ligadas al turismo en relación al Sur de CABA, de manera que la mayoría sería demandada por la ciudad de Buenos Aires o el resto del país. Así, en Avellaneda se detectaron hasta el momento pocas *agencias de viajes* (AVT) (18). En Quilmes localizamos la misma cantidad de AV (18), a diferencia de CABA donde existe una gran concentración de Agencias de viajes y que además por su rápido acceso, muchos de los egresados en estas carreras de la UNDAV, podrían realizar sus primeras búsquedas laborales.

En promedio, los puestos de trabajo generados en las ramas características muestran una tendencia estable para todo el período 2010/2014, oscilando en torno a un millón cien mil puestos (cuadro 1). El año 2014 registró 1,08 millones de puestos de trabajo, el segundo mayor volumen del período bajo análisis, aunque con un descenso del 4,6% respecto al año anterior, que, a su vez, muestra un fuerte crecimiento (6,3%) en relación a 2012. En 2014, la participación de las RCT en el total de los puestos de trabajo de la economía alcanzó al 5,4%, valor apenas inferior a los registros de los años anteriores.

En suma, en el sector de turismo se observa que se interrelacionan diversos actores, que a grandes rasgos se pueden clasificar en: los

---

7   Resultados de un estudio de caso producto de una tesis de maestría, enfocado en las agencias de viajes de CABA entre 2003 y 2010 (Tottino, 2015).

que demandan servicios turísticos y los que ofrecen y trabajan para ofrecer éstos servicios turísticos. En efecto, éste es el mundo social y económico donde se inscriben las carreras afines al turismo como la que se dicta en la UNDAV desde el año 2013.

Ahora bien, como las actividades y las empresas turísticas son escasas en Avellaneda, en comparación a la lindante ciudad urbana denominada Ciudad Autónoma de Buenos Aires (CABA), se observa que la mayor demanda para los graduados de la UNDAV se concentra en el sur de CABA. Por ello es necesario mencionar que en Ciudad de Buenos Aires, son las grandes empresas (5%) quienes realizan la mayor contratación del personal, en base a los requerimientos del mercado turístico. Si a esto, le sumamos la estacionalidad de la actividad laboral, obtenemos un panorama general de una demanda poco regulada, con una marcada orientación a la especialización, lo que se traduce en una demanda reducida y poco variada. En un sector de servicios donde predominan la pequeña (78%) y mediana empresa (17%). Por lo mismo aducimos que representa gran parte de la demanda.

El objetivo del trabajo de campo[8] en relación a la demanda de graduados en las carreras afines al turismo en Avellaneda, requirió en principio, explorar sus posibles unidades de trabajo relacionadas al sector que brinda servicios específicos en turismo en el territorio de Avellaneda y sus alrededores como es el Sur de CABA, dado que concentra a la mayoría de agencias de viajes, hoteles, circuitos turísticos y puestos de gestión relacionados al turismo no sólo en la provincia de Buenos Aires, sino en el país. A diferencia de Avellaneda que tiene escasa demanda de profesionales debido a la baja cantidad de empresas de servicios ligadas al turismo en relación al Sur de CABA, de manera que la mayoría sería demandada por la ciudad de Buenos Aires o el resto del país.

En Avellaneda se detectaron *circuitos turísticos*, como el "Ferroclub argentino" que podría nutrirse de Guías en turismo e incipientes proyectos iniciados por los alumnos desde la UNDAV para promover esta actividad, o la generación de circuitos construidos para recuperar la historia de la zona, pero que hasta el momento no han sido concebidos. Ahora bien, Ciudad Autónoma de Buenos Aires sigue siendo el mejor horizonte para la inserción de estos graduados ya que concentra

---

8   Febrero a junio, 2016. Para la muestra, se seleccionaron 18 agencias de viajes, del partido de Avellaneda, 18 agencias de viajes de Quilmes, 2 Hoteles de Ezeiza, 42 hoteles al azar del sur de Ciudad de Buenos Aires, 5 Centros culturales y recreativos de Avellaneda y sur de Ciudad de Buenos Aires.

múltiples propuestas y gran variedad ofertas turísticas culturales, recreativas de congresos y deportivas, entre otras.

Uno de los obstáculos que surgen de las entrevistas a empresas turísticas, es que desconocen que en dicha institución esté formando profesionales en turismo. Dificultando, la generación de algún vínculo o posible acercamiento de las empresas y la universidad y viceversa para solicitar o insertar laboralmente a los graduados en carreras afines al turismo.

A causa de la escasez de empresas que brindan servicios turísticos en Avellaneda y sus alrededores, esta tarea (de relevamiento) implicó centrarse en la demanda de los graduados de la UNDAV focalizada en el Sur de la Ciudad Autónoma de Buenos Aires[9], razón por la cual se incluye esta zona en la muestra. Por una cuestión metodológica, se los categoriza por tamaño, es decir en empresas pequeñas, medianas y grandes, según cantidad de trabajadores y trabajadoras. Del mismo modo, se incluye a los centros culturales de la zona que desarrollan actividades turísticas y brindan un servicio turístico, ya que se entiende que son espacios donde se pueden insertar profesionales de carreras afines al turismo egresados de la UNDAV.

A grandes rasgos se puede destacar que por una parte, la demanda valora mucho la experiencia en el puesto. Aparece como uno de los activos intangibles más valorados por los demandantes de trabajo. La *expertise* incide en el desarrollo estratégico y competitivo de las empresas dedicadas al turismo. Además este sector presenta muchas posibilidades de crecimiento. Y por otra parte, que los puestos de trabajo más ofertados en la mayoría de las empresas son los de recepción y los de guía de turismo.

A pesar que se hace referencia a puestos poco calificados, en la selección eligen a los que tienen conocimiento específico en turismo, experiencia en el puesto y si es posible conocimiento de idiomas. Este último requisito aparece como uno de los principales obstáculos para los demandantes de empleo. Dicen que muchas veces contratan a extranjeros que conocen y hablan bien un idioma aunque no sea un profesional en carreras afines al turismo, porque en general los profesionales de turismo presentan muchas dificultades para entablar una comunicación fluida. Así, se destaca que las empresas le otor-

---

9 La CABA es la principal metrópoli de Argentina y cuenta con la mayor concentración de empresas turísticas del país en comparación a otras ciudades como Córdoba, Mendoza, entre otras. Además, funciona como puerta de entrada del turismo receptivo y distribución hacia otras ciudades turísticas del país.

gan mucha importancia al conocimiento de idioma, principalmente al idioma inglés.

Reflexiones finales

Este artículo intenta mostrar espacios de interacción entre carreras "nuevas" que brindan servicios recreativos y culturales y que recién comienzan a entrar en los radares de la sociedad, como es el caso de la UNDAV y las empresas o instituciones demandantes, en el contexto de procesos económicos y políticos del conurbano bonaerense. En ese sentido hay que señalar que esos espacios de interrelación están todavía sin construir y en algunas carreras más que en otras con importantes mecanismos de incomunicación, desconocimiento o imposibilidad de generar un acercamiento dadas las condiciones muy básicas de supervivencia que impera en el sector.

Como la demanda valora mucho la experiencia en el puesto, es tarea de ambos (empresa y Universidad) encontrar los caminos para lograr la comunicación y la vinculación necesaria para generar actividades en común y la colaboración necesaria para desarrollar la región y las actividades que se enseñan en la zona, mejorar las posibilidades de inserción de sus graduados y retenerlos productivamente en la región.

Bibliografía

Basualdo, E. (2006). "La reestructuración de la economía argentina durante las últimas décadas de la sustitución de importaciones a la valorización financiera", en Basualdo, E. y Arceo, E.(comps.), *Neoliberalismo y sectores dominantes. Tendencias globales y experiencias nacionales*, Buenos Aires, CLACSO.

Bruno, M. (2015). "La población del conurbano en cifras", en Kessler, G. (dtor.), *El Gran Buenos Aires*, Tomo 6, Argentina, Unipe, Edhasa.

Carman, C. (2015). "Cercanías espaciales y distancias morales en el Gran Buenos Aires", en Kessler, G. (dtor.), *op. cit.*

Del Cueto, C. y Ferraudi Curto, C. (2015). "Made in Conurbano. Música, cine y literatura en las últimas décadas", en Kessler, G. (dtor.), *op. cit.*

Eguía, A. (2015). "Mercado de trabajo y estructura social en el Gran Buenos Aires reciente", en Kessler, G. (dtor.), *op. cit.*

Ganz, N. (2013). *Recordar Veranos. La enseñanza de la educación física y el deporte en las colonias de vacaciones de la Municipalidad de Avellaneda*, Bs. As.,UNDAV Ediciones.

Gorelik, A. (2015). "Terra Incognita. Para una comprensión del Gran Buenos Aires como Gran Buenos Aires", en Kessler, G. (dtor.), *op. cit.*

Güidi, G. (2015). "Las carreras de turismo en la Universidad de Avellaneda", *Turismo & Universidad. Cultura, economía y sociedad*, Bs. As., UNDAV Ediciones.

Murmis, M. y Feldman, S. (1993). "La heterogeneidad social de las pobrezas", en Minujín, A. (coord.), *Cuesta Abajo. Los nuevos pobres: efectos de la crisis en la sociedad argentina*, Buenos Aires, UNICEF/LOSADA.

Panaia, M. (2008). *Laboratorio de Monitoreo de Inserción Laboral de Graduados en Turismo y Hotelería*, en Conjunto con la Facultad de Ciencias Sociales de la Universidad de Buenos Aires-UBA. Recuperado el 15 de septiembre de 2014 de: [http://www.cienaniosdeturismo.gov.ar/subpagina.asp?IdSeccion=9&IdSub=89. 15/09/2014].

Rojo, S. y Rotondo, S. (2006). "Especialización industrial y empleo registrado en el Gran Buenos Aires", *Trabajo, ocupación y empleo*, Buenos Aires, Ministerio de Trabajo, Empleo y Seguridad Social de la Nación.

Southwell, M. (2015). "La escolarización en el Gran Buenos Aires", en Kessler, G. (dtor.), *op. cit.*

Tottino, L. I. (2015). "¿Más trabajo, mejor trabajo? El caso de los trabajadores y las trabajadoras de las agencias de viajes de la Ciudad de Buenos Aires". Tesis de Maestría de Ciencias Sociales del Trabajo-UBA. Recuperado de: [http://biblioteca.clacso.edu].

Vio, M. y Cabrera, M. C. (2015). "Panorámicas de la producción en el conurbano reciente", en Kessler, G. (dtor.), *op. cit.*

Tensión entre formación y demanda de enfermería en el conurbano sur

Natalia Iribarnegaray y Raúl Chauque

Introducción

El presente artículo trata de dar cuenta de los perfiles esperados de los enfermeros de la Universidad Nacional de Avellaneda (UNDAV), tanto como la relación con la demanda que existe en Avellaneda y las localidades aledañas para poder analizar los problemas de inserción de los jóvenes graduados.

La UNDAV nace como consecuencia de una oleada de ampliación de la oferta educativa, en el marco de las universidades del bicentenario. La misma se radica en la Provincia de Buenos Aires, en la localidad de Avellaneda y tiene como zona de influencia el conurbano sur y parte del sur de CABA. Este tipo de Universidades[1] posee características propias, en relación a la estructura, enfoques teóricos y metodológicos diferenciándose de las universidades tradicionales.

La carrera de Enfermería surge como incentivo del Plan Nacional de Desarrollo de la Enfermería que nace en el año 2008 y continúa actualmente con el nombre de PRONAFE. Actualmente, en UNDAV, se caracteriza por ser la carrera con mayor cantidad de graduados de esta joven universidad, siendo un total de 113, de los cuales 111 son

---

1 "Dichas Universidades se plantean y proponen como instituciones que encarnan nuevos enfoques teóricos y metodológicos en cuanto a la relación con los alumnos, las autoridades, docentes y demás trabajadores de las instituciones, así como el establecimiento de vínculos muy estrechos con su entorno, su zona de influencia. Tienen como objetivo primordial ampliar los procesos democratizadores de la educación superior (...) para crear profesionales que se comprometan social y económicamente con la zona de influencia. A su vez, tiene la misión de formar profesionales que sean demandados por el mercado que exista a su alrededor y colaboren en la incorporación de conocimiento y destrezas en dichas áreas" (Iavorski Losada *et ál.*, 2017).

Enfermeros Universitarios y 2 son Licenciados en Enfermería[2]. La carrera comienza a darse en el año 2011 y a partir del 2014 surgen los primeros graduados que buscan insertarse laboralmente en un medio que presenta cada vez mayor tendencia hacia la precarización, siendo ésta una de las situaciones que requiere análisis para este Laboratorio. En Argentina, a lo largo de la historia, se muestra un déficit crónico de trabajadores de enfermería en relación a la demanda, lo que da lugar a que se configure un mercado laboral de relativa fácil entrada para los mismos, aunque con condiciones precarias de trabajo.

En la última década, se favorece la formación de nuevos profesionales, para revertir lentamente el desequilibrio entre demanda y oferta de mano de obra, aunque todavía lejos de los objetivos planteados[3].

En este contexto, el objetivo del presente trabajo es analizar –desde 2015 hasta la actualidad– el empleo y las características del mercado de trabajo para el personal de enfermería en el partido de Avellaneda y zona de influencia. Para esto se viene trabajando con los decanos y directores de la carrera y también se realizaron entrevistas en profundidad a diferentes referentes del área, ya sea directores médicos, jefaturas de enfermería, coordinadores y afines para conocer cómo se va conformando el mismo.

La importancia de avanzar en un trabajo que describa el empleo en enfermería, parte de reconocer el trabajo de enfermería como fundamental en el sector salud, aunque la valorización que muchas veces recibe de la sociedad no se refleje en condiciones laborales y salariales justas.

El trabajo se encuentra organizado de la siguiente manera, en una primera parte se analizarán brevemente las características del sector salud, como así también las vinculadas a la enfermería, para luego enfocarnos en la demanda en la región de Avellaneda.

Muchos autores han escrito sobre las condiciones de trabajo de los enfermeros tanto en este país como en el resto del mundo. En general se coincide en afirmar que es una ocupación conformada en su mayoría por mujeres[4] con cuidado directo en sus tareas. En el caso Argentino, se describe la existencia de bajos salarios, precarización en las for-

---

2   Según datos de la Secretaria Académica de la UNDAV en diciembre de 2017.

3   Plan de Formación de Enfermería Pronafe, 2008.

4   Según Wainerman y Geldstein (1990) el 83% del personal de enfermería son mujeres. Datos proporcionados en el censo de 1980. Abranzón (2005) actualizó estos datos con el censo 2001 mostrando que el 84% de quienes obtuvieron el título de licenciatura son mujeres. Esta misma autora plantea que la proporción de varones estaría aumentando en las cohortes más jóvenes.

mas de contratación, pluriempleo, larga jornada laboral, sobrecarga de actividades y malas condiciones de estructura e insumos en las instituciones.

Algunos autores como es el caso de Micha (2015), entre otros, plantean la fragmentación del sector salud y la falta de una representación gremial fuerte y unida para generar mayor fuerza de negociación como uno de los factores político-institucionales determinantes para la configuración de los salarios.

Situación del sector salud a nivel nacional

El sistema de salud[5] en Argentina es un conjunto de recursos organizados para dar atención a la población de forma preventiva y asistencial, y sufre varias transformaciones a lo largo de las últimas décadas. Una de las más trascendentes es la originada en los años cuarenta cuando se pone en marcha el Ministerio de Salud Pública bajo los principios de universalidad e integralidad[6], como consecuencia de las políticas de intervención del Estado y con el propósito de establecer un sistema de servicios que garantizara la vigencia del derecho a la salud.

Después del golpe de 1976 comienza un proceso de descentralización de la atención de salud con un debilitamiento del protagonismo del Estado. Desde entonces el Estado paulatinamente transfiere sus establecimientos hospitalarios a las provincias y municipios, consolidando un nuevo papel para estos últimos, con nuevas y mayores responsabilidades.

En el año 1987 se incorporan las transferencias a los municipios en concepto de salud a los mecanismos de la coparticipación desde el estado provincial.

En la provincia de Buenos Aires el subsector público de la salud se va constituyendo (sobre la base de los principios del sistema federal) por un progresivo proceso de transferencia de funciones desde los niveles jurisdiccionales superiores (nacionales y provinciales) hacia los municipios, hacia efectores del sistema (como los hospitales) y hacia otros agentes. Inversamente, la reasun-

---

5 Organización creada para proveer servicios destinados a promover, prevenir, recuperar o rehabilitar el daño en salud (derecho a la salud), con carácter equitativo y solidario.

6 Universalidad —como un sistema único y una sola modalidad de atención para la totalidad de los habitantes—; integralidad —una red de servicios de diferentes niveles de complejidad en condiciones de proporcionar todo tipo de atención: preventiva, curativa, rehabilitadora, incluyendo desde las prácticas más simples hasta aquellas portadoras de los más sofisticados avances tecnológicos— (Belmartino, 2005).

ción del ejercicio de funciones por parte de la provincia en el sector (como la provincialización de algunos hospitales), ha tenido también gran capacidad de reorganización de las relaciones entre las jurisdicciones. Esta dinámica tuvo lugar de manera incremental sin la explicitación de los niveles de prestación y las funciones a cumplir por cada nivel. (Chiara, Di Virigilio y Miraglia, 2010).

En la década de los noventa se profundizan las medidas tendientes a la descentralización sin los fondos correspondientes, período 1995/2001, y el Estado se debilita hasta casi quedar ausente. La lógica imperante a partir de ese momento estuvo acompañada de la consolidación del modelo ideológico neoliberal.

En Argentina, la gestión de salud es principalmente potestad de las provincias, ellas definen la estructura de sus servicios y realizan la planificación, gestión, regulación e integración de sus equipos. A partir de la década de 1990, con la ley de descentralización educativa y de salud, se produce un proceso de transferencia de responsabilidades, capacidades y/o infraestructura del Estado Nacional hacia niveles inferiores de gobierno, pero sin los fondos correspondientes a su gestión.

En el caso de la prestación de los servicios de la salud pública, por un lado, se realizan una serie de transferencias de establecimientos hospitalarios nacionales a las jurisdicciones provinciales y, por otro lado, se promociona la figura de los hospitales públicos de autogestión[7]. Esto establece la desregulación de las obras sociales, obligándolas a pagar los servicios que sus beneficiarios demanden a los hospitales del subsistema público, autorizándolos a cobrar servicios a personas con capacidad de pago y con fondos de las empresas de seguros privados, mutuales y obras sociales.

El sistema de salud en Argentina consta de tres subsistemas bien definidos, el subsistema público, el de las obras sociales y el del sector privado. Los servicios que brindan difieren considerablemente respecto a la población y fundamentalmente el origen de los recursos con los que cuentan. El *subsistema público* está conformado por los hospitales públicos y los centros de atención primaria de la salud, y funciona bajo la coordinación de Ministerios y Secretarías de la Salud ya sean nacionales, provinciales o municipales. Prestan atención gratuita a toda persona que demande seguridad social y sin capacidad de pago. Su fuente de financiamiento son recursos fiscales y, ocasionalmente, recibe pagos del sistema de seguridad social o privada cuando sus afiliados se atienden en él.

---

7   A partir del artículo 25 de la Ley 24.061 de 1991 y el Decreto 578/93 y 9/93.

El subsistema de las *Obras Sociales* asegura y presta servicios a los trabajadores y sus familias. La mayoría de las Obras Sociales (OS) operan a través de contratos con prestadores privados y se financian con contribuciones de los trabajadores y patronales.

El subsistema *privado* está conformado por profesionales de la salud y establecimientos que atienden a demandantes individuales, a los beneficiarios de las OS y de los seguros privados. Este sector también incluye Empresas de Medicina Prepaga que se financian sobre todo con primas que pagan las familias y/o las empresas.

Estos subsistemas configuran un sector altamente segmentado y complejo, sin puntos de articulación e integración entre sí, que comienzan en la década de los noventa, como nombramos anteriormente, con un proceso de deterioro de las condiciones de empleo, sumado al aumento progresivo de las demandas de los servicios de salud, que no se vieron acompañadas por un incremento de la inversión, sobre todo en el ámbito de la salud pública (Novick y Galín, 2003; Lanari, 2006), ocasionando brechas regionales significativas en cuanto a los resultados de salud alcanzados y a la calidad de atención (Tobar, Olaviaga y Solano, 2011).

Según el informe 2016 del Sistema Integrado de Información Sanitaria Argentina (SISA) el país cuenta con 20.323[8] establecimientos asistenciales, de los cuales 4.726 cuentan con el servicio de internación, con una capacidad de 193.459 camas. La mitad de estos establecimientos provienen del sector privado. Los datos actuales reflejan que el país cuenta con 25.814 establecimientos de salud de los cuales 10.569 poseen financiamiento público y 15.245 privado, de los cuales 5.198 cuentan con servicio de internación con una capacidad total de camas habilitadas de 220.951.

Maceira y Cejas (2010), sostienen que la estructura fuertemente descentralizada y segmentada de nuestro sistema de salud, producto de las reformas del '90, aún no han sido revertidas ni superadas y que impactaron tanto en la composición como en el funcionamiento, la atención y los recursos humanos del sector. Todas las falencias en cuanto a equidad y justicia se trasladaron a las condiciones laborales de los trabajadores del sector, cuyas ocupaciones se diferencian del resto por el tipo de servicio que brindan, según (Novick y Galin, 2003), se caracterizan principalmente por ser una actividad de mano de obra intensiva, especialmente en el empleo de profesionales calificados, con un peso importante de enfermeros/as, que según el REFEPS Red

---

8   SISA [https://sisa.msal.gov.ar/REPORTE2016].

de profesionales de la salud para 2013, representa el 20% del total (Aspiazu, 2017).

Situación del sector de Enfermería

Dentro de este contexto, específicamente dentro del equipo de salud, los recursos humanos de enfermería cumplen un rol fundamental en el vínculo entre los médicos, los familiares y el enfermo, atribuyéndoles un rol decisivo en las transformaciones de mejor calidad de servicios y cuidado de acuerdo a las necesidades de la población, constituyendo un factor decisivo de las mismas. El personal de enfermería cumple un rol primordial en la promoción de la salud, prevención, tratamiento y rehabilitación de las enfermedades; y dentro del equipo de salud se constituye como punto de convergencia de la interrelación con médicos, familiares y pacientes.

Además, al igual que el sector salud, sufre varias modificaciones en el tiempo, como hecho fundamental, que actúa como un parteaguas, se encuentra la ley N° 24004[9], que regula la actividad de enfermería en todo el ámbito nacional, se produce un cambio fundamental en el proceso de profesionalización de la carrera, ya que por primera vez se comienza a considerar al enfermero/a como personal autónomo y no un mero colaborador del médico[10] (Ricci et ál., 2009). Distinguiéndose dos niveles para el ejercicio de enfermería: a) el profesional y b) el nivel auxiliar, por lo que la Ley prohíbe a toda persona no comprendida en estos dos niveles la realización de acciones propias de enfermería (Lusnich, 2005), originando, desde su reglamentación, un proceso de reconversión de personal empírico y de 'nivelación hacia arriba' de los que desempeñaban en el área[11] (Ricci et ál., 2009).

En 2008, el Ministerio de Salud de la Nación reconocía "la criticidad, escasez y heterogeneidad" del personal de enfermería en la Argentina, y presentaba al Congreso el proyecto de ley "Plan Nacional de Desarrollo de la Enfermería", dirigido a garantizar la calidad de la formación del personal de enfermería y a generar condiciones

---

9 Sancionada en el año 1991 y reglamentada en el año 1993.

10 Aunque es necesario mencionar que en la práctica muchas veces todavía es considerado un auxiliar de la medicina

11 Actualmente, el Ministerio de Salud de la Nación divide a los enfermeros en las siguientes categorías: 1. Licenciados/as en Enfermería, con cinco años de formación de grado académico, 2. Enfermeros/as Profesionales, con tres años de estudios en institutos de formación universitaria y no universitaria y 3. Auxiliares de enfermería que solo cuentan con un año de formación.

convenientes de empleo para estimular la incorporación de jóvenes a la carrera (Arakaki, 2013)

Desde septiembre de 2016, el Programa Nacional de Formación en Enfermería PRONAFE, tiene entre sus objetivos promover, optimizar y formar recursos humanos, aumentar los postulantes e incrementar la cantidad de graduados hasta alcanzar cincuenta mil nuevos enfermeros para cubrir los que están por jubilarse.

En la localidad de Avellaneda hay, según los últimos datos relevados en el SISA, sesenta y tres establecimientos de salud pertenecientes al sector público y privado[12]. La mayoría son de tipo general, aunque se pueden ver algunas instituciones especializadas en Ginecología, Materno Infantil, Neurología, Psiquiatría y Psicopatología, Oncología, Nefrología, Medicina Física y Rehabilitación, Medicina Laboral, Cardiología, Urología, Ortopedia y Traumatología, Pediatría y Oftalmología. La mayoría pertenecen al sector privado, algunos a obras sociales y el resto al ámbito público, donde futuros egresados de UNDAV podrían tener inserción, tanto en Hospitales Provinciales y Municipales, Unidades Sanitarias, Institutos de Salud, Unidades de Pronta atención, como Clínicas Privadas, Centros de Diagnóstico y Geriátricos.

En agosto de 2016 el Programa Nacional de Formación de Enfermería realizó un relevamiento donde describe la existencia de cincuenta y tres Universidades donde se dicta la carrera de Enfermería y doscientas doce escuelas técnicas que ofrecen la Licenciatura y el título intermedio de Enfermero Universitario. En el año 2002 se observa que en la Provincia de Buenos Aires, la carrera de Medicina tiene el Mayor número de graduados. Para el año 2010 esa tendencia se revierte dando a Enfermería el mayor porcentaje. Es decir, la carrera de Enfermería se destaca por presentar un periodo de tendencia a la baja porcentual de graduados entre 2002 hasta 2010, pero a partir de ese último año sus cifras se recuperan, transformándose en la carrera que concentra el mayor porcentaje de graduados dentro de las Ciencias de la Salud (alrededor del 28%).

El trabajo intenta dar cuenta de la participación del sector privado y público en la contratación de graduados de enfermería y las

---

12 El detalle consiste en uno proveniente del Estado Provincial, ocho municipales, cincuenta y uno del sector privado y tres de obras sociales. Se incluyen todos los establecimientos asistenciales de los Subsectores Oficial, Obra Sociales y Privado cuya actividad consista exclusivamente en el cuidado y la atención de la salud en cualquiera de sus modalidades: Atención Ambulatoria, Internación, Hospital de día, Atención domiciliaria Programada, Diagnóstico, Tratamiento, Medicina Preventiva, Emergencias y Traslados y cualquiera de las combinaciones entre las mismas.

condiciones de esta, si existe precarización laboral en el sector. A su vez, se propone establecer los vínculos entre la Universidad y los establecimientos de salud. Cuál es el rol de las Universidades en la capacitación post título, si es sólo responsabilidad de las instituciones educativas capacitar a estos egresados o si los establecimientos de salud también poseen programas de capacitación permanente para estos profesionales con el reconocimiento oficial.

El trabajo de campo se desarrollo a partir del año 2014 dentro del laboratorio de Monitoreo de Inserción de Graduados de la UNDAV, donde se trabaja en la recolección de datos basados en la articulación de métodos cuantitativos y cualitativos[13].

Condiciones laborales de la Enfermería

La profesión de enfermería reproduce hacia su interior la heterogeneidad que presenta el sector, aunque con una complejidad particular. Primeramente, en cuanto a su composición, el Observatorio de Recursos Humanos en Salud (2015), menciona que la cantidad de personal de enfermería en el país es de 179.175, y por primera vez en 10 años, la cantidad de calificados profesionalmente superan a los auxiliares en enfermería[14].

Si bien en la Universidad la mayor cantidad de estudiantes son de la carrera de enfermería, y esta tiene una alta demanda en el mercado,[15] nos preguntamos por qué sigue habiendo falta de formación de los mismos. Se cree que son múltiples los factores que inciden en el déficit de

---

13 Se realiza inicialmente un acercamiento a la demanda de la zona que consistió realización de pruebas piloto para recolectar datos pertinentes sobre los atributos, conceptos, cualidades y características de las instituciones y perfiles laborales con el objetivo de poner a prueba diferentes aspectos técnicos. Una vez puesto a prueba el instrumento se comienza a indagar sobre el proceso de trabajo y la posibilidad de inserción de futuros graduados de UNDAV. En el trabajo campo, las entrevistas y recolección de datos se tuvieron en cuenta ciertas categorizaciones para los establecimientos visitados; según el tamaño, complejidad y si es público o privado, también preguntas referidas a la condición de actividad, características y condiciones, en términos estructurales, como también si tiene vínculos creados con las instituciones formativas o no, y en el caso de que no los tenga, si tiene interés o conocimiento de que estos se pueden generar y el de aquellos, que por problemas económicos o de supervivencia económica, tienen pocas posibilidades de plantearse ese tipo de actividad.

14 48% son auxiliares en enfermería, 41% tienen formación técnica y el 11% posee título de licenciado en Enfermería. El Observatorio de Recursos Humanos en Salud es una red dependiente del Ministerio de Salud de la Nación.

15 La relación de enfermeros por habitante en el total del país es de da 4,24 cada mil habitantes. La relación entre enfermeros (licenciados y técnicos) y médicos es de 0,56, para el año 2013. Según el observatorio de Recursos Humanos en Salud.

trabajadores en enfermería por nombrar algunos, la relación con las condiciones de contratación, los bajos sueldos, el aumento del estrés y violencia laboral, en algunos casos, la existencia de actores, en algunos casos actores o cuidadores, sin conocimiento técnico que cumplen funciones de enfermería distorsionando el imaginario social sobre la profesión y funciones, falta de organismos de control y fiscalización que exijan las incumbencias por ejercicio, el bajo reconocimiento social y laboral entre otras cosas.

A partir de los datos relevados se hace referencia al concepto de precariedad profesional según Paugam (2015) para pensar ciertos aspectos de la modalidad contractual, calidad de atención, y algunas de las consecuencias que conlleva la precariedad del trabajo como es en algunos casos la insatisfacción por falta de reconocimiento y como consecuencia alta cantidad de licencias de los Enfermeros. Según este autor, el sector de la salud, especialmente los hospitales, se encuentra sometido a una profunda mutación, dada la racionalización presupuestaria que provoca progresivamente una desestabilización o una reconversión de los empleos (Paugam, 2015). Si bien Paugam está pensando en Francia, se encuentran similitudes en la Argentina por las características del trabajo en el sector.

Este concepto contiene dos dimensiones diferentes que se interrelacionan entre sí, el trabajo y el empleo. La precariedad del trabajo expresa una falta de reconocimiento simbólico, de sentirse útil ante la mirada de los demás, mientras la precariedad del empleo muestra una debilidad de la protección del trabajador. El autor crea un tipo ideal de integración profesional, integración garantizada, donde se encuentran aquellos que logran satisfacción en el trabajo y encuentran relativa estabilidad en el empleo como para permitirles planificar el futuro y sentirse protegidos. A su vez se plantea un conjunto de desviaciones a este tipo ideal, la integración incierta, cuando se encuentra satisfacción en el trabajo pero inestabilidad en el empleo; la integración laboriosa en donde predomina la insatisfacción en el trabajo y estabilidad en el empleo; y por último, la integración descalificadora que se presenta como insatisfacción en el trabajo e inestabilidad en el empleo.

En cuanto a la profesión de la enfermería, diversos autores (Arakaki, 2008; Domínguez Alcon *et ál.*, 1983), mencionan una identidad profesional débil, no logrando el reconocimiento ni la valorización a su trabajo, ya sea en la sociedad, como en los lugares que se desempeñan laboralmente. Mientras que, en cuanto a su empleo se caracteriza por tener condiciones precarias y salarios bajos (Esquivel y Pereyra, 2017).

Por ello, la pregunta es de acuerdo con las categorías mencionadas por Paugam: ¿Qué tipo de integración favorece la demanda laboral en Avellaneda y zona de influencia? En cuanto a las instituciones de salud visitadas, se diferencia las que están ubicadas dentro de Avellaneda o CABA, ya que la financiación y presupuesto que cuenta cada institución es de diferente magnitud provocando brechas regionales que se manifiestan en una multiplicidad de indicadores sanitarios a favor de los que se encuentran en CABA (Tobar, Olaviaga y Solano, 2011).

En cuanto a los hospitales de gestión estatal, tanto en CABA como en GBA, se encuentra gran dificultad de poder ingresar por parte de los futuros aspirantes. En los hospitales de CABA, una vez detectada la falta de personal, la autoridad máxima de enfermería, en muchos casos jefa del departamento, solicita al director médico, quien se encarga de sumar varios puestos vacantes –denominadas partidas– de cualquier profesional de la salud, vía autorización a la Dirección Central de Salud de CABA para la aprobación de las partidas enviadas que, dependiendo del presupuesto otorgado, hace uso de la opción. Si la partida es aceptada se llama a concurso y un jurado elige entre todos los postulantes al puesto a cubrir. Posteriormente la nómina se eleva a nivel central, y desde allí se realiza el nombramiento. Esto muestra que el ingreso se hace dificultoso y lento, característica típica de organizaciones muy burocratizadas.

En cuanto a los hospitales del GBA, la burocracia no es menor, pero los nombramientos dependen directamente del Ministerio de Salud de la Provincia de Buenos Aires que, a través de la Región Sanitaria[16], se distribuyen los enfermeros aspirantes seleccionados, de acuerdo a la necesidad de los hospitales. A partir de las entrevistas realizadas a jefas de enfermería en esta zona se observa falta de nombramientos, de categorización correspondiente a actividad y falta de personal, en muchos casos se atribuye a que prevalece un interés político en la decisión final de elegir el hospital al cual se envía personal nuevo.

También es necesario mencionar que en todos los hospitales públicos se observa una fuerte injerencia sindical que indicaría una fuerte influencia de estos mismos para poder acceder a una vacante laboral.

A la dificultad de poder ingresar a trabajar en los hospitales públicos se contrapone el hecho de que una vez ingresados en los mismos estos logran formar parte de la planta permanente, que otorga cierta

---

16 En el caso del Partido de Avellaneda, como principal zona de influencia, se debe a la Región Sanitaria nº 6.

garantía de estabilidad en los puestos, aunque también se observa que en algunos casos la contratación puede llegar a ser periódica o incluso *ad honorem*, sobre todo los enfermeros recientemente graduados que acceden en el caso de que se abran vacantes dado a su conocimiento del área y del personal.

En cuanto al ingreso salarial que percibe el personal de enfermería en hospitales públicos se caracteriza por ser muy bajo, para un ingresante de Hospitales de CABA no supera los dieciocho mil pesos, mientras que en los hospitales del GBA no alcanzan los dieciséis mil pesos[17], por lo que es habitual el pluriempleo en la búsqueda de fuentes adicionales de ingreso. En enfermería el pluriempleo adquiere diversas formas, una de ellas es la doble jornada laboral en distintos establecimientos y otra muy frecuente es la extensión de las jornadas laborales en un mismo establecimiento a través de horas extras[18]. A esto hay que agregarle el hecho de que no se observa diferenciación económica ni de actividades, en algunos casos, entre el auxiliar, el enfermero universitario ni el licenciado en enfermería[19], sobre todo en los lugares más precarizados. "El recónocimiento remite más a la dimensión afectiva o emocional del vínculo. Es el hecho de contar para otro. Compromete al individuo en los actos que asegura la efectividad del vínculo, más allá de la posición" (Paugam, 2015). Esto atenta contra la formación profesional en muchos casos. No solo porque no está remunerado de acuerdo a su categoría sino por la poca posibilidad de ascenso laboral.

En algunos casos se percibe la posibilidad de ascenso anulado, incluso los que son supervisores, no se paga el cargo como corresponde o la diferencia es ínfima. Por ende, los que trabajan no tienen el incentivo de cobrar más ni la legitimación por parte de su personal, que los ven como personas que solo quieren mandar porque quieren ejercer el poder lo que tiende a generar desmotivación y falta de reconocimiento.

Es un trabajo que se considera estable para el trabajador pero no sucede lo mismo en cuento a la paga, generalmente los sueldos no son acordes con los trabajos realizados, en algunos casos porque es el trabajo nocturno y en otros porque es un trabajo insalubre. Serge Paugam (2015) habla del concepto de integración laboriosa del trabajador, cuando este encuentra estabilidad en el empleo pero insatisfacción laboral, esto se debe a la falta de reconocimiento tanto a nivel

---

17 Valores a Marzo de 2018, según entrevistas a enfermeros que trabajan en esos sectores.

18 Según enfermeros de CABA, las setenta horas extras trabajadas en días de franco se abonan un total de seis mil pesos lo que muestra el grado de pauperización del sector.

19 El título de licenciado se abona solamente mil pesos más.

económico como también a la negación del reconocimiento por sus trabajos y desempeño.

Algo similar sucede en el ámbito privado, donde en general las condiciones laborales y salariales tampoco son ventajosas[20], pero en este caso hay que diferenciar la brecha entre los establecimientos de mayor tamaño en relación a los más pequeños, como es el caso de algunas clínicas y geriátricos que terminan siento los más desfavorecidos debido a que en ellos predomina el subregistro de los trabajadores y la ausencia de representantes sindicales. Se utilizan estas instituciones menores como ingreso al mundo laboral, con el fin de ganar experiencia hasta tanto se consiga algo más conveniente. Con el fin de ejemplificar esta tendencia, se menciona en una de las entrevistas a la Jefa de Enfermería de una pequeña clínica de Avellaneda: *"Los chicos que vienen son los que yo les digo que vienen sin práctica, recién recibidos. Ellos adquieren acá experiencia y después se van a otro lugar mucho mejor a trabajar, la mayoría"* y nombra diferentes entidades donde se fueron a trabajar los que se desempeñaban en su institución: *"de los chicos que han estado acá hay algunos en el Fleni, tenemos chicos en Favaloro, en el Instituto del Diagnóstico, en el Hospital Muñiz, en varios lugares importantes"* (entrevista realizada 16/11/15). Se observa que las instituciones de CABA, tanto públicas como privadas, se convierten en el destino que busca una gran mayoría de graduados de la profesión.

Actualmente la prolongación de la expectativa de vida ha incrementado la demanda de servicios de salud, acompañado con un aumento de las exigencias de calidad, las instituciones de salud no son percibidas como efectores de salud solamente, sino también como servicios de hotelería por parte de los pacientes, lo que hace que las personas acudan a los centros de salud que se encuentran en CABA, reconocidos por tener mayor presupuesto que los del conurbano bonaerense. Esto agrava el presupuesto de las clínicas menores, empeorando el servicio y las condiciones laborales.

Esta misma razón presupuestaria genera una migración de enfermeros a instituciones que mejoren las condiciones de empleo, en muchos casos a CABA. Esta situación podría afectar la calidad de enfermeros que se encuentran en la provincia de Buenos Aires dado que la oferta disponible para la zona tiende a ser la de menor forma-

---

20 En promedio en una clínica pequeña un ingresante recibe un salario que ronda ente los doce y quince mil pesos.

PROFESIÓN E INNOVACIÓN EN UN CONTEXTO FLEXIBLE

ción, ya sea empíricos o auxiliares de enfermería, o gente mayor que opta por seguir en esas condiciones.

Las condiciones salariales no son la única razón por la que los enfermeros buscan migrar hacia instituciones sanitarias de CABA, la sobrecarga laboral se manifiesta como otra de las causantes, tanto en hospitales públicos y clínicas pequeñas de GBA la rotación de personal por diferentes servicios para cubrir faltantes es lo habitual, producto de una falta crónica de personal, sumado al aumento desmesurado de licencias, tanto médicas como psiquiátricas[21]. Son un indicador del aumento de la intensidad y complejidad laboral de lo que requiere el cuidado de personas, como así también de la polivalencia de la que son parte todo el personal de enfermería, provocando un sentimiento de escaso reconocimiento, por el simple hecho de que cuando hay una sobrecarga de trabajo, el enfermero siente que *"saca el trabajo adelante"* pero en cuanto se encuentra más alivianado en el mismo, es rotado a otros servicios para colaborar[22]. Esto ocasiona lo que Balderas (2009) denomina una desvirtuación de funciones de tipo *extrínsecas*, es decir, que el personal de enfermería realiza actividades que corresponden a otro servicio del hospital. Esto se menciona en algunos casos como en el de una Jefa de Enfermería de un Hospital Público: *"(...) tengo cargos desvirtuados, por ejemplo, los que están trabajando en el laboratorio, en anatomía patológica, están ahora en el plan Sumar, en el Plan Nacer (...) de alguna manera te achican la cantidad de enfermeros para hacer asistencial"* (entrevista realizada 12/08/16).

Cabe aclarar que no es la única forma de desvirtuación, también se observa otra que afecta el desarrollo profesional, *la desvirtuación intrínseca*. Según la ley de Enfermería N° 24.004, entre las funciones del enfermero profesional se encuentran las de asistencia, docencia, administración e investigación, cuando una de las funciones se encuentran hipertrofiada, en desmedro de las otras, se habla de desvirtuación del área de actividades. En general, en la profesión de enfermería, la escasez de personal conlleva este tipo de desnaturalizaciones que terminan afectando su identidad y configurando, desde la formación misma, una profesión en la que se le da mayor énfasis a aspectos relacionados con la pericia técnica –que les otorgaría a los graduados una inserción rápida y segura– que aquellos vinculados

---

21 Según jefa del Departamento de Enfermería de un Hospital de Avellaneda.

22 En el caso de que un enfermero se niegue a rotar por otro servicio, no hay sanción disciplinaria pero si una sanción simbólica, que puede llegar a ser mal visto por sus supervisores, teniendo en algunos casos implicancias de otro tipo, como negación a otorgar horas extras, etc.

a la reflexión teórica. En muchos casos, aunque se haga mención al pensamiento crítico se reproduce una visión netamente operativa de la profesión. Una Jefa del Departamento de Enfermería lo describe así: *"(...) ante una situación determinada, tener mayor capacidad de resolver problemas, que es lo que a mí me interesa (...) la habilidad, la destreza (...) para saber que pueden hacer del día de mañana que les pase algo".* Mientras que la Jefa de Enfermeras de un Sanatorio Privado hace referencia a que: *"(...) a los tres meses sabemos que tenemos, no por ahí al enfermero cien por cien pero si a los tres meses lo dejamos efectivo, va a depender del enfermero, de su capacidad"* (entrevista realizada 02/05/16), con esto se muestra que la exigencia se centra netamente en la capacidad que tiene el nuevo empleado en resolver cuestiones netamente prácticas en sus primeros meses de prueba, es decir, se entiende que el aspirante depende de la "suerte" para que no le sucedan eventos adversos o complejos que le resulten de difícil solución, para no quedar expuestos y, por consecuencia, no ser tenidos en cuenta para continuar en la institución. Mucho tiene que ver si la institución cuenta con un servicio de docencia que tenga instrumentado un programa de inducción para los recién ingresados. En nuestro recorrido por la zona se observa que un solo sanatorio privado cuenta con el mismo, hecho que facilita al aspirante al puesto a sentirse resguardado ante una eventualidad, aunque es menester mencionar que las capacitaciones son de orden interno y no otorgan credenciales a los asistentes. En estos establecimientos también existe un programa de inducción al personal nuevo, que mejora la condición laboral del ingresante, aunque se sigue trasladando al aspirante a ingresar la difícil tarea de demostrar idoneidad en el plazo de prueba. Esto no se observa en las clínicas menores ni en los hospitales públicos. Otro dato llamativo se relaciona con el hecho de que en muchos casos el personal jerárquico que está encargado de reclutar nuevo personal no cuenta con formación superior.

En el sur del conurbano bonaerenses hay pocas clínicas privadas que cuentan con una clasificación de gravedad de pacientes como el TISS 28[23], para la organización de los procesos de trabajo, con lo que

---

23 El TISS-28 es un método que clasifica a los pacientes según complejidad en Clase I: Enfermos con menos de 10 puntos que no requieren de UCI. Clase II: Enfermos con 10-19 puntos Estables que requieren observación. Clase III: Enfermos con 20-39 puntos estables con monitorización invasiva o no y vigilancia invasiva. La evolución más probable es la mejoría. Clase IV: Enfermos con 40 puntos o más, Inestables que requieren cuidados médicos y enfermería intensiva con frecuentes valoraciones y cambios de órdenes de tratamiento. Estos pacientes tenían uno o más órganos afectados que hacía que el pronóstico de vida fuera imprescindible. Indirectamente el TISS 28 mide la gravedad

evitan la sobrecarga de trabajo en el personal, aunque solo en el área de cuidados críticos, ya que en el área de internación, la distribución de pacientes sigue siendo a ojo del supervisor o encargado de enfermería. El sistema de intervenciones terapéuticas es la herramienta más extendida en las instituciones de salud para medir la intensidad de la carga de trabajo y establecer la relación enfermero-paciente adecuada (Reyes Segura y otros, 2015). Utilizada correctamente, actúa como un sistema eficaz para evitar la sobrecarga laboral de los enfermeros en las Unidades de Cuidados Críticos, mejorando a su vez la calidad de atención. La gran mayoría de las instituciones visitadas, debido a la escasez de personal, no puede implementar dicho sistema, o algún otro, por lo que los enfermeros se encuentran frente a una incorrecta distribución de pacientes; padecen una carga de trabajo elevada o excesiva; tienen agotamiento físico y mental y mala calidad de atención, lo que a corto o mediano plazo conlleva a una exigencia emocional, limitando no solo los márgenes de maniobra, sino también la participación de las decisiones y la utilización y desarrollo de sus competencias. A su vez, esta falta de personal influye en las relaciones sociales que establece el enfermero con sus colegas y sus superiores, que en general son de mala calidad. Esta sobrecarga de los tiempos de trabajo trae aparejada lo que Gollac (2011) denomina riesgos psicosociales del trabajo, riesgos para la salud mental, física y social, generados por las condiciones de empleo y los factores organizacionales y relacionales susceptibles de interactuar con el funcionamiento mental, produciendo insatisfacción de las condiciones de trabajo y empleo.

Otro de los causantes de la insatisfacción en el trabajo de los enfermeros se relaciona con las escasas posibilidades de ascenso dentro de la organización. En el ámbito público una jefa de enfermería menciona: *"(…) yo desde el 92 que soy supervisora, sin reconocimiento ni por disposición, ni desde el cobrar el cargo, nada, como ninguno de los supervisores que estamos, nadie cobra el cargo, nadie, ni los enfermeros jefes ni los supervisores, nadie"* (entrevista realizada 16/11/15).

Como lo menciona la Jefa de Enfermeras de una Clínica[24] del conurbano ante la consulta sobre si hay capacidades de ascenso: *"Es*

---

de la enfermedad así como los costos hospitalarios. El índice de intervenciones terapéuticas TISS-28 determina la intensidad de intervenciones de enfermería y puede ser una herramienta para determinar la calidad de la atención de enfermería en UCI. Algunos piensan que la carga de trabajo elevada o excesiva conspira en contra de la calidad de la atención del paciente grave, porque puede ocasionar agotamiento físico y mental trayendo consigo olvido e iatrogenias.

24   Esta institución tiene una capacidad menor de 100 camas.

chica (la clínica). *Los chicos que vienen son los recién recibidos y los que tienen ganas de progresar (...) después se van a otro lugar mucho mejor a trabajar, la mayoría"* (entrevista realizada 16/11/15). El ascenso, en general, está relacionado a unos pocos cargos de conducción y supeditado a que los supervisores actuales abandonen su cargo, ya sea por jubilación, retiro, etc., por lo que es muy difícil acceder a este tipo de cargos.

Se puede agregar, sobre la organización laboral, que los sanatorios que poseen mejores condiciones estructurales y brindan mejores condiciones de empleo cuentan con indicadores de calidad, estándares sobre qué es lo que se espera y lo que se desea alcanzar, pero para los enfermeros implica una mayor demanda de trabajo. Estos estándares se presentan en forma de protocolos, es decir una serie de pasos a seguir, una gran mayoría elaborados por terceros sin tener en cuenta al enfermero operativo que es quien lo va a aplicar, provocando un distanciamiento entre la organización del trabajo prescripto y la organización del trabajo real, como menciona Dejours (1998), nunca es posible prever y dominar todo el trabajo por anticipado, y, en general, esta brecha no es bien tolerada por los que imponen la norma, y se persigue al que no la cumple creando un temor en el enfermero de no ser atrapado en falta.

En nuestro acercamiento a la demanda nos encontramos con que son pocos los establecimientos que poseen un sistema de reporte ante el error. También se puede observar que, a pesar de parecer un sistema más justo para ver la trazabilidad, en muchos casos esconde relaciones de poder y ante eventos adversos el personal de enfermería, al ser el eslabón más débil en la cadena, se encuentra menos favorecido, asumiendo la responsabilidad del hecho.

Reflexiones finales

Se puede decir a modo de reflexiones finales que la profesión de enfermería a lo largo de la historia ha mostrado un déficit en cantidad de personal no solo en relación a la demanda, sino también en relación a los médicos. El proceso de profesionalización de enfermeros ha tenido numerosos obstáculos, que han impedido que se construyan como una profesión fuerte, un dato que da cuenta de esto es la falta de organizaciones fuertes que agrupen los mismos, ya sea a nivel sindical como a nivel profesional, lo que deriva en el debilitamiento de las reivindicaciones colectivas y el creciente aumento de la individualización.

En el sector público del Partido de Avellaneda se observa una precariedad en el sistema de salud, falta de personal y varios casos de migración de médicos de prestigio al sector privado. Se ve en reiteradas oportunidades la preocupación por el ausentismo, las licencias por enfermedad y el bajo desempeño como consecuencia de la alta cantidad de pacientes que deben atender los enfermeros. Si bien se encuentran colapsados no se observa un lineamiento o código que estipule la cantidad de minutos que pueden dedicar a cada enfermo o cuántos enfermos por día pueden atender.

Actualmente se observa una reducción de costos del Estado, el sector salud es afectado en esta reducción de gastos de gobierno. Esta "nueva forma de hacer más con menos" resulta peligrosa y se observa como una percepción negativa para los trabajadores, produciendo consecuencias no deseadas en la calidad de vida laboral, deterioro del ambiente de trabajo, aumento del ausentismo, licencias por enfermedad y bajo desempeño de sus funciones en algunos casos por la escasez de personal, por ejemplo. Una de las instituciones públicas visitadas tenía una relación de un enfermero cada veinte camas.

En el sector privado nos encontramos con mayor heterogeneidad, en algunos casos se observa que, a partir de ciertas mejoras en las condiciones laborales, se ven mejores resultados en las asistencias y una baja en los litigios contra el personal y la institución.

Se puede ver en los distintos campos de la salud una división entre *formales e informales*. Este varía, es heterogéneo, por ejemplo, En el sector privado encontramos el caso de una importante clínica como un caso de Institución formal, donde el personal es de planta permanente, se le dan capacitaciones, etc., y sectores más informales[25], como las instituciones de Internación Domiciliaria, Empresas de Emergencias, y Geriátricos, donde se realizan contratos temporales, no se abonan aportes, aguinaldos, ni vacaciones, ni se realizan capacitaciones al personal. Si bien no se realizaron entrevistas en Geriátricos[26] ni Servicios de Internación Domiciliaria, dada la dificultad de acceder al campo, se toman como informales en la mayoría de los casos y se

---

25 La precariedad se observa en la falta de vacaciones, aguinaldos, obra social, aportes jubilatorios, y días no pagos por enfermedad.

26 Según Serge Paugam "(...) la geriatría no es considerada por el sistema universitario como una especialidad médica y cuidados brindados a las personas ancianas a menudo se juzgan menos gratificantes, lo que hace que los hospitales doten a este servicio de un mínimo de personal y recurran a empleados contratados bajo la forma de contratos que reciben ayuda financiera (...)" (Paugam, 2015).

continúa realizando entrevistas con el objeto de conocer y clasificar los establecimientos como posibles demandantes de enfermeros.

Durante estos últimos años se realizaron infinidades de avances en tecnología, como el caso de la medición de imágenes, formas de monitoreo, etc., que cambiaron significativamente las condiciones de atención a los pacientes. Se observó diversidad de casos con diferentes avances.

En el sector público se observa otra realidad dado que se trabaja, en muchos casos, cubriendo las necesidades básicas. Se observa una fuerte necesidad de incorporar nuevos enfermeros, falta de nombramientos, casos donde el personal realiza tareas de mayor jerarquía que no estaban remuneradas con el cargo que corresponde.

El caso del Hospital de alta complejidad visitado en el sur de CABA difiere del resto de los otros Hospitales Públicos de Avellaneda dado que en la entrevista con el Director de la institución, éste manifestó que cuentan con tecnología de alto nivel de complejidad.

Volviendo a los sectores informales se observa falta de enfermeros en los servicios de ambulancias, en muchos casos solo tienen dentro de su personal camilleros y médicos. Tampoco se observa una exigencia desde los colegios profesionales y además el control para asegurar dicha incorporación, cuestión que parece importante para contemplar en el futuro.

Algunas de las preguntas que surgen de este artículo son si se lograrán revertir algunas de estas condiciones para que la práctica de la enfermería sea más valorizada por las instituciones y pares, si se logrará mejoras en las condiciones laborales a partir de las reivindicaciones como conjunto y si se logrará revertir la preponderancia de la función más técnica de la profesión para poder lograr ampliar las funciones del enfermero y desarrollar las de docencia e investigación.

Bibliografía

Abramzón, M. (2005). *Argentina: recursos humanos en salud en 2004*, 1a. ed., Buenos Aires, Organización Panamericana de la Salud (OPS).

Arakaki, J. (2013). "Significados y concepciones de la Enfermería: el punto de vista de estudiantes de la carrera de la Universidad Nacional de Lanús, 2008-2010", *Salud Colectiva*, 9(2): 151-167, Buenos Aires, mayo-agosto.

Aspiazu, E. (2017). "Las condiciones laborales de las y los enfermeros en Argentina: entre la profesionalización y la precariedad del cuidado en la salud", *Revista Trabajo y Sociedad*, N° 28, Santiago del Estero.

Balderas Pedrero, M. de la L. (2009). *Administración de los servicios de Enfermería-McGraw-Hill*, México, Interamericana Editores.

Belmartino, S. (2005). "Una década de reforma de la atención médica en Argentina", *Revista Salud Colectiva*, mayo-agosto.

Belmartino, S. (2005). *La atención médica argentina en el siglo XX: instituciones y procesos*, Buenos Aires, Siglo XXI.

Chiara, M.; Di Virigilio, M. y Miraglia, M. (2008). "Tensiones y dilemas en torno a la Gestión Local en Salud en el Gran Buenos Aires", en Medina, A.; Miraglia, M. y Chiara, M. (coord.), *Gestión social en salud: conceptos y experiencias*, Buenos Aires, Ed. Univ. Nacional de General Sarmiento.

Davini, M. C.; Nervi, L. y Roschke, M. A. (2002). "Los límites de la intervención por proyectos en los programas de reforma sectorial. El caso de la capacitación del personal en el sector salud", *Revista Latinoamericana de Estudios del Trabajo*, Año 8, Número 15.

Decreto 2497/1993 Poder Ejecutivo Nacional. Decreto Reglamentario de la Ley 24004 de Enfermería Profesional.

Dejours, C. (2002). "De la Psicopatología a la psicodinámica del trabajo", en Dessors, D. y Guiho-Bailly, M. P. (comp.), *Organización del trabajo y salud: de la psicopatología a la dinámica del trabajo*, Buenos Aires, Lumen/Humanitas.

Domínguez Alcón, C.; Rodríguez, J. y Miguel, J. (1983). *Sociología y enfermería*, Madrid, Editorial Pirámide.

Dussault, G. y Rigoli, F. (2002). "Dimensiones laborales de las reformas sectoriales en salud: sus Relaciones con eficacia, equidad y calidad", *Revista Latinoamericana de Estudios del Trabajo*, Año 8, Número 15.

Findling, L. y López, E. (2015). *De cuidadores y cuidadoras: acciones públicas y privadas*, Buenos Aires, Ed. Biblos.

Galin, P. (2002). "Dependencia y precarización laboral: los profesionales de la salud en la Argentina", *Revista Latinoamericana de Estudios del Trabajo*, Año 8, Número 15.

Geldstein, R. N. y Wainerman, C. H. (1990). "Auxiliares de enfermería: trabajo y vida cotidiana", *Cuadernos Médico Sociales*, 53: 23-36, septiembre.

Gollac, M. y Bodier, M. (2011). "Medir los factores psicosociales de riesgo en el trabajo para manejarlos", Seminario Internacional los Riesgos Psicosociales en el Trabajo, La Plata, Facultad de Ciencias Económicas, UNPL, 19-23 de septiembre. (Documento).

Iavorski Losada, I.; Simone, V.; Tottino, L. e Iribarnegaray, N. (2017). "La Universidad Nacional de Avellaneda y los debates en torno a la masificación y democratización de la educación superior de las últimas dos décadas", en Panaia, M. (coord.), *De la formación al empleo: El desafío de la innovación*, Buenos Aires, Miño y Dávila Editores.

Lanari, M. E. (2006). "Trabajo decente: un aporte metodológico para su estimación. Aplicación en la determinación del actual déficit de trabajo decente entre los profesionales de la salud del sector público y privado de Mar del Plata", Tesis doctoral, Buenos Aires, FLACSO.

Ley 24004/1991 Poder Legislativo Nacional. Ejercicio de la Enfermería, Buenos Aires, Argentina, 26 de septiembre.

Lusnich, C. (2005). "Los trabajadores enfermeros/as: las calificaciones formales, la profesionalidad, el oficio", Ponencia presentada en el 7° Congreso de Especialistas en Estudios del Trabajo, Buenos Aires, ASET, agosto.

Maceira, D. y Cejas, C. (2010). "Recursos humanos en salud: una agenda para el gobierno nacional", *Documento de Políticas Públicas/Recomendación N° 82*, Buenos Aires, CIPPEC, julio.

Micha, A. (2015). "Las condiciones de trabajo de la Enfermería en Argentina: algunos determinantes político-institucionales", *Revista de Estudios de Trabajo* N° 49/50, Buenos Aires, enero-diciembre.

Novick, M. y Galín, P. (2003). "Flexibilidad del mercado de trabajo y precarización del empleo. El caso del sector salud", *Observatorio de RRHH en Salud en Argentina. Información estratégica para la toma de decisiones*, Buenos Aires, OPS/OMS.

Panaia, M. (coord.) (2013). *Universidades en Cambio: ¿Generalistas o profesionalizantes?*, Buenos Aires, Miño y Dávila Editores.

Panaia, M. (coord.) (2017). *De la formación al empleo: El desafío de la innovación*, Buenos Aires, Miño y Dávila Editores.

Paugam, S. (2015). *El trabajador de la precariedad. Las nuevas formas de integración laboral*, Ciudad Autónoma de Buenos Aires, Editorial Fundación de Educación y Capacitación para los trabajadores de la Construcción.

Pereyra, F. y Esquivel, V. (2017). "Trabajadoras y trabajadores del cuidado en Argentina", *Trabajo y Sociedad* N° 28, Santiago del Estero, verano.

Reyes Segura, S.; Parellada Blanco, J.; García Vega, M. y Martinez Verzonis, N. (2015). "Aplicación del sistema pronóstico TISS-28 en salas de atención al grave", *Revista Cubana de Medicina Intensiva y Emergencia*, N° 14 (1).

Ricci, M. T.; De Titto, R. y De Titto, R. (2009). *Historia de la enfermería. Formación y Perspectivas*, Buenos Aires, Editorial El Ateneo.

Tobar, F.; Olaviaga, S. y Solano, R. (2011). "Retos postergados y nuevos desafíos del sistema de salud argentino", *Documento de Políticas Públicas/Análisis N° 99*, Buenos Aires, CIPPEC, diciembre.

Wainerman, C. H. y Geldstein, R. N. (1990). *Condiciones de vida y de trabajo de las enfermeras en la Argentina*, Buenos Aires, CENEP, Serie Cuadernos del CENEP N° 44.

PROFESIÓN E INNOVACIÓN EN UN CONTEXTO FLEXIBLE

PARTE III

GRADUADOS EN EL MERCADO DE TRABAJO

Análisis contrastivo, contextual y longitudinal de las condiciones laborales del primer y del último empleo de graduados de comunicación

Cecilia Blanco

1. Introducción

En este capitulo, nos proponemos analizar, de manera descriptiva y contrastiva, dos momentos de las trayectorias laborales de graduados de la ex Escuela de Ciencias de la Información (ECI) de la Universidad Nacional de Córdoba (UNC), cohortes 2000, 2002 y 2005. El primer momento es el primer empleo obtenido por los mismos durante su carrera universitaria y el segundo, el último, mantenido al momento en el que se les realizó una entrevista biográfica, en el año 2014. Puntualmente, nos preguntamos por cómo fue el primer trabajo de estos graduados y cómo el último tomando en consideración el sector de la economía en el que trabajaron; el tipo de servicio del tercer sector en el que se insertaron; el tipo de contrato, los procesos de profesionalización (si hubo o no y por qué); las tareas desempeñadas, entre otros aspectos.

Enlazamos estos aspectos con aquellos de carácter contextual más amplio. Panaia (2011a; 2011b) entiende que en la literatura especializada que da cuenta de las trayectorias laborales de graduados universitarios hay una notable ausencia del análisis del contexto que afecta el desarrollo de sus carreras profesionales. Panaia (2011) retoma, en tal sentido, dos conceptos desarrollados por el *Laboratoire de Economie et Sociologie du Travail* (LEST) del *Centre National de Recherche Scientifique* (CNRS) de Francia que son de utilidad para nuestro trabajo de investigación: el de proceso y el de contexto. Un proceso (como el de una trayectoria, según nuestra propia lectura), sería el "conjunto de fenómenos organizados en el tiempo que combina ingredientes, motores y secuencias, los cuales pueden producir modificaciones a la orientación misma del proceso, generando bifurcaciones"

(Panaia, 2011a: 14). Por otra parte, el concepto de contexto es tomado desde Pettigrew (1990 en Panaia, 2011a: 14-15) y se define como el conjunto de elementos en una situación. El proceso (concepto definido en primera instancia) mantendría, en tal sentido, una relación doble, compleja y no determinada con el contexto dentro del cual se desenvuelve. Por una parte, los diferentes elementos del contexto contribuyen a estructurar al proceso. Por la otra, el proceso retro actúa sobre el contexto que contribuyó a construirlo, y genera nuevos elementos que lo transforman. En síntesis, hay una relación de co-construcción mutua entre el proceso y el contexto.

Lo anterior, nos permite pensar a las trayectorias laborales de los graduados de comunicación social de la ex ECI de la UNC en términos de procesos, afectados por un contexto, que está dado hoy, fundamentalmente, por las consecuencias del desarrollo histórico, político, económico y social de la ciudad de Córdoba, de Argentina, y América Latina (como marco general global). Asimismo, este contexto nacional y regional se enmarca en otro mayor, el del mundo occidental, aunque muy particularmente, en el contexto del desarrollo histórico de las relaciones laborales e industriales. Así, entendemos que, para realizar el análisis de estos dos momentos de la trayectoria laboral de los graduados, necesitamos incorporar al contexto general que incluye cuestiones de índole estructural y cuestiones de índole coyuntural.

Esta incorporación del análisis contextual implica plantear que la informalidad y precariedad de las relaciones laborales resulta en una constante en las trayectorias de estos graduados. Gallart (2007) define al concepto de informalidad laboral en un sentido transversal y no sólo en el marco del sector informal de la economía. Entendemos que la misma tiene relación con la manera en que fueron evolucionando las relaciones laborales e industriales a lo largo del tiempo, en todos los sectores económicos, sean éstos dinámicos o informales. El fin del salariado, siguiendo a Castel (2004) implicó el fin del desarrollo sostenido y de la utopía del crecimiento. Lo anterior llevó a los sectores productivos a buscar nuevos mercados de trabajo, con mano de obra más barata, a incorporar tecnologías de última generación, a reducir el personal, a tercerizar la producción y los servicios, y a contribuir a la precarización, a la flexibilización laboral y al desempleo. La incapacidad de las sociedades modernas de proveer a los individuos de las seguridades históricamente construidas puso en jaque la relación entre capital y trabajo (Castel, 2004; Correa da Silva, 2016). El mundo del trabajo, antes regulado tuitiva y colectivamente, y asegurado mediante derechos y protecciones sociales, pasa a estructurarse en relaciones individualizadas. Siguiendo a Gallart (2007), en América Latina, a partir de los '90, y la globalización de las economías regionales, se desregulan los mercados de trabajo, se incorporan nuevas tecnologías de la información y la comunicación en las unidades productivas, y pulula el empleo no registrado, devenido en manera habitual de inserción laboral no formal. Siguiendo a Gallart (2007), el empleo no registrado se sostiene proporcionalmente alto en los asalariados y puede abarcar a la mitad o más de ellos. Así, con Castel (2004) y Dombois y Pries (2002), la relación laboral normal –o contrato por tiempo indeterminado– cae en desgracia. La nueva etapa de los supernumerarios (Castel, 2004), viene acompañada de un aumento sin precedentes de la precarización laboral, la flexibilidad y el desempleo. Los trabajadores periféricos se generalizan, incluso, en los sectores laborales más protegidos. Las nuevas formas de empleo, de carácter heterogéneo, sean por tiempo determinado, provisional o de jornada parcial, son sostenidos, las más de las veces, por el poder público, como diques de contención ante el aumento del desempleo y la desigualdad social. Lamentablemente, las nuevas formas de empleo contribuyen a degradar la condición salarial.

1.1. Contextualización

Según el Instituto Internacional de Planeamiento de la Educación de la Organización de las Naciones Unidas para la Educación, la Ciencia y la Cultura (IIPE, 2000), en el año 2000 la fracción de profesionales más afectados por la desocupación en Argentina fueron comunicadores sociales. El factor principal del desempleo en el país fue la Reforma del Estado de los '90, materializada mediante la Ley 23696. Esta Ley abrió el campo al proceso de privatización de empresas estatales e implicó una drástica y dramática reducción de puestos de trabajo. Las privatizaciones saturaron la capacidad del Estado de ofrecer puestos de trabajos seguros y estables a un porcentaje alto de argentinos. Tal reforma fue acompañada y favorecida por el Plan de Convertibilidad del Ministerio de Economía, que convirtió al factor trabajo en variable de ajuste para el sostenimiento de los equilibrios macroeconómicos (Gómez, 2000b). En 1993, la tasa de desempleo saltó del 7% al 10% en seis meses. Entre mayo de 1994 y mayo del año siguiente, la tasa de desocupación saltó de un 10,7% a un 18,4% (Gómez, 2000b; Pérez, 2002). Mientras tanto, en mayo del 2000, el desempleo alcanzó un 14,2%; y en octubre de 2001 superó el 18% (Delich, 2002a; 2002b).

Los profesionales de la comunicación, a su vez, vieron reducido su mercado laboral por la modificación sustancial de la estructura del campo mediático, también a partir de la Reforma del Estado. En lo referente al campo mediático interestatal, la Ley ordenó privatizar LS84 TV Canal 11, LS85 TV Canal 13, LR3 Radio Belgrano, LR5 Radio Excelsior (Elíades, 2000). La derogación del artículo 45 de la Ley 22285 y varios incisos permitieron a empresas nacionales, pero, fundamentalmente, internacionales, comprar licencias de servicios de radiodifusión en Argentina. Asimismo, una serie de tratados internacionales favoreció la instalación de empresas de telefonía fija y móvil tales como Telecom y Telefónica (Elíades, 2000). Lo anterior llevó a pequeñas empresas locales a vender sus acciones a capitales extranjeros (Albornoz, Castillo, Hernández, Mastrini y Poltovsky, 2000). Clarín y Atlántida ganan las licitaciones para los canales de aire 11 y 13. En un período de menos de cinco años, la confluencia entre el sector periodístico gráfico y audiovisual contribuyó a la conformación de los grandes conglomerados mediáticos. El sector de la televisión por cable, en menos de 5 años, pasó de contar con más de 200 pequeños operadores (sobre todo en el interior del país) a 4 grandes cable-operadoras (VCC, Cablevisión, Multicanal y Fincable de Telefé) (Emanuelli, 1999; Schmucler y Terrero, 1996). Este proceso contribuyó a reducir drásticamente puestos laborales específicos para los graduados en comunicación. La convertibilidad potenció, a su vez, la incorporación de tecnología de alto impacto a un bajo precio, y los grandes medios, que ingresan al mercado audiovisual y de las telecomunicaciones, expulsan a una porción importante de trabajadores de la prensa. Se reduce significativamente la demanda de profesionales permanentes.

Asimismo, los Anuarios Estadísticos de la Universidad Nacional de Córdoba, desde el año 2000 (en que por primera vez se incorpora el sistema SIU Kolla Guaraní en la ex ECI de la UNC) hasta el año 2010, muestran que los comunicadores son el grupo profesional con menores expectativas laborales y con mayores dificultades para conseguir trabajos relacionados con su formación académica. En tal sentido, nos preguntamos por qué los comunicadores sociales, graduados de la ex ECI, tienen dificultades en el mercado de trabajo de la ciudad de Córdoba. Si bien parte de la respuesta la hemos dado a nivel general con las palabras introductorias, consideramos necesario realizar un estudio pormenorizado y local de las causas.

Por su parte, los estudios sobre inserción laboral de graduados de comunicación tanto en América Latina como en Argentina y en Córdoba en particular, se limitan a realizar estudios de stock, es decir cartesianos o transversales, que describen la situación de los egresados (al momento de rendir la última materia o en algún otro momento en el tiempo) (Felafacs, 2010; Testa, 2004; Testa, Lorenzo, Brodsky, Chernobilsky y Fernández Gómez, 1992; Lladó, 2004; Emanuelli, 2008; Secretaría de Asuntos Estudiantiles-SAE de la Universidad Nacional de la Plata, 2009; Quiroz, 2007; Secretaría de Asuntos Académicos-SAA, Escuela de Ciencias de la Información-ECI, UNC, 2015). Cada estudio recopila información sobre variables diferentes, hecho que impide su comparabilidad a nivel nacional, e incorporan escasas variables de interés para la sociología del trabajo y/o de las profesiones. A su vez, algunos estudios (Lladó, 2004; SAE, UNLP, 2009; Anuarios Estadísticos de SAA, UNC, a partir del año 2005; Quiroz, 2007; FELAFACS, 2010; Testa, 2004; Emanuelli, 2008; Cicalese, 2008) incorporan la evaluación que los graduados hacen de su formación para el trabajo (en general negativa hacia la formación práctica) y otros (Mellado *et ál.*, 2007; Mellado *et ál.*, 2009; Hernández, 2003; Rappoport, Benavente y Meller, 2004; López Hidalgo, 2005; López y Mellado, 2006; Hernández, 2003; FELAFACS, 2005; Mellado, 2010; Arroyave y Blanco, 2005 citado en Mellado, 2010; Dimitriu, 1997) reconocen las características del mercado de trabajo –reducido, precario y flexible– como consecuencia de las políticas neoliberales de la década del 90, y en particular en Argentina, como consecuencia de la Ley de Reforma del Estado y la privatización de empresas públicas, entre las que se encuentran los medios de comunicación masivos. Otra serie de investigaciones (Virtue, 1995; Manrique y Cardona, 2003; Berger y Coca, 2006 citados en Mellado, 2010; Belinche, 2005; Belinche, Vialey y Roche, 2004; Belinche *et ál.*, 2004; Belinche, Vialey y Ghea, 2003) incorporan las percepciones por parte del mercado respecto de los comunicadores y sus incumbencias profesionales.

Estos trabajos previos permitieron elaborar una propuesta propia de investigación sobre las causas de las dificultades de empleabilidad de los graduados en comunicación de la UNC. En mi tesis doctoral me propuse estudiar no la situación laboral de estos graduados al momento de la graduación sino las trayectorias de educación y trabajo de tres cohortes de graduados de la ex ECI –las de 2000, 2002 y 2005– desde una perspectiva longitudinal.

¿Por qué decidimos estudiar a graduados de la ex ECI de la UNC? Porque la Universidad Nacional de Córdoba, de la ciudad de Córdoba, Argentina, es la principal formadora de graduados de comunicación del país. En 2010, por ejemplo, el 20% del total de 1906 graduados en comunicación e información, del total de universidades públicas de

Argentina, provenía de la ex Escuela de Ciencias de la Información (ECI), dependiente de la ex Facultad de Derecho y Ciencias Sociales (FDyCS)[1] de la Universidad Nacional de Córdoba (Anuario de Estadísticas Universitarias, 2010). Los graduados de la ex ECI eran y son hoy –año 2017– el primer grupo modal de graduados en comunicación en Argentina. La ex ECI, segunda escuela de periodismo fundada en el país en 1971 –siendo la primera, la Escuela de Periodismo de la Universidad Nacional de la Plata, en 1934 (Cicalese, 2008)– fue convertida, en diciembre de 2015, en Facultad de Ciencias de la Comunicación (o FCC, si nos atenemos a sus siglas) (*La Voz del Interior*, 12 de diciembre de 2015; UNC, 12 de diciembre de 2015).

2. Algunas precisiones metodológicas y conceptuales

Los estudios longitudinales reconstruyen, retrospectivamente, la manera en que se desarrollan las trayectorias entendiéndolas como parte de sus biografías, conformadas cada una de ellas por una serie de concatenaciones causales de acontecimientos (temporalidades individuales, como historia residencial, familiar, matrimonial y estructurales o exógenos a la vida del sujeto, es decir el contexto en sentido amplio). En tal sentido, trabajamos desde el enfoque de las temporalidades sociales de Godard (1996) y adoptamos el modelo estructural. Comprender los modos en que las historias individuales se combinan con los tiempos institucionales de educación y trabajo, implica adoptar una mirada integral que articula dimensiones estructurales como las características del sistema productivo de la ciudad y provincia de Córdoba, de Argentina y Latinoamérica, al Estado Capitalista (Poulanzas, 2005) como garante del otorgamiento de títulos y credenciales y a la Universidad como parte de ese Estado Capitalista (siguiendo también a Poulanzas), es decir, como responsable de la reproducción de la cultura legítima y las desigualdades sociales. En tal sentido, entendemos que las trayectorias de educación y trabajo de los graduados de comunicación de la ECI se desarrollan en el marco de dos campos (Bourdieu, 2005a; 2005b; 2010; 2013): el campo educativo y el campo económico, ambos configurados a partir de las políticas económicas y educativas del Estado Capitalista. En este artículo en particular, nos abocamos solo a analizar los acontecimientos internos y externos manifestados en el marco del campo económico, los cuales se articulan

---

1   Hoy Facultad de Derecho (FD), de la UNC.

y ejercen efectos, de manera directa e indirecta, tanto en el estado de las relaciones laborales del primer empleo como del último.

¿Cómo entendemos al concepto de profesión? El abordaje sobre estudios de las profesiones está delimitado por trabajos clásicos, principalmente dentro de la literatura norteamericana y por las nuevas tendencias de la Escuela Francesa. A pesar de los avances teórico-metodológicos alcanzados por una y otra, la crisis y los cambios estructurales que enfrentan las economías de nuestros países nos inducen a analizar una nueva estructuración del campo de investigación que nos ocupa (Panaia y Budich, 1999a).

Dubar y Tripier (1998 en Panaia, 2006), representantes de la Escuela Francesa, basan su análisis en cuatro principios y tienen en cuenta, para su elaboración, los avances de la Escuela Norteamericana, entre ellos Abbott (1988). Brevemente, estos principios son:

- La profesión no se puede separar del medio local donde es practicada.
- La profesión no está unificada, pero pueden identificarse muy claramente los fragmentos profesionales organizados y competitivos; las segmentaciones, las diferenciaciones y los procesos de estallido.
- No existen profesiones estables, todas tienen procesos de estructuración y desestructuración donde pesan los procesos históricos, los contextos culturales y jurídicos, las coyunturas políticas, etc.
- La profesión no es objetiva sino una relación dinámica entre las instituciones, la organización de la formación, la gestión de la actividad y de las trayectorias, caminos, biografías individuales, en cuyo seno se construyen y deconstruyen las identidades profesionales, tanto sociales como personales (Abbott, 1988).

Ambas escuelas –cita Panaia, 2006– sostienen en sus orígenes, que el mercado profesional se mantiene en un mercado cerrado. Paradeise (1984) conjetura como mercado de trabajo cerrado los espacios sociales donde la contratación de la fuerza de trabajo de los empleados está subordinada a reglas impersonales de reclutamiento y promoción. El sistema de empleos se asegura a través de esta cerrazón.

3. Metodología empleada

Además de un análisis documental exhaustivo, se llevaron a cabo 74 encuestas longitudinales (Godard, 1996; Blanco, 2017) con el objetivo de contemplar todos los trabajos que la persona mantuvo a lo largo de toda su trayectoria laboral, desde el momento en que ingresó a la carrera hasta el momento en que se realizó la entrevista. Esto permitió reconstruir la historia laboral en torno a los trabajos, cantidad de trabajos, tipo de contrato por cada trabajo, sector de la economía de cada trabajo, formación, factores endógenos de la biografía, entre otros aspectos.

Las encuestas longitudinales permitieron realizar, 74 entrevistas biográficas (Godard, 1996; Panaia, 2006b; Demazière y Dubar, 1997) para entender los por qué de las trayectorias, a partir de una narración guiada, en la que el entrevistado da cuenta de cada trabajo, cómo llegó allí, qué tareas realizó, qué roles y funciones, motivos de finalización del empleo, entre otros aspectos ligados a su origen social, historia familiar, historia de formación, etc.

A su vez, se realizaron 28 entrevistas semi-estructuradas a selectores de personal de medios de comunicación, ong's, empresas y entidades públicas para conocer la demanda de comunicadores en el mercado de trabajo, según el rubro de la economía, y las representaciones sociales que aquellos mantienen respecto de la comunicación, los comunicadores y los graduados de la ex ECI de la UNC. La metodología empleada para el análisis de las representaciones sociales fue la de la *Grounded Theory*, puesto que permitió trabajar mediante la codificación abierta; la jerarquización de categorías, la comparación constante, la codificación axial y la selectiva. Este modo de trabajar se enlaza armónicamente con la búsqueda de jerarquizaciones en los discursos de los entrevistados, de los núcleos centrales y periféricos de las representaciones sociales, de contrastes (Araya Umaña, 2002; Petracci y Kornblit, 2004).

Estas estrategias cuanti-cualitativas pudieron ser articuladas debido a que nos enmarcamos en la estrategia de investigación cualitativa de *Grounded Theory* (Glasser y Strauss, 1967; Strauss y Corbin, 1990; 1994), estrategia que se convierte en un paradigma de investigación y de trabajo.

4. Análisis contrastivo entre el primer y el último empleo

4.1. El primer empleo

En este estudio entendemos por primer empleo al primer trabajo que adquiere el sujeto siendo estudiante de la Universidad. Es decir, el primer trabajo a partir del año de ingreso al sistema universitario. Lo interesante, para caracterizar y contrastar a ese primer empleo con el último, es reconocer el tipo de contrato y el sector de la economía en la cual el sujeto se desempeñó.

4.1.1. Sector de la economía y estado de las relaciones laborales del primer empleo

Datos generales en relación con la totalidad de graduados, indican que el 37% de los 74 sujetos ingresó por primera vez al mercado de trabajo en el sector Información y Comunicación. Otro 18% en Educación y otro 18% en Comercio, 5% en Administración Pública y otro 5% en Alojamiento y Servicios de Comida.

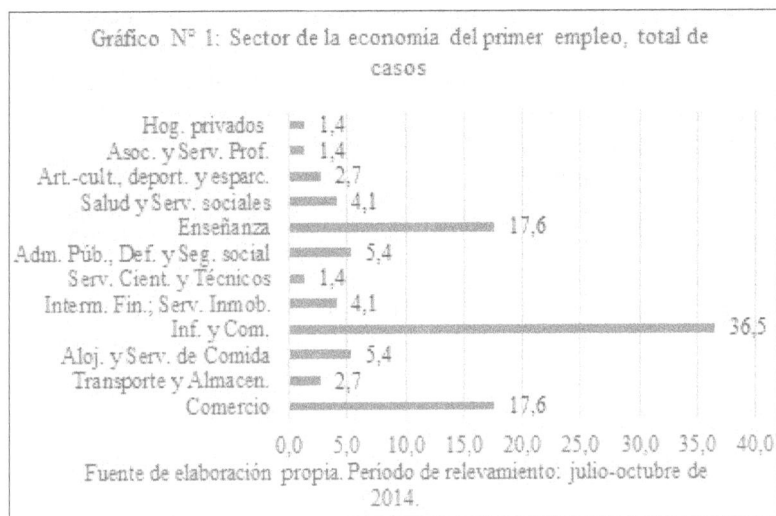

Gráfico N° 1: Sector de la economía del primer empleo, total de casos

Sector	%
Hog. privados	1,4
Asoc. y Serv. Prof.	1,4
Art.-cult., deport. y esparc.	2,7
Salud y Serv. sociales	4,1
Enseñanza	17,6
Adm. Púb., Def. y Seg. social	5,4
Serv. Cient. y Técnicos	1,4
Interm. Fin.; Serv. Inmob.	4,1
Inf. y Com.	36,5
Aloj. y Serv. de Comida	5,4
Transporte y Almacen.	2,7
Comercio	17,6

Fuente de elaboración propia. Período de relevamiento: julio-octubre de 2014.

Del gráfico N° 2 surge que el 65% del total de casos tuvo como primer empleo un trabajo eventual no registrado (en negro) y otro 22% un contrato temporal sin aportes.

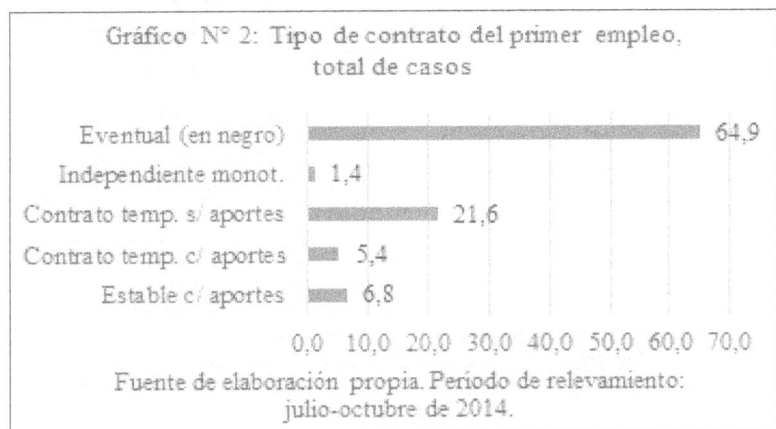

Gráfico N° 2: Tipo de contrato del primer empleo, total de casos

Tipo de contrato	%
Eventual (en negro)	64,9
Independiente monot.	1,4
Contrato temp. s/ aportes	21,6
Contrato temp. c/ aportes	5,4
Estable c/ aportes	6,8

Fuente de elaboración propia. Período de relevamiento: julio-octubre de 2014.

4.1.2. El primer empleo del primer grupo modal y sus causas contextuales

Del 37% de aquellos que se insertan en Información y Comunicación[2], 10 hacen changas y prácticas en negro o ad honorem en revistas o editoriales de la ciudad; 1 trabaja en un diario como cronista; 9 en radios FM o en algún canal de televisión en carácter de auxiliares (o "pinches"); 6 se insertan en alguna empresa de telefonía o en algún *contact center* (en algunos casos, también en negro, dato que remite a la tercerización y terciarización de la economía, que genera más precariedad en los mercados de trabajo latinoamericanos[3]). La totalidad de los que se dedican al sector telecomunicaciones se dedica al asesoramiento comercial y a la venta telefónica, antes que a cuestiones específicas del ejercicio de la profesión del comunicador social.

El relativamente alto porcentaje de graduados que tienen su primer empleo en el área de Información y Comunicación, aunque de manera precaria (en negro), tiene relación, en la ciudad de Córdoba muy particularmente, con dos tendencias sostenidas hasta la actualidad: por una parte, la instalación, tanto en Argentina como en Córdoba, a partir del año 2000, de las empresas de *contact center*; por la otra, el aumento desmedido de las radios de Frecuencia Modulada en el marco del campo de los medios de comunicación, tanto a nivel nacional como a nivel local.

En relación con los *contact center* resulta relevante reconocer las causas de su crecimiento y diseminación en Argentina. En nuestro país, a partir del año 2001 y la devaluación monetaria de 2003 favorable a la exportación, se consolidó el sector de las empresas tercerizadoras de *call centers* (ETCC) (Henry, 2007; Del Bono, 2010). A su vez, los *Call Centers offshore* se expandieron y se localizaron principalmente, en Buenos Aires, Córdoba y Rosario, y en 2007, el rubro se convierte en el mayor oferente de primer empleo en el país para muchos jóvenes de entre 18 y 25 años.

---

2   Según el INDEC (2001; 2011), llevar a cabo un trabajo en el marco del sector servicios, y, más puntualmente, en el marco del sector Información y Comunicación, puede implicar a cualquiera de estas actividades: 1. Servicios de Edición; 2. Servicios de Cinematografía; 3. Servicios de Radio y Televisión; 4. Servicios de Telecomunicaciones; 5. Servicios de Programación y Consultoría Informática y actividades conexas; 6. Actividades de prestación de servicios de información.

3   Para comprender la diferenciación entre terciarización y tercerización de la economía leer Basualdo y Esponda (2014). Para comprender a cabalidad las implicancias del off shore outsourcing, relacionado a los sistemas de información, tales como aquellos utilizados por los *call centers* leer Perelman (2014).

Concretamente en Córdoba, la expansión de los *Call Center* obedeció a otros factores tales como las políticas de incentivo a su radicación aplicadas por el Gobierno de la Provincia y la gran cantidad de estudiantado universitario en la ciudad capital. Así, en el año 2002, el Gobierno provincial dictamina el Decreto 683/02, que otorga promociones impositivas a aquellas empresas de CC con intención de radicarse en la provincia. En 2005, se sanciona la Ley 9232, donde el fisco exonera a las empresas de *call centers* del pago de impuestos sobre Ingresos Brutos, sellos e Inmobiliario. Y ya, a fines de 2008, Córdoba es la provincia donde operan las multinacionales más grandes del sector, dedicadas a la exportación de servicios: *Apex Sykes*, ACS-*Multivoice*; *Allus* y *Jazzplat*. También se radican en la provincia *Teleperformance*, *Action Line* Buenos Aires y *Teletech* (Del Bono, 2010).

A su vez, en relación con la segunda tendencia, la de la pululación de las radios de Frecuencia Modulada en Argentina, tiene sus causas. Durante el gobierno menemista, en el marco de la Reforma del Estado, se otorga, por primera vez, autorización legal para funcionar a casi 2000 emisoras que funcionaban en la clandestinidad desde el gobierno anterior, por la imposibilidad de Alfonsín de vetar el Plan Nacional de Radiodifusión de la dictadura del '76, que cerraba legalmente el camino a todo argentino interesado en explotar alguna frecuencia, pero que, sin embargo, permitía otorgar frecuencias para la explotación de circuitos cerrados de baja potencia (Elíades, 2000).

Estas pequeñas empresas, en gran cantidad y con bajos niveles de ingreso ofrecen a los jóvenes graduados un inicio informal de prácticas pre-profesionales. A su vez, a partir de 2002, surgen con fuerza las radios comunitarias que, si bien tampoco cuentan con recursos económicos, ofrecen trabajos voluntarios gratuitos (en calidad de prácticas de comunicación popular) para jóvenes con interés en realizar alguna experiencia laboral (Argüello y Simón, 2014; Boido, 2014; Farías, 2014; Galán, 2014; Segura, 2014; Urioste, 2015).

4.1.3. *Causas estructurales y coyunturales del trabajo no registrado*

Como ya hemos visto, todos trabajaron en los inicios de su carrera profesional, en el sector Servicios. El alto porcentaje de sujetos con trabajo no registrado (informal) tiene como correlato una estructura productiva local y provincial heterogénea y dual de inclusión-marginación de la fuerza de trabajo (Dumbois y Pries, 1996; Salvia, 2016; Pinto, 1970; 1973; Prebisch, 1949; 1970). En la ciudad de Córdoba, en el año 2011, el 92% de las unidades productivas son pequeñas y micro, apenas un 7% son Pymes y solo un 1% son grandes (Copello, 2011). Lo anterior daría cuenta de un pequeño sector dinámico de la economía que ofrece pocos puestos laborales en el mercado de trabajo, demandantes de profesionales capacitados; un sector intermedio reducido y un gran sector rezagado que, además de sostener el empleo de la mayor parte de la población, ofrece puestos de trabajo bajo condiciones informales (trabajo no registrado, sin recibo de sueldo, sin aportes a la seguridad social, entre otros aspectos). Lo anterior explica que el mercado también sea dual en términos de trabajos primarios y secundarios para los profesionales en general (Álvarez Aledo, 1996), aunque muy particularmente para los comunicadores. Lo anterior, tiene relación con otras variables intervinientes que afectan a ese mercado para profesionales de la comunicación como las políticas neoliberales de la década del '90, la Ley de Reforma del Estado que contribuyó a la privatización de empresas, y muy particularmente, las relativas a los medios de comunicación.

Asimismo, aparecen otros factores que afectan a ese mercado segmentado. Mientras en la década del '80, en las áreas de recursos humanos de las empresas argentinas, pertenezcan estas o no al sector Información y Comunicación de la Economía, había abogados para atender los litigios y contadores para hacer los ajustes según el proceso inflacionario, en los '90, cuando en el país se instala la burbuja de la estabilidad financiera, empiezan a incorporarse otros profesionales que se focalizan en la dinámica social de la institución. Así se empieza a hablar de las comunicaciones, el clima laboral, la formación de la gente, la cultura organizacional, la comunicación institucional y/o corporativa. La visión de la empresa como marco legal se transmuta en aquella que la entiende como marco social (Lucas, entrevista personal, 25 de julio de 2012). Una limitación que se presenta durante este proceso es que la industria en Córdoba crece de manera tardía y las empresas grandes con proyección nacional y/o internacional, que demandan en mayor medida profesionales de la comunicación, tienden a instalar sus áreas de Relaciones Institucionales y Comunicación Corporativa en sus sedes centrales en Buenos Aires.

4.2. El último empleo

El último empleo declarado por el sujeto al momento de la entrevista es fundamental, puesto que describe, de alguna manera, el punto al que ha podido llegar.

El 57% tuvo un último empleo, mientras un 31% dos. Otro 13% entre tres y cuatro últimos empleos. Ahora bien, si se realiza un análisis longitudinal acerca de la condición de ocupación de estos graduados, siguiendo a Massetti (2006 citado en Simone y Pagotto, 2009), a lo largo de toda su trayectoria, hallamos que, para todas las cohortes, hubo pluriempleo —entre un 75% para la cohorte 2005 y un 93% para la cohorte 2000–. Lo anterior significa que estos graduados mantuvieron, en su casi totalidad, a lo largo de su trayectoria, más de un empleo simultáneamente.

4.2.1. Sector de la economía y estado de las relaciones laborales del último empleo

Contrariamente a lo que observamos para el primer empleo, cerca de la mitad (un 41% de 74 casos) trabaja en el sector de la Enseñanza (sea secundaria, universitaria o una combinación de ambas), aunque, muy especialmente, en la escuela media. De un total de 26 sujetos que se insertan en el sistema de la enseñanza, la mitad (13 sujetos) trabaja en la escuela media y algunos de ellos combina ese trabajo con el dictado de clases en el sistema universitario o con otros trabajos en el sector privado. Otra mitad (13 sujetos) trabaja en el sector Educación Superior.

Mientras tanto, un segundo grupo modal es el de aquellos sujetos que trabajan en el sector Información y Comunicación (un 23%) y un tercero el de quienes trabajan en el sector Servicios Profesionales, Científicos y Técnicos (un 12,2%).

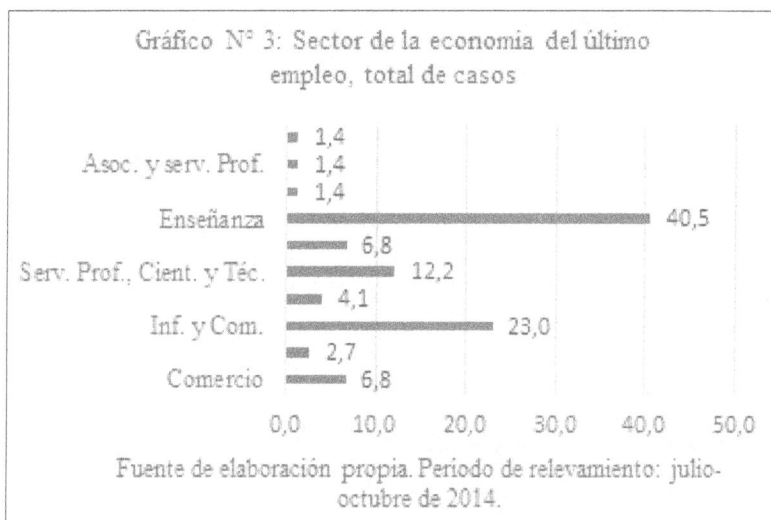

Gráfico N° 3: Sector de la economía del último empleo, total de casos

Fuente de elaboración propia. Período de relevamiento: julio-octubre de 2014.

Si analizamos el gráfico N°4, vemos que un 62% tiene trabajo estable, y esto se fundamenta, principalmente, en que la mayoría de estos sujetos se localiza en el sector Educación.

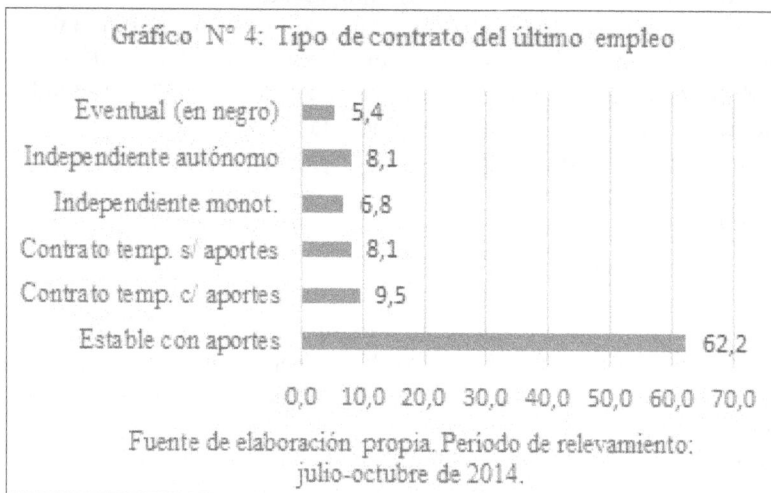

Gráfico N° 4: Tipo de contrato del último empleo

Tipo de contrato	Porcentaje
Eventual (en negro)	5,4
Independiente autónomo	8,1
Independiente monot.	6,8
Contrato temp. s/ aportes	8,1
Contrato temp. c/ aportes	9,5
Estable con aportes	62,2

0,0 10,0 20,0 30,0 40,0 50,0 60,0 70,0

Fuente de elaboración propia. Período de relevamiento: julio-octubre de 2014.

4.2.2. El último empleo del primer grupo modal y sus causas externas e internas

En relación con aquellos que trabajan en Educación, un análisis desagregado permite plantear que, si bien hay 13 personas que trabajan en el ámbito de la Educación Superior, son 6 personas las que hacen docencia e investigación. Los restantes 7 trabajan como administrativos, como parte de la gestión o en algún área de prensa institucional de alguna universidad pública y/o privada de la ciudad de Córdoba. Ahora bien, las restantes 17 personas que también trabajan en el sector educación lo hacen en la Educación Media.   Esta tendencia que no puede generalizarse por la poca cantidad de casos que conforman la muestra en estudio, sin embargo, encuentra un correlato con datos poblacionales obtenidos por la Secretaría Académica de la Universidad Nacional de Cuyo, de la ciudad de Mendoza, Argentina, para sus graduados en comunicación del año 2004 (Lladó, 2004). Resulta sorprendente que para el año 2004, el 90% de los graduados de la carrera de comunicación de la UNCuyo trabajan en Educación, y, muy particularmente, en Educación Media.

Asimismo, que el grupo más numeroso de sujetos mantenga un trabajo en el Sector Educación, aunque, fundamentalmente, en la

Educación Media, tiene correlato con la historia de conversión del campo educativo medio en nicho laboral para los comunicadores sociales en la ciudad y provincia de Córdoba. Las sucesivas modificaciones en la educación media implantadas en Argentina por los gobiernos nacionales y provinciales, desde los '80 en adelante –véase el Decreto N°5194/81; la Reforma Educativa Provincial de la Ley Federal de Educación año 1995, y las gestiones de docentes de la ex ECI ante el Ministerio de Educación de la Provincia de Córdoba– contribuyen, en un primer momento, a la incorporación, en la currícula de las escuelas secundarias de la ciudad y provincia de Córdoba, de materias relacionadas con la comunicación, y en un segundo momento, a instaurar al área disciplinar de la comunicación como orientación dentro de los bachilleratos, esto último a partir del año 2006 (Vargas, 2014). Así es como nació en Córdoba la orientación Comunicación, Arte y Cultura en los bachilleratos con formación en Ciencias Sociales. Así, la escuela media se convierte en un campo laboral demandante de graduados de comunicación social tanto en la ciudad como en la provincia de Córdoba. Además, en el año 2012, se abre, en la ex ECI, la primera cohorte del profesorado en Comunicación.

Los datos poblacionales transversales obtenidos en la UNCuyo, la breve historia de configuración del campo educativo de la provincia de Córdoba y los datos parciales y longitudinales de esta investigación, permiten plantear como hipótesis que una proporción importante de comunicadores sociales graduados de la ECI de la UNC empiezan su carrera profesional en el sector Información y Comunicación (sea en un medio de comunicación o sea en alguna empresa de telefonía celular o *contact center*, las más de las veces, con un contrato informal y precario, y logran una estabilización (no en el sentido estricto que le otorgan los laboratorios MIG[4], por las dudosas condiciones laborales del último empleo y por la ausencia de empleo de estabilización) en el sector Enseñanza, aunque, más puntualmente, en el sector de la enseñanza media. Lo anterior, entendemos, no tanto por una elección libre y/o racional (en el sentido constructivista o en el sentido indivi-

---

4   El proceso de inserción laboral implica el análisis de sus características hasta el momento de la estabilización definitiva. Teóricamente, la inserción es definitiva si se logra acceder a un contrato por tiempo indeterminado o empleo en relación de dependencia, durante el período de observación y se mantiene una secuencia continua de empleo superior a dos años. La estimación depende del índice de empleo continuo (medido en meses) (Panaia, 2009: 4). En los 74 graduados estudiados no fue posible calcular un índice de empleo continuo en relación con el empleo estable sino, más bien, el tiempo de duración de aquel empleo (sea estable; con contrato temporal con o sin aportes; con monotributo o en negro) en el que la persona se haya sostenido en el tiempo.

dualista metodológico) sino más bien por una opción ni tan racional ni tan irracional (Bourdieu y Wacquant, 1995) relativa a la necesidad de obtener ingresos económicos sistemáticos a lo largo del tiempo. Las 74 entrevistas biográficas permitieron reconocer la tendencia a la repetición de la necesidad, por parte de los sujetos que trabajan hoy en la educación media, de conseguir, luego de desempeñarse en multiplicidad de puestos laborales inestables, un trabajo donde las relaciones laborales sean estables. La búsqueda de certidumbre ante la incesante incertidumbre (si retomamos a Castel, 2004 y 2012), permitiría señalar, retomando a Bourdieu, que la decisión de ingresar a la educación media sería el resultado de una decisión arbitrada por un *habitus* constreñido por condiciones objetivas. La decisión, en definitiva, pareciera quedar ligada a condicionamientos económicos.

4.2.3. El último empleo del segundo grupo modal y sus causas contextuales

En relación con el segundo grupo numeroso, el de aquellos que trabajan en el Sector Información y Comunicación, podemos señalar que seis de ellos trabajan en Servicios de Edición (Revistas, Editoriales); 4 en medios radiales o televisivos Y 4 en empresas de telefonía.

La reducción del porcentaje de sujetos que trabajan en el sector Información y Comunicación, en comparación con el primer empleo, tiene relación con las reducidas dimensiones del campo de los medios de comunicación en Córdoba Capital.

Espacio social estructurado, el campo mediático se conforma como campo de fuerzas en pugna entre dominantes y dominados donde se establecen relaciones constantes y de desigualdad, de luchas por la transformación o conservación de las fuerzas del campo. Dentro de este universo cada cual compite con los demás a partir del desarrollo de estrategias que obedecen a su fuerza relativa dentro del campo. Para Bourdieu (1997b: 59-60),

> La competencia económica entre cadenas o periódicos por los lectores o los oyentes, es decir, por las cuotas de mercado, se lleva a cabo concretamente en forma de competencia entre los periodistas, competencia que tiene retos y premios propios, específicos —la primicia informativa, la exclusiva, la fama dentro de la profesión, etcétera—, pero que no se vive ni se ve como una lucha meramente económica por unas ganancias financieras, por más que dependa siempre de los constreñimientos impuestos por la posición del medio de comunicación considerado dentro de las relaciones de fuerza económicas y simbólicas.

Clarín, una de las empresas más influyentes de la Argentina supera a *La Nación*, en cuanto a tirada semanal de ejemplares, y comparte con el centenario diario acciones en Papel Prensa (Sivack, 2013). Su expansión implicó la compra de acciones de canales de televisión, radios, productoras y proveedoras de servicios de Internet en Córdoba y otras provincias de Argentina. Hoy el Grupo Clarín es dueño del 85,2% de las acciones de Canal 12 de Córdoba, del 84% de las acciones de *La Voz del Interior*, del 100% de Radio Mitre Córdoba; del 60% de Cable Visión, del 100% de Multicanal y de otro 60% de Fibertel (Blanco, 2017).

A su vez, hay en Córdoba apenas 4 canales de televisión por cable: Canal C, Show Sports, Canal 6 y Cooperativa Colsecor. Las emisoras de radio AM son: AM 580, Radio Universidad, perteneciente al Multimedio SRT; AM 700 LV3, de Radio Difusora del Centro; AM 750 LRA, Radio Nacional Córdoba; AM 810, Radio Mitre Córdoba; y, por último, AM 1350, Radio Sucesos, una radio joven, resultado de una escisión en el marco de LV3 (o conglomerado Cadena 3). Mientras tanto, las radios FM, pequeñas en su alcance, llegan a 64, al 20 de marzo de 2016, y hay un solo canal de noticias de televisión digital abierta, Cba24n, perteneciente al multimedio SRT, de la UNC. Lo anterior permite inferir que el campo de los medios de comunicación en Córdoba tiene dimensiones reducidas (Blanco, 2017).

4.2.4. El último empleo del tercer grupo modal y sus causas contextuales

Si tomamos en consideración al tercer grupo modal, el de quienes trabajan en el sector Servicios Profesionales, Científicos y Técnicos, encontramos aquellos que trabajan en empresas de publicidad, *marketing* y o investigación de mercado (7 personas); una persona que trabaja como Consultora independiente en el área de Recursos Humanos; 1 que trabaja como consultor independiente de empresas.

Un paneo realizado para la tesis doctoral en torno a las consultoras de selección de personal en la Ciudad de Córdoba, entre los años 2012 y 2014, permitió reconocer algunas tendencias actuales relativas a las demandas que estas mantienen para los comunicadores sociales que aspiren a trabajar en alguno de los puestos por ellas ofrecidas.

Según Aldo (entrevista personal 2 de septiembre de 2013), consultor, un comunicador social debiera mantener una formación en responsabilidad social empresaria, en ventas, en fidelización al cliente y en nuevas tecnologías. Esto le permitiría trabajar como profesional en las empresas de tercera generación (masucita o calidad total). Lo anterior debido a que, a entender del entrevistado, es en ellas donde la comunicación es fundamental. Por una parte, Aldo sostiene que hay una necesidad de desarrollar una buena comunicación interna, puesto que la misma permite desarrollar con normalidad el trabajo dentro de la empresa y la capacitación del personal. En tal sentido, el consultor afirma: *"(...) Las nuevas empresas, para empresas de tercera generación, que aplican calidad total, la comunicación es fundamental (...)"* y se pregunta *"(...) ¿Cómo hacer un círculo de calidad y saber cómo trabajar en una empresa si no hay comunicación? (...)"* (Aldo). Por otra parte, Aldo considera que en estas empresas es fundamental llevar a cabo una excelente comunicación con sus públicos externos (o lo que es igual, desarrollar una buena comunicación externa). Para ello, el comunicador debiera trabajar en pos de fidelizar el cliente, desarrollando buenas estrategias comunicativas, a partir del uso de herramientas del *marketing*, la propaganda y la mercadoctecnia.

Del mismo modo, y en concordancia también con Aldo, Vanesa (entrevista personal, 28 de agosto de 2013), directora de la consultora B, considera, y en carácter de fundamental, que los comunicadores hacen falta en el área de fidelización al cliente. Para Vanesa , los comunicadores pueden ir a la esencia de la comunicación para, a partir de la aplicación de estrategias del *marketing* y/o del *coaching*, hacer entrar a los clientes en la zona de confort. Una vez más aparece en el discurso una representación de la comunicación con el público, externo en este caso, asociada al *marketing*, que si bien, aparentemente, quedando supeditado el segundo a la primera, en lo concreto, comunicar sería *"aplicar estrategias de marketing"*, es decir, *"vender"*.

En cuanto a las áreas en las que se insertan normalmente los comunicadores dentro de las empresas en la Ciudad de Córdoba, Vanesa indicó que lo hacen, fundamentalmente, en determinadas áreas tales como Recursos Humanos en empresas concesionarias de autos y en empresas de servicios de carácter privado, público y mixto; en los Departamentos de Relaciones Públicas; Recursos Humanos; Relaciones Institucionales de grandes empresas de telecomunicaciones, donde se dedican, mayoritariamente, a diseñar mensajes publicitarios y páginas web; en Departamentos de Clientes Vip y, en gran medida, en *Call Centers*, aunque solo para atender el teléfono.

Para Alicia (entrevista personal, 11 de noviembre de 2013), psicóloga y responsable de la consultora C, los pocos comunicadores que ingresaron a trabajar como "profesionales" en puestos laborales ofrecidos por su empresa, en los últimos años, en la ciudad de Córdoba, se incorporaron en el área de Recursos Humanos o Relaciones Públicas e Institucionales de las empresas, es decir, en el área blanda de gestión de personas. Si bien, señaló, el ámbito ideal para el desempeño de los comunicadores es Relaciones Institucionales y Públicas, desde donde se manejan los conflictos de la organización, y desde donde se desarrollan acciones para posicionar socialmente a la empresa, no siempre es así. En ocasiones ingresan a las empresas para realizar tareas y funciones de tipo administrativas. Suelen también ingresar comunicadores a puestos dentro de Consultoras que hacen asesoramiento de imagen interna y externa, así como desarrollo de imagen de marca. En Córdoba, señaló, *"se da más bien el fenómeno de pequeñas consultoras que asesoran en imagen a empresas chicas"*. Mientras tanto, también ingresan comunicadores en el área de *Marketing* de las empresas donde *"una de las tareas es la de realizar comunicación de productos"*. También suelen desempeñarse en el área de venta.

Según Alicia y Vanesa , algunos de los cargos y/o puestos que pueden ocupar los comunicadores son, Gerente de Dirección; Jefe; Coordinador o Analista. En el marco de las empresas grandes, pueden insertarse dentro del área de Comunicación Interna y ocupar posiciones como las de Dirección; Gerencia de Relaciones Públicas; Jefe de Comunicaciones Internas o Jefe de Institucionales.

5. Reflexiones finales

El primer empleo es eventual para más de la mitad de los sujetos (un 65%) y el 37% ingresó por primera vez al mercado de trabajo en el sector Información y Comunicación. El segundo grupo numeroso, en el sector Educación (un 18%) y el tercero en comercio (otro 18%). La mayoría de los que trabajan en Información y Comunicación se distribuyen en revistas o editoriales de la ciudad, realizando prácticas pre-profesionales con alguna retribución en negro; o en pequeñas radios de frecuencia modulada, que pulularon durante el gobierno de Alfonsín (Elíades, 2000) y crecieron sostenidamente hasta la actualidad, de la mano de las radios comunitarias, a partir de 2003. A su vez, dentro del sector se encuentran los que trabajan en Telecomunicaciones (*contact centers* y empresas de telefonía fija y móvil). Como todo primer empleo, dura, para la mitad de los graduados, apenas un año.

En relación con el último empleo, el grupo más numeroso se inserta en el sector enseñanza (un 41%); el segundo grupo modal en el sector Información y Comunicación (un 23%) y el tercero en Servicios Profesionales, Científicos y Técnicos (un 12%).En relación con aquellos que trabajan en el sector de Servicios Profesionales, Científicos y Técnicos, por ejemplo, siete se desempeñan en Servicios de Publicidad e Investigación de Mercado; uno en Obtención y dotación de personal (RRHH) y otro en Asesoramiento Profesional a empresas. En estos casos, la profesionalización responde, en todo caso, al trabajo interdisciplinario de los comunicadores con otros profesionales de formaciones afines, en las áreas de Comunicación Corporativa de grandes firmas; o a una profesionalización-especialización práctica y de formación posterior a la carrera de grado, en alguna de esas otras áreas relacionadas (como el *marketing*, la publicidad, los recursos humanos, las relaciones públicas).

Por otra parte, si nos atenemos a aquellos que trabajan en el sector Educación, resulta interesante distinguir entre aquellos que trabajan en el marco de la Educación Superior y aquellos que trabajan en la Educación Media. Lo que resulta significativo, aunque relativo por los pocos casos, es que hay, en números absolutos, más sujetos que trabajan en la educación media que en la enseñanza superior. Las entrevistas biográficas permitieron observar una tendencia en estos sujetos a decidirse por ingresar a trabajar en la escuela media como modo de obtener un trabajo estable ante la insistente incertidumbre de sus trayectorias laborales intermitentes. Los resultados parciales de este estudio longitudinal, más los resultados poblacionales del análisis sincrónico realizado por Secretaría Académica de la Universidad Nacional de Cuyo en el año 2004, permitirían establecer una hipótesis de trabajo –a ser contrastada con estudios posteriores de mayor envergadura– que plantea la posibilidad de que una porción importante de graduados en comunicación social de la ECI ingresa al mercado laboral en el marco del sector Información y Comunicación, de manera informal, en situación de precariedad, y se estabiliza en el sector educación. Si bien vimos en el estudio que el incremento de los que se estabilizan en la educación media tiene relación con la conversión de la escuela en nicho laboral para comunicadores, a partir de las sucesivas misivas institucionales (de la ECI) ante el Ministerio de Educación de la Provincia de Córdoba y las englobantes políticas educativas nacionales aplicadas desde 1971 en adelante, aparecen otros factores, de carácter endógeno, relativos a las biografías de los sujetos, que afectan ese incremento. Se trata de la necesidad de una porción significativa de ellos de obtener un trabajo estable, para hacer frente a la incertidumbre.

Por último, cabe la pregunta acerca de si estos graduados logran una verdadera profesionalización, tal como la entenderían autores clásicos. La única escuela que nos permite pensar en estos comunicadores como profesionales es la de Dubar y Tripier (1998), que entienden a la profesión en el marco de un contexto social, cultural, histórico, económico, jurídico y político.

Bibliografía

Abbott, A. (1988). *The System of Professions. An essay on the Division of Expert Labor*, Chicago, The University of Chicago Press.

Albornoz, L. A.; Castillo, J.; Hernández, P.; Mastrini, G. y Poltovski, G. (2000). "La política a los pies del mercado: la comunicación en la Argentina de la década del 90", en Mastrini, G. y Bolaño, C. (comps.), *Globalización y Monopolios en la Comunicación en América Latina*, Buenos Aires, Editorial Biblos (pp. 135-150).

Álvarez Aledo, C. (1996). *El impacto de la contratación temporal sobre el sistema productivo español. Relaciones entre segmentación laboral y productiva*, Madrid, Consejo Económico y Social.

Anuarios Estadísticos, UNC (2000; 2001; 2002; 2003; 2004; 2005; 2006; 2007; 2008; 2009; 2010; 2015 y 2017). Anuarios Estadísticos PEU, SAA, UNC, 2000. Recuperados de: http://www.unc.edu.ar//academicas/old-contents/programas-saa/estadisticas/anuarios/...Consultados: 14/05/2015.

Argüello, L. y Simón, A. (octubre, 2014). "Con empanadas y locro. La Quinta Pata de Barrio San Vicente", *El Cactus Revista de Comunicación*, Año 3, Nº 3 (pp. 22-23).

Arraya Umaña, S. (2002). *Las representaciones sociales: Ejes teóricos para su discusión*, Costa Rica, FLACSO/Asdi.

Basualdo, V. y Esponda, M. A. (2014). "La expansión de la tercerización a nivel global a mediados de los años setenta, sus antecedentes históricos y su alcance actual", en Basualdo, V. y Morales, D. (coords.), *La Tercerización Laboral. Orígenes, impacto y claves para su análisis en América Latina*, Buenos Aires, Siglo XXI Editores (pp. 19-64).

Belinche, M. (2005). *Comunicación y campo laboral. Perspectivas y desafíos del campo*. Anuario de investigaciones 2004. Facultad de Periodismo y Comunicación Social, UNLP (pp. 12-14).

Belinche, M.; Vialey, P. y Ghea, M. E. (2003). *El campo laboral de la comunicación*. Anuario de investigaciones 2002. Facultad de Periodismo y Comunicación Social, UNLP (pp. 151-155).

Belinche, M.; Vialey, P. y Roche, A. M. (2004). *Comunicación, campo laboral y mercado*. Anuario de investigaciones 2003. Facultad de Periodismo y Comunicación Social, UNLP (pp. 133-137).

Belinche, M. *et ál.* (2004). *El campo laboral de los comunicadores sociales en Argentina*. Trabajo presentado en el VI Congreso Red Com: La sociedad de la información en el periodismo y en los medios. Facultad de Periodismo y Comunicación

Social, UNLP. Recuperado de: [http://argentina.indymedia.org/uploads/2007/02/m2_belinchevialeyotros.pdf].

Blanco, C. (2017). "Campo mediático, condiciones laborales, representaciones sociales y demandas en la ciudad de Córdoba", en Panaia, M. (coord.), *De la formación al empleo. El desafío de la innovación*, Buenos Aires, Miño y Dávila ed., pp. 137-164.

Boido, J. (octubre, 2014). "VillaNos en el aire. La radio de la Coopi de Villa Carlos Paz", *El Cactus Revista de Comunicación*, Año 3, Número 3, 10.

Bourdieu, P. (1997) (1996). *Sobre la televisión*, Barcelona, Anagrama.

Bourdieu, P. (2005a). "De la casa del rey a la razón de Estado. Un modelo de la génesis del campo burocrático", en Wacquant, L. (coord.), *El misterio del ministerio. Pierre Bourdieu y la política democrática*, Barcelona, Editorial Gedisa, pp. 43-71.

Bourdieu, P. (2005b). "El misterio del ministerio. De las voluntades particulares a la voluntad general", en Wacquant, L. (coord.), *El misterio del ministerio. Pierre Bourdieu y la política democrática*, Barcelona, Editorial Gedisa, pp. 71-81.

Bourdieu, P. (2010) (2000). *Las estructuras sociales de la Economía*, Buenos Aires, Manantial.

Bourdieu, P. (2013) (1989). *La nobleza de Estado. Educación de élite y espíritu de cuerpo*, Buenos Aires, Siglo XXI Editores.

Bourdieu, P. y Wacquant, L. J. D. (1995). *Respuestas, por una antropología reflexiva*, México, Editorial Grijalbo S.A.

Castel, R. (2004) (1997). *La metamorfosis de la cuestión social. Una crónica del salariado*, Buenos Aires, Paidós.

Castel, R. (2012). *El ascenso de las incertidumbres. Trabajo, protecciones, estatuto del individuo*, Buenos Aires, Fondo de Cultura Económica.

Cicalese, G. (2008). *Tensiones políticas y teóricas en la institucionalización de las carreras de Comunicación en la Argentina*. Tesis doctoral. Recuperada de la Biblioteca del Centro de Estudios Avanzados (CEA) de la UNC.

Copello, M. (2011). *Programa de Desarrollo Territorial en el Área Metropolitana de Córdoba. Córdoba Innovadora*, Segundo Informe de Avance, 26 de septiembre de 2011, Córdoba, Ieral y Fundación Mediterránea.

Correa da Silva, L. F. (2016). "Teoría sociológica y trayectorias profesionales: nociones para el análisis del mercado de trabajo de América Latina", en Castillo Fernández, D.; Baca Tarira, N. y Todaro Cavallero, R. (coords.), *Trabajo Global y desigualdades en el mercado laboral* (pp. 39-56), México, Universidad Autónoma del Estado de México.

Del Bono, A. (2010). "La geografía de los *call centers*: territorio, trabajo y empleo", en Roitman, S.; Lisdero, P. y Marengo, L. (comp.), *La Llamada... El trabajo y los trabajadores de Call Centers en Córdoba*, Córdoba, Editorial Humanitas, pp. 37-66.

Delich, F. (2002a). *La crisis en la crisis. Estado, Nación, Sociedad y Mercados en la Argentina Contemporánea*, Buenos Aires, Editorial Eudeba.

PROFESIÓN E INNOVACIÓN EN UN CONTEXTO FLEXIBLE

Delich, F. (2002b). "La crisis en la crisis", *Anuario Social y Político de América Latina y el Caribe*, N° 5, 9-11.

Demazière, D. y Dubar, C. (1997). *Analizer les entretiens biographiques*, París, Editioins Nathan.

Dimitriu, A. (1997). "Cuando las cosas son llamadas por su precio: del periodismo de opinión a la información como valor de cambio", en Entel, A. (comp.), *Periodistas: entre el protagonismo y el riesgo*, Buenos Aires, Editorial Paidós, pp. 217-232.

Dombois, R. y Pries, L. (2002). *Relaciones laborales entre mercado y Estado. Sendas de transformación en América Latina*, Buenos Aires, Editorial Nueva Sociedad.

Dubar, C. y Tripier, P. (1998). *Sociologie des professions*, París, Armand Colin.

Elíades, A. (2000). "Historia Legal de la Radio y la Televisión Argentina", Documento de la Cátedra II de Derecho de la Comunicación, Facultad de Periodismo y Comunicación Social, Universidad Nacional de la Plata. Recuperado de: [http://perio.unlp.edu.ar/sites/default/files/eliades-_hist_radioytv.pdf]. Consultado: 25/05/2015.

Emanuelli, P. B. (1999). "Investigación de la comunicación en Argentina. Reflexiones sobre la investigación crítica", *Revista Ámbitos*, N° 2, enero-junio, pp. 61-86.

Emanuelli, P. B. (2008). "Formación de grado y prácticas profesionales de comunicadores sociales. Distancias entre el aula y la calle", trabajo presentado en 10° Congreso RED COM Conectados, Hipersegmentados y Desinformados en la Era de la Globalización, Salta, Argentina.

Farías, M. (octubre, 2014). "Que AFSCA distribuya el 10%", *Revista El Cactus*, Año 3, N° 3, 16-17.

FELAFACS (2005). *La formación de los periodistas en las escuelas de comunicación de América Latina: situación actual, demandas labores y necesidades sociales*, Río Cuarto, Universidad Nacional de Río Cuarto.

FELAFACS-NCA (2010). *Situación del Comunicador Social en el mercado laboral*, Proyecto Intercontinental. Sud América-España, noviembre de 2010, VI FELAFACS NCA Conferencia, San Francisco. Recuperado de: [https://es.scribd.com/document/45764968/Diagnostico-Situacion-Laboral-del-Comunicador-Social-Latinoamerica-Espana]. Consultado: 30/05/2015.

Galán, M. (octubre, 2014). "Profundizar el Fomeca. Corresponsales en barrios", *Revista El Cactus*, Año 3, N° 3, 11.

Gallart, M. A. (2007). "Enfoques actuales sobre el sector informal", en Novick, M. y Palomino, H. (coords.), *Estructura productiva y empleo. Un enfoque transversal*, Buenos Aires, Ministerio de Trabajo, Empleo y Seguridad Social, pp. 81-103.

Glasser, B. G. y Strauss, A. L. (1967). *The Discovery of Grounded Theory*, Nueva York, Aldine Publishing Company.

Godard, F. (1996). "El debate y la práctica sobre el uso de las historias de vida en las Ciencias Sociales", en Godard, F. y Cabanés, R. (comps.), *Uso de las Historias de Vida en las Ciencias Sociales*, Bogotá, Centro de Investigaciones sobre

Dinámica Social, Serie II, Universidad del Externado de Colombia, Departamento de Publicaciones, julio, pp. 1-56.

Gómez, M. (2000a). "La sobre-educación y la dudosa modernización de los puestos de trabajo", *Revista Coyuntura y Desarrollo 257*.

Gómez, M. (2000b). *El Mercado de trabajo para los egresados universitarios recientes*, Buenos Aires, Editorial de la Universidad Tres de Febrero.

Henry, L. (2007). "Call centers terciarizados: Los desafíos para la organización de los trabajadores en una actividad económica emergente". (Tesis de Licenciatura). Recuperado de: [http://www.memoria.fahce.unlp.edu.ar/tesis/te.482/te.482.pdf].

Hernández, Ma. E. (2003). "Repensar el periodismo mexicano", *Revista Mexicana de Comunicación*. Recuperado de: [http://www.mexicanadecomunicacion.com.mx/Tables/RMC/rmc82/pensar.html].

IIPE (2002). "La inserción laboral de los graduados universitarios". (Informes Periodísticos para su publicación - N° 8). En UNESCO. IIPE - Instituto Internacional de Planeamiento de la Educación. Recuperado de: [http://www.buenosaires.iipe.unesco.org/sites/default/files/informe08_insersionlaboral.pdf]. Consultado: 24/05/2016.

INDEC (2001). "Encuesta Anual de Hogares Urbanos (EAHU). Clasificador Nacional de Ocupaciones". Publicación CNO-Versión 2001-INDEC. Recuperado de: [http://www.indec.gov.ar/ftp/cuadros/menusuperior/eahu/EAHU_CNO2001_reducido.pdf]. Consultado: 26/06/2015.

INDEC (2011). "Clasificación de Actividades Económicas para Encuestas Sociodemográficas del MERCOSUR. CAES-MERCOSUR 1.0, versión Argentina". 1° Ed. Recuperado de: [http://www.indec.gov.ar/ftp/cuadros/menusuperior/eph/caes_mercosur_1.0.pdf]. Consultado: 26/06/2015.

La Voz del Interior (2015). "Crean hoy las facultades de Comunicación y Ciencias Sociales". Recuperado de: [http://www.lavoz.com.ar/ciudadanos/unc-crean-hoy-las-facultades-de-comunicacion-y-ciencias-sociales-0]. Consultado: 12/12/2015.

Lladó, C. (2004). "Informe sobre la carrera Licenciatura en Comunicación Social". (Informe de avance parcial). Recuperado de: [http://bdigital.uncu.edu.ar/fichas.php?idobjeto=2878].

López Hidalgo, A. (2005). *El periodista en su soledad*, Sevilla, Ediciones Comunicación Social.

López Hidalgo, A. y Mellado, C. (2006). "Periodistas atrapados en la Red: rutinas de trabajo y situación laboral", *Estudios sobre el Mensaje Periodístico*, N° 12, pp. 161-170. Recuperado de: [http://revistas.ucm.es/index.php/ESMP/article/view/ESMP0606110161A/12298]. Consultado: 10/03/2014.

Mellado, C. (2010). "Reflexiones sobre la oferta académica, la situación laboral y la formación del periodista en Latinoamérica", *Revista de Ciencias Sociales*, Vol. XVI, N° 1, pp. 9-20.

Mellado, C.; Salinas, P. y Barría, S. (2009). "Empleabilidad del periodista regional chileno, validación profesional y formación". Resultados no publicados.

Mellado, C.; Simon, J.; Barría, S. y Enríquez, J. (2007). "Investigación de perfiles profesionales en periodismo y comunicación para una actualización curricular permanente", *Revista Zer*, Vol. 12, N° 23, pp. 139-164. Recuperado de: [http://www.ehu.eus/zer/hemeroteca/pdfs/zer23-07-mellado.pdf]. Consultado: 10/03/2014.

Panaia, M. (2006a). "Una revisión de la Sociología de las Profesiones desde la teoría crítica del trabajo en Argentina", *Estudios del Trabajo*, N° 32, pp. 121-165.

Panaia, M. (2006b). *Trayectorias de ingenieros tecnológicos. Graduados y alumnos en el mercado de trabajo*, Buenos Aires, Miño y Dávila Editores.

Panaia, M. (2011a). "Introducción. Los procesos de inserción y algunas cuestiones metodológicas", en Panaia, M. (coord.), *Trayectorias de graduados estudiantes de ingeniería*, Buenos Aires, Biblos Editorial, pp. 9-20.

Panaia, M. (2011b). "Trayectorias de ingenieros en un contexto flexible y de fragmentación territorial", en Panaia, M. (coord.), *Trayectorias de graduados estudiantes de ingeniería*, Buenos Aires, Biblos Editorial, pp. 83-117.

Panaia, M. y Budich, V. (1999a). "Sociología de las profesiones. ¿Un modelo en crisis o en crecimiento?". Documento de Trabajo N° 8, Buenos Aires, Monitoreo de Inserción de Graduados. BID 802/OC-AR-PMT-SID 0614.

Perelman, L. (2014). "4. La tercerización y el mercado de trabajo: aportes y propuestas", en Basualdo, V. y Morales, D. (coords.), *La Tercerización Laboral. Orígenes, impacto y claves para su análisis en América Latina*, Buenos Aires, Siglo XXI Editores, pp. 196-216.

Pérez, P. (2002). "El mercado de trabajo en la década de 1990", en Neffa, J. C. (coord.), *Diagnóstico general sobre el empleo y la generación de ingresos (Período 1989-2000). Crecimiento desequilibrado con mayor desempleo, precariedad, heterogeneidad y desigualdad. El impacto de los cambios en el modo de desarrollo argentino durante la década del 1990*, Buenos Aires, CEIL-PIETTE, CONICET y Banco Mundial, pp. 83-100.

Petracci, M. y Kornblit, A. L. (2004). "Representaciones sociales: una teoría metodológicamente pluralista", en Kornblit, A. (coord.), *Metodologías cualitativas en ciencias sociales. Modelos y procedimientos de análisis*, Buenos Aires, Ed. Biblos.

Pinto, A. (1970). "Naturaleza e implicaciones de la heterogeneidad estructural de la América Latina", *El Trimestre Económico*, Vol. 37, N° 145 (1), pp. 83-100.

Pinto, A. (1973). "Heterogeneidad estructural y modelo de desarrollo reciente de la América Latina". Documento de investigación. Recuperado de: [http://repositorio.cepal.org/bitstream/handle/11362/35058/S7300508_es.pdf?sequence=1&isAllowed=y]. Consultado: 13/05/2016.

Poulantzas, N. (2005) (1979). *Estado, poder y socialismo*, Buenos Aires/México, Siglo XXI Editores.

Prebisch, R. (1949). *El desarrollo económico de América Latina y sus principales problemas*, Santiago de Chile, CEPAL.

Prebisch, R. (1970). *Transformación y Desarrollo: La gran tarea de América Latina*, Chile, Fondo de Cultura Económica.

Quiroz, T. (2007). "Los comunicadores sociales: entre la crítica y el mercado", *Diálogos de la Comunicación*, N° 74.

Rappoport, D.; Benavente, J. M. y Meller, P. (2004). *Rankings de universidades chilenas según los ingresos de sus titulados*, Documento de Trabajo N° 306, Santiago, Banco Central de Chile.

SAA ECI UNC (2015). "Informe Opinión de Graduados ECI. Departamento de Graduados. Revisión de la propuesta académica de la Escuela de Ciencias de la Información. Camino a la Facultad de Comunicación". Documento de circulación institucional.

SAE, UNLP (2009). "Encuesta Anual de Egresados. Dirección de Vinculación con el Graduado Universitario". Recuperado de: [http://www.graduados.unlp.edu.ar/encuesta/mostrar_encuesta_porObjeto.php?id=27]. Consultado: 20/07/2012.

Salvia, A. (2016). "Introducción. Heterogeneidad estructural y marginalidad económica en un contexto de políticas heterodoxas", en Salvia, A. y Chávez Molina, E. (coords.), *Claves sobre la marginalidad y la movilidad social. Segregación urbana y cambios macroeconómicos*, Buenos Aires, Biblos, pp. 19-41.

Sánchez, M.; Sáez, J. y Svensson, L. (2003). *Sociología de las profesiones. Pasado, presente y futuro*, Murcia, Diego Marín Editor.

Schmucler, H. y Terrero, P. (1996). "Innovaciones tecnológicas y transformaciones de la televisión argentina", *Voces y Culturas*, N° 9, Barcelona.

Segura, M. S. (noviembre, 2014). "Derechos y sustentabilidad en medios no lucrativos", *Revista Umbrales*, Año 16, N° 28, 76-77.

Simone, V. y Pagotto, M. A. (2009). "Algunas consideraciones acerca de las trayectorias laborales y educativas de los alumnos de ingeniería industrial de la UTN Regional, Avellaneda. Prov. de Buenos Aires", en Panaia, M. (coord.), *Inserción de Jóvenes en el Mercado de Trabajo*, Buenos Aires, La Colmena Ed., pp. 273-300.

Sivak, M. (2013). *Clarín, el gran diario argentino. Una historia*, Buenos Aires, Editorial Planeta.

Strauss, A. (1992). *La trame de la negociation. Sociologie qualitative et interactionnisme*, en Bazsanger, J. (ed.), París, L'Harmattan.

Strauss, A. y Corbin, J. (1990). *Basics of qualitative research: Grounded Theory procedures and techniques*, Newbury Park, London, New Delhi, Sage.

Strauss, A. y Corbin, J. (1994). "Grounded Theory Methodology: an overview", en Denzin, N. y Lincoln, Y., *Handbook of Qualitative Research*, California, Sage.

Testa, J. (2004). *La inserción académica y laboral de los egresados de las carreras de Trabajo Social, Comunicación Social, Sociología Política, Relaciones del Trabajo, y Sociología de la Facultad de Ciencias Sociales de la UBA*. Publicaciones y documentos de trabajo de LAO 1987/2004.

Testa, J.; Lorenzo, M.; Brodsky, P.; Chernobilsky, L. y Fernandez Gómez, M. (1992). *Reflexión crítica de los alumnos de Ciencias de la Comunicación próximos al egreso. Aportes para una mayor comprensión de la problemática académica-profesional universitaria en la Facultad de Ciencias Sociales*. Documento de Trabajo, Serie

Problemas Universitarios, Secretaría de Investigación, Secretaría de Posgrado, Facultad de Ciencias Sociales, UBA, pp. 1-76.

UNC (2015). "La UNC creó las facultades de Ciencias Sociales y de Ciencias de la Comunicación". Recuperado de: [http://www.unc.edu.ar/novedades/2015/diciembre/la-unc-creo-las-facultades-de-ciencias-sociales-y-de-comunicacion-social]. Consultado: 12/12/2015.

Urioste, J. (octubre, 2014). "Cambios notorios pero insuficientes. Las radios Comunitarias en Córdoba", *Revista El Cactus*, Año 3, N° 3, pp. 12-13.

Vargas, L. (2014). "Un camino que crece. La comunicación en la Escuela Secundaria", *Revista El Cactus*, Año 3, N° 3, pp. 118-123.

Entrevistas inéditas:

Aldo (entrevista personal, 2 de septiembre de 2013)

Alicia (entrevista personal, 11 de noviembre de 2013)

Lucas (entrevista personal, 25 de julio de 2012)

Vanesa (entrevista personal, 28 de agosto de 2013)

Los bloqueos del lugar femenino en grupos profesionales masculinizados

Marta Panaia

Introducción

Tradicionalmente, a las mujeres les cuesta hacerse un lugar en los ámbitos de trabajo predominantemente masculinos. Sin embargo, la tendencia actual de la evolución empresaria es hacia la incorporación de tecnologías informatizadas y hacia los servicios y en esa situación, la feminización de los puestos de trabajo es casi ineludible por las propias condiciones que pueden aportar las mujeres a esos contextos de trabajo, como la posibilidad de escucha, la capacidad de investigación, la intuición, el logro de consensos, etc. No obstante, existen intersecciones que están bloqueadas o significan tensiones entre la dinámica de incorporación femenina y el mantenimiento de las lógicas de dominación masculina. En este trabajo nos proponemos ver los mecanismos de resistencia y de legitimación que utilizan ambos géneros en los oficios técnicos y de la ingeniería, incluso cuando llegan a los cargos jerárquicos, para lograr un lugar aceptado en esos contextos[1].

La tendencia actual de la producción, con la incorporación de las tecnologías informatizadas y hacia los servicios, incorpora la feminización como uno de los procesos frecuentes, que aparece como congruente con las nuevas exigencias relacionales y comerciales. La velocidad a la que se incorporan los hombres y las mujeres en estos procesos es diferente en cada sistema productivo, pero la tendencia general marca que los procesos de industrialización han sido predo-

---

1   Estos aportes forman parte de los resultados del proyecto Conicet PIP189 (2011-2014) y de los datos de los Laboratorios MIG (Monitoreo de Inserción de Graduados) que recolectan datos cuantitativos y cualitativos en Facultades de Ingeniería de distintas regiones del país, desde 2002.

minantemente masculinos, mientras que la fuerte tendencia hacia la informatización y los servicios, tienen una fuerte tendencia feminista (Maruani y Merón, 2012).

Sin embargo, este proceso no se puede generalizar, existen componentes culturales que marcan otras tendencias. China, por ejemplo tiene 40% de ingenieras mujeres y la Unión Soviética ya desde la década del '80 superaba el 58%. Mientras que en los países de menor desarrollo occidentales la feminización de estas profesiones es muy lenta y aún en países desarrollados no alcanza los niveles deseados, por ejemplo, en las especialidades informáticas con lo cual plantea la necesidad de formar mujeres ingenieras en esa especialidad para cubrir la cantidad de puestos de trabajo que se requieren para los próximos años (Boreau of Labor Statistics, 2011).

En las Ciencias de la Computación de la Universidad de Buenos Aires, la proporción de mujeres se ubica en un 11% en la actualidad. Sin embargo, la tendencia es declinante, en los inicios de la creación de la Carrera en los años '60 había un 67% de mujeres, en 1970 un 75% y en 1980 baja al 61%, en la década del '90 al 46% y en el 2000 al 19%, llegando en la actualidad al 11% que se menciona más arriba (Fundación Sadosky, 2015).

Para la Universidad Tecnológica Nacional, en 2016 el ingreso en Informática y Sistemas es de un 19% de mujeres y en 2014 las estudiantes mujeres representan el 17% y las egresadas el 20% de la terminal según el CONFEDI, en la misma fecha.

Si se analiza la participación de las mujeres tanto en los sectores productivos como en las distintas profesiones y oficios se puede ver claramente que hay sectores fuertemente masculinos y sectores con mayor grado de feminización. Lamentablemente las estadísticas para ambos sectores no son siempre compatibles y comparables en nuestro país, pero se puede hablar sectores productivos predominantemente femeninos (textil, alimentos, tareas vinculadas a la infancia, enfermería, etc.) y masculinos (metalurgia, energía, construcción, etc.), así como profesiones femeninas (médicas, artísticas, sociales) y masculinizadas (ingeniería, agronomía, etc.). También existen los sectores y profesiones llamados mixtos donde la distribución entre hombres y mujeres es más equitativa (abogados, médicos, profesores, periodistas, etc.). Esto también se refleja marcadamente en cargos que implican destrezas y conocimientos atribuidos solo a los hombres como la conducción de aviones comerciales, que son ingenieros aeronáuticos o técnicos altamente especializados.

Nuestro país tiene según la ANAC (Administración Nacional de Aviación Civil) solo 22 mujeres pilotos comerciales, que pueden conducir aviones de línea como un Boeing 737 o un Airbus 340, lo que representa el 1,5% del total de pilotos, mientras que a nivel mundial los niveles están más cerca del 3% de pilotos comerciales femeninas. De hecho, no hay escuelas de formación para mujeres piloto en la Argentina y solo pueden hacer sus cursos y entrenamientos pagándolos en forma privada o en el exterior o acumulando horas de vuelo. No obstante, la ANAC afirma que las licencias aumentaron un 22%, respecto de 2015, considerando todas las categorías que son de piloto privado, comercial y comercial de primera. En este marco la proporción de mujeres, según esta fuente, alcanza el 38%.

Se podría pensar que las profesiones y sectores que muestran un importante avance hacia las proporciones mixtas son un indicador del avance de la participación de la mujer en los mismos, pero esto no significa que se logre la equidad, ya que la ubicación en los puestos y en los cargos de poder, no es siempre equitativa. A esta falta de estadísticas complejas que permitirían estudios más detallados se agrega que la desocupación es proporcionalmente mayor en las mujeres, sin olvidar que la precariedad, el trabajo a tiempo parcial y el trabajo en negro, son predominantemente femeninos, por lo cual es difícil, sino imposible, obtener estadísticas de su evolución por sector y por profesión.

Respecto a la ubicación en cargos jerárquicos, el 53% de las empresas no tienen cargos directivos ocupados por mujeres, mientras que en la región latinoamericana la proporción es de 48%, con directivos exclusivamente masculinos, con lo cual, la Argentina mantiene niveles levemente más bajos. A nivel global en Argentina el 15% de los cargos directivos están en manos de mujeres y a nivel global son 25%, con lo cual, el nivel argentino es marcadamente más bajo (Grant Thornton, 2017).

También es menor la cantidad de docentes femeninos en estas disciplinas con lo cual hay pocos modelos para identificarse, pero existen también construcciones culturales muy poco atractivas ya que las mujeres en el momento de la elección de su carrera se encuentran atraídas por las problemáticas sociales y culturales y las ingenierías son presentadas como un estudio netamente tecnológico sin ninguna función social, convirtiéndola en muy poco atractiva para el mundo femenino. Sería importante que la promoción de la mujer en las Carreras tecnológicas y la ingeniería revalorizara sus aspectos sociales, académicos, de investigación y de gestión para hacerla más atractiva para el género femenino. Este tipo de apreciación es compartida por institutos científicos alemanes, franceses y austríacos que destacan que la profesión de la ingeniería es presentada de forma poco atractiva para las mujeres. Otra cuestión cultural frecuentemente observada es que la mujer ingeniera es menos representativa en las empresas, que en los gabinetes de estudio académicos y de investigación.

No es necesario subrayar la función central del trabajo en la elaboración de las representaciones sociales de la virilidad y de la feminidad, en la construcción de las relaciones sociales de sexo, pero el trabajo funciona como mediación privilegiada entre el sujeto y lo real, como posible compromiso satisfactorio entre exigencias de lo inconsciente y las presiones de las relaciones sociales (Guilbert, Kergoart y Bourdieu, 2008).

Por esa razón es necesario reconocer situaciones que bloquean la incorporación femenina en grupos profesionales masculinizados, que pueden diferir al resto de los grupos, justamente por el peso de ciertos factores sobre su incorporación. El primer bloqueo que se plantea es el contexto sexista masculino, al que podríamos definir como primer punto del bloqueo[2]. En segundo lugar, se abordan los valores simbólicos de la virilidad en el trabajo, que impiden visualizar la actividad como atractiva para la mujer. El tercer bloqueo son las dificultades objetivas y culturales del acceso a los cargos jerárquicos. Finalmente, las estrategias familiares como mecanismos de búsqueda del equilibrio entre la profesión y la vida doméstica.

Primer bloqueo: El contexto sexista

Esto plantea una cuestión sensible respecto de la identidad profesional de la mujer ingeniera, que necesariamente va a la zaga de la evolución real de la profesión. La National Science Fundation (USA, 2012), declara a través de sus series estadísticas que a nivel de grado el 45% de los diplomados en matemáticas, son mujeres y el 52% en química, pero después es muy bajo el nivel de cursada de maestrías y doctorados, que solo llega al 18%. Esta fuerte caída dificulta la

---

2   Ante la imposibilidad de hacer cuadros precisos de situación con los datos para cada sector y cada profesión, se trabajó con el análisis de 30 entrevistas a mujeres ingenieras recolectadas gracias al Proyecto PIP CONICET N° 189, con técnicas longitudinales, que nos permitieron por un lado evaluar trayectorias analizando las temporalidades sociales y por el otro conocer los caminos que permitieron u obstaculizaron el acceso a cargos de dirección y gerencia, y a los Laboratorios MIG ubicados en Facultades de Ingeniería (2011-2015).

inserción en los puestos mejor posicionados. Los especialistas del Departament of Education de USA (2010) llaman a este proceso *"leaky pipeline"* (tubo perforado), que expresa el fenómeno que consiste en la disminución del mix de varones/mujeres a medida que se aumenta el nivel de educación.

En nuestro caso, la ingeniería es la profesión que tiene el más alto de porcentajes de estudiantes y graduados varones, que en algunas especialidades como la Eléctrica alcanza casi el 100% de varones y en otras entre el 80 y el 90%; salvo el caso de la Ingeniería Química que tiene en algunas regiones argentinas proporciones bastante parejas, como es el caso de la Regional Avellaneda de la Universidad Tecnológica Nacional que entre 2000 y 2015 tiene un promedio de 48% de egresadas mujeres en Ingeniería Química y 51% de varones en la misma especialidad (Perfiles, N° 28, 2017) y en otras regionales solo alcanza al 30%, pero que en todo caso, dentro de las ingenierías es la más feminizada, sin que esto signifique que a su interior sea equitativa. Para 2015, de la totalidad de egresados de Ingeniería Química que se dicta en 12 de las 30 Regionales de esta Universidad, las egresadas mujeres representan el 13%, mientras que los varones para el mismo grupo de regionales representan el 10% (Perfiles, N° 28, 2017).

En Argentina, también se repite la disminución del mix hombres/mujeres a medida que sube el nivel de estudios, pero el nivel de posgrados en Ingeniería es mucho menor –no alcanza al 17%– que en los países desarrollados aún para los hombres (Cf. Panaia, 2015).

En decir que este contexto numérico constituye el *primer bloqueo* significativo para la legitimación y resistencia del lugar femenino en grupos profesionales masculinizados, pero más allá de las desigualdades de participación numérica en la Carrera, el mundo de la ingeniería se mantiene como desmotivador para las mujeres por las tensiones entre el universo profesional que se mantiene dominado por las normas masculinas y la mirada femenina.

Segundo bloqueo: Valores simbólicos de la virilidad en el trabajo

Tradicionalmente, durante el período industrialista, los valores ligados a los oficios del hombre están relacionados con el riesgo, la construcción, el descubrimiento, el trabajo con la madera y los metales, los puestos de responsabilidad, de concepción y en medio de la fragmentación del trabajo las tareas variadas y complejas que exigen conocimientos, resultado de formaciones profesionales que permiten la calificación y la promoción. Con la aparición de la informatización y el vuelco hacia los servicios los valores simbólicos que se asocian a la actividad masculina son la termodinámica, la informática, la fuerza y el poder del conocimiento, del modelo del obrero y el ingeniero se pasa al neurobiólogo y el informático, que se constituye en el discurso viril dominante: sistemas cerrados, cibernética, neurociencias, inteligencia artificial, biotecnología (Ghio-Bailly, 2008).

Los lugares refugio de estas conceptualizaciones viriles son los puestos de mando, las carreras científicas y técnicas, el ejército. Las mujeres pueden ejercer las mismas tareas, pero de una manera totalmente diferente y seguramente enfrentando distintos obstáculos para llegar a ellas. Nuestra tarea aquí es justamente identificar y conceptualizar esos procesos.

En casi todas las trayectorias biográficas trabajadas aparece esta tensión entre los valores de dominación asociados a los puestos de trabajo que suelen ocupar los hombres.

(…) Yo siempre pensé que la tecnología era cosa de hombres, pero cuando me metí en el tema, me di cuenta que yo también lo podía hacer (…).
Julia (45). Ingeniera Industrial; Gerente de Marketing. Empresa Multinacional de Marketing. (Entrevista realizada mayo 2015).

(…) y hay un estereotipo social sobre los cargos con función jerárquica, parece que para la sociedad el poder es de los hombres (…).
Carolina (43). Ingeniera Industrial; Gerente de Marketing. Empresa Americana de RRHH. (Entrevista realizada en junio 2015).

El primer concepto que se destaca en casi todos los casos es que la mera ocupación de la mujer en estos cargos virilizados, produce para los hombres una fuerte desvalorización del cargo ya sea porque no se les atribuye la misma capacidad de conocimientos técnicos o porque la permanencia en tiempo de trabajo que exigen estas posiciones no se condice con las obligaciones familiares, lo cual desprestigia su ejercicio en manos de mujeres.

Esto aparece en el contexto de la empresa o de la planta industrial como una falta de confianza, como una permanente puesta a prueba o como bromas de connotación sexual y formas leves de acoso. Esto puede adquirir formas más duras u hostiles y formas más benévolas (Glick y Fiske, 1996)[3], pero en ambos casos hay una desvalorización

---

3 Estos autores afirman que el sexismo tiene estrategias "hostiles" y estrategias "benevolentes", aunque siempre aparecen asociadas. Mientras que las primeras se corresponden

del cargo. No importa que se haya llegado al cargo mayor, esto quiere decir que el cargo ya no es tan importante. La consecuencia casi inmediata del arribo al cargo de una mujer implica la desvalorización del cargo y la contrapartida femenina de este proceso suele aparecer como ejercer el cargo con un perfil bajo o adoptar los valores viriles y ejercerlo como si fuera un hombre, como mecanismo de reconocimiento de que en realidad el cargo les sigue perteneciendo a ellos.

El ambiente financiero es muy duro para la mujer (…) los hombres se creen que solamente ellos se pueden manejar en la coyuntura y a la velocidad que requiere la toma de decisiones (…) consideran que somos demasiado prudentes para arriesgar (…) nos consideran demasiado exigentes para tomar decisiones rápidas (…) no sé (…) les parece que siempre dudamos o pensamos mucho para decidir y eso en este medio no va (…).
Viviana (50). Ingeniera Industrial; Gerente de negocios. Empresa financiera americana. (Entrevista realizada en junio 2015).

Cuando accedí al cargo yo misma me cuestionaba si tenía todos los conocimientos necesarios para dirigir, no solo sobre informática, sino para dirigir personal y me parecía que todos mis compañeros varones sabían más que yo sobre el tema (…).
Mariana (48). Ingeniera Informática; Jefa de Proyectos de una Empresa de Software. (Entrevista realizada en junio 2015).

En parte esto tiene que ver con que los códigos y los estereotipos del cargo son *masculinos* y el entorno es fuertemente masculino, así que el camino más fácil es adoptarlo como propio para no caer en la estigmatización de su sexo diferente. La tensión que se produce en las mujeres que ejercen estos cargos se expresa en dos tipos de contradicciones. Adoptar la gestualidad masculina para ser aceptadas, pero ser totalmente diferentes en sus modos de resolución de los problemas del cargo. Y por otra parte, seguir siendo mujeres negando pertenecer al género femenino por la adquisición de apariencias masculinas de poder y autoridad. Ambas tensiones cruzan permanentemente el ejercicio del cargo y se convierten en una permanente restricción en su ejercicio. La no adopción de estas contradicciones, es decir general un tipo de autoridad totalmente distinto al de la gestualidad masculina genera fuertes procesos de resistencia, más o menos hostiles, que se convierten en bloqueantes de la actividad y de la toma de decisiones.

---

más con las formas tradicionales y francamente negativas a la participación de la mujer, las estrategias benevolentes, tienen más la forma de la insidia y el confinamiento de la participación femenina a ciertos roles.

Esto se vincula con lo que Bourdieu (1998) llama *"efecto destino"* porque argumenta que, al visualizar las estructuras del orden masculino, corremos el riesgo de verlas desde el mismo pensamiento de la dominación masculina, en tanto que somos hombres y mujeres inscritos en esas estructuras. Para poder ser objetivos, propone explorar las categorías del entendimiento con las que construimos el mundo por medio de un socio-análisis del inconsciente androcéntrico.

Para Bourdieu (1998), la división sexual no sólo está inscrita en las actividades productivas sino también en las actividades de representación atribuidas a los hombres, que se oponen frontalmente a la situación de disposición de las mujeres como objetos de intercambio; o, en otra de esas dicotomías claves, en la forma como los hombres se encargan de los intercambios públicos, discontinuos y extraordinarios, mientras que las mujeres se ocupan de los intercambios privados, invisibles, continuos y cotidianos.

Dice Bourdieu que si la mujer desarrolla actividades masculinas se la desprecia por masculinizarse, así como se devalúan aquellas actividades que, antes masculinas, pasan a ser realizadas de manera generalizada por las mujeres. En este sentido, cabe recordar que, para este autor, el ser femenino es percibido y vivido como un ser para otro: la experiencia femenina es la del cuerpo-para-otro, la del cuerpo que está expuesto a la mirada y al juicio de los otros, lo que convierte a las mujeres en objetos simbólicos. La permanencia de estas estructuras bajo otros mecanismos, es lo que hace muy difícil superar la dominación masculina, más bien se dan cambios aparentes que reales para Bourdieu.

En cambio, Galerand y Kergoat (2008), sostienen la indisociabilidad de la esfera productiva y reproductiva que se le impone a las mujeres como una relación potencialmente subversiva a la sociedad salarial (trabajo productivo/trabajo doméstico) y proponen que su superación solo es posible a través de la acción colectiva para poder superar los numerosos obstáculos que la sociedad genera ante estas dos formas simultáneas de dominación, la de género y la de clase .

Esto que en este trabajo se identifica como *segundo bloqueo* es llamado por las investigadoras americanas S. Ann, C. Luce y L. Servon (2010) el *"factor Athenea"*, diosa griega que nace armada de la cabeza de Zeus y que significa para ellas la huida de cerebros de la profesión, porque se mantienen las desigualdades salariales, las construcciones de carrera es más difícil para las mujeres y cumplir con las prolongadas jornadas de trabajo es más difícil para las ingenieras, sobre todo después de su maternidad. Momento en que se da la mayor proporción de abandono de la Carrera, aún con una decena de años de antigüedad en la misma.

No tenía posibilidades de vivir sin trabajar porque tenía mis hijos pequeños y estaba separada (…) vivía con mi mamá que me ayudaba con los chicos, pero era difícil compatibilizar los horarios de trabajo con los chicos, sobre todo cuando se arman reuniones que no sabes cuando terminan y los chicos tienen sus deberes, sus horarios, se enferman (…).
Amalia (48). Ingeniera Informática; Jefa de Programación. Empresa de RRHH. (Entrevista realizada en junio 2015).

(…) Yo hubiera querido seguir estudiando un posgrado, creo que me hubiera dado más seguridad en este mundillo de hombres que se creen que todos saben más que vos, además es una forma se mantenerte actualizada y que no te puedan cuestionar tanto, pero los horarios son muy tiranos (acá, la única manera de hacer posgrado es pagando, de noche o los fines de semana y eso con chicos es muy difícil (…).
Mariana (48). Ingeniera Informática; Jefa de Proyectos. Empresa de Software. (Entrevista realizada en junio 2015).

Yo quería seguir estudiando, pero la carrera de mi marido era más importante por su sueldo y el necesitaba viajar a Estados Unidos porque lo mandaba la empresa, así que yo dejé los estudios de posgrado y cuando podía hacía algún curso corto en Estados Unidos, porque mucho tampoco podía hacer, tenía que cuidar al bebe y allí contratar gente para cuidar los niños es caro, así que cuando podía hacía algo (…). Igual cuando volvimos, los cursos que había hecho allí acá no se dictan y enseguida conseguí contratos en empresas americanas, para hacer esas cosas que había aprendido. (…) Lo que pasa que ya perdí mucho tiempo para tener cargos estables.
Luciana (50). Ingeniera Química. Trabaja por contrato en empresas petroleras. (Entrevista realizada en junio 2015).

Tercer bloqueo: Las dificultades del acceso

Otra de las dificultades que se repite en las mujeres ingenieras que acceden a cargos jerárquicos es el tiempo y las dificultades del acceso a los mismos. Generalmente aparecen padrinos masculinos que sostienen su promoción, pero cuando estos no aparecen o son francamente opositores a ese acceso a un cargo superior, las dificultades pueden extenderse a muchos años de espera.

En muchos casos, la promoción jerárquica implica alguna forma de traslado o a otra ciudad o a otra provincia, lo cual significa una fuerte conmoción familiar, por el trabajo de su pareja, por el colegio de los chicos y por alejamiento que implica de su propia familia de origen. La falta de apoyo de la familia ampliada para estas mujeres, ocasionada por el aislamiento del traslado a otras zonas alejadas de sus familias significa a veces tener que declinar el ascenso. Lo usual es que no puedan hacer carrera jerárquica porque suelen priorizar el trabajo y el ascenso de la pareja, pero cuando esto es posible igualmente tiene importantes consecuencias en su familia.

Esta posibilidad de jerarquización implica en estas ingenieras, la disponibilidad de movilidad, una fuerte inversión en el cargo profesional, ser muy competitivas o contar con conocimientos altamente especializados, una gran facilidad de cambio y una cultura organizacional y *managerial* importante para poder gestionar los cambios profesionales y familiares al mismo tiempo, con relativamente poco apoyo.

Como se señala en el primer parágrafo, el mundo de la ingeniería se mantiene dominado por las normas masculinas, especialmente en materia de tiempos de trabajo y de aspiraciones de las mujeres que pueden preferir en ciertos momentos de su carrera un trabajo a tiempo parcial y donde los horarios, de manera general se mantienen muy restrictivos para la vida familiar.

> *(…) A veces parecía que mis compañeros eran comprensivos y me querían ayudar, pero en realidad me trataban como si yo no supiera lo suficiente como para hacerme cargo (…). Yo en realidad quedé en el cargo por antigüedad, porque los ingenieros varones eran todos más jóvenes (…) en realidad me costó mucho que respetaran mi lugar y reconocieran que pudiera tener una mirada diferente (…).*
> Carla (50). Ingeniera Química; Directora de Laboratorio. Industria Química Internacional. (Entrevista realizada en mayo 2015).

> *(…) En la empresa hay que estar sino olvidate de progresar, no avanzás ni un puesto (…) no podés estar distraída, ni hacerte la buenita, tenés que estar alerta para que no te pasen, sobre todo porque sos mujer. (…) yo compenso con docencia ahora que los chicos están en la primaria y allí te respetan un poco más, es más tranqui (…) se acostumbran a verte al frente.*
> Abigail (47). Ingeniera Química; Directora de producto. Empresa Multinacional de Alimentos. (Entrevista realizada en junio 2015).

> *(…) todavía hay muchos prejuicios, no te lo dicen directamente, pero te lo demuestran con chistes o desvalorizan los logros en broma. (…) Si ven que no aflojás te tratan de ablandar con bromas o te seducen a ver si por ahí, consiguen (…) no sé si es acoso (…) te quieren pasar. (…) Si te presentás para un cargo jerárquico dentro de la empresa te miran mal y a veces competís vos sola y todos los demás son hombres.*
> Susana (47). Ingeniera Química; Gerente de Calidad. Empresa de Alimentación. (Entrevista realizada en junio 2015).

Cuarto bloqueo: Los equilibrios familiares

Por último, es necesario contemplar las tensiones que aparecen en todos los casos analizados entre los tiempos familiares y los tiempos laborales, que son frecuentes en todas las mujeres profesionales y trabajadoras, pero en estas profesionales, altamente calificadas, con altos cargos jerárquicos pone en máxima tensión la función productiva que ellas han elegido y la función reproductiva que les asigna la sociedad. Esto plantea por un lado una muy exigente intensificación del tiempo y la efectividad del trabajo, con largas horas de tensión y de concentración y por el otro, el acecho permanente sobre sus cargos, por déficit de tiempo para poder cumplir con sus obligaciones familiares.

Sin que esto se pueda generalizar para otras profesionales y otras profesiones, encontramos en estas ingenieras en cargos jerárquicos una estrategia para afrontar estas situaciones que puede moderar en algunos casos la excesiva exigencia de sus responsabilidades. Esta estrategia está basada en construir una estructura de pareja que les permita la flexibilidad de la atención familiar. Una parte de ellas, ha conformado estructuras tradicionales de pareja, pero con una distribución de tiempo y responsabilidades que si bien respeta los roles parentales estrictamente, les permiten mantener cierta autonomía para el ejercicio de su cargo, si bien en su rol familiar, abandonan totalmente la gestualidad viril.

Mientras que otra parte de ellas han conformado parejas muy flexibles y con acuerdos previos, donde las tareas están muy repartidas, donde se sustituyen permanentemente los roles de cuidado familiar, sea por el padre o la madre y que les permiten incluso viajes permanentes a filiales de la empresa o a Congresos y Ferias. También hay casos de mujeres ingenieras que renunciaron a la conformación de su familia e incluso de su pareja privilegiando su carrera profesional.

En algunos países, es más fácil articular la vida profesional y la vida familiar, pero cuando se plantean tensiones, lo más frecuente es que sea la vida profesional la que pase a segundo plano para las mujeres. De esta forma, algunas características de la identidad de los ingenieros pueden ser leídas desde las problemáticas de género y aún sin poner como criterio el tiempo de trabajo, el fuerte componente masculino del sector refiere más a un tipo de pareja marital donde el hombre trabaja y la mujer se queda en el hogar o en el mejor de los casos tiene un trabajo docente a nivel secundario o terciario. Modelo ya altamente perimido en la sociedad sobre todo para las generaciones más jóvenes. Esta imagen de un contexto social fuertemente sexuado en la profesión también resulta poco atractivo para el incremento numérico de mujeres ingenieras y puede proveer las claves de la falta de logros.

(…) y a veces no puedo estar y nos alternamos con mi pareja para estar siempre uno de los dos con los chicos en los momentos que ellos necesitan, pero si están enfermos tengo que estar yo (…).
Viviana (50). Ingeniera Industrial; Gerente de negocios. Empresa financiera americana. (Entrevista realizada en junio 2015).

La primera etapa fue muy difícil, pasaba muchas horas fuera de casa y si no hubiera tenido la colaboración de mi familia, no hubiera podido seguir (…) mi marido estaba todo el día afuera, no podía contar con él (…) después me fui organizando mejor, pero siempre tenía muchas corridas entre el Laboratorio y los chicos (…).
Carla (50). Ingeniera Química; Directora de Laboratorio. Industria Química Internacional. (Entrevista realizada en mayo 2015).

A modo de cierre

Queda mucho por construir en este espacio de investigación como para concluir tempranamente en resultados definitivos, pero se podrían establecer algunos pasos que pueden abrir el camino de investigaciones posteriores. Por un lado trabajar con las *situaciones de bloqueo*, permite identificar relaciones de trabajo miradas desde las resistencias y las limitaciones que imponen las situaciones de contexto y que permiten analizar las conductas de los actores desde la centralidad de la relación del trabajo, pero también desde la elección de estrategias de adaptación o acomodamiento a la situación existente o estrategias de emancipación o subversión del estado del orden. Por otro lado, desde una mirada más general hay un aporte posible a los estudios del trabajo con perspectiva de género.

Desde el punto de vista de los actores, el desafío que presenta el trabajo en las mujeres supera lo que podríamos llamar la esfera profesional y afecta el conjunto de su proceso de individuación. Entender cómo se traduce para ellas ese desafío por una sumisión a una resignación más fuerte o por la adopción de otras prácticas que no son las habituales en su actividad, en la vida cotidiana y profesional es una alternativa que plantea nuevos caminos Si así fuera estas nuevas prácticas son emancipadoras, innovadoras a nivel social y económico, como plantea Galerand; Kergoat (2008), o meramente adaptativas y reproductivas de la dominación masculina como plantea Bourdieu

(1998).Esta identificación de las situaciones de bloqueo y el análisis de los valores profesionales y las estrategias de los actores ayuda a pensar en esa dirección.

Bibliografía

Ann, S.; Luce, C. y Servon, L. (2010). *Gender Balance Strategy for the United Nations Secretariat: A Strategic Action Plan*, OSAGI/OFPW, febrero.

Baña, B. y Borches, C. (2017). *La química es para las mujeres*, Buenos Aires, EUDEBA.

Barrère-Maurisson, M.-A.; Rivier, S. y Marchand, O. (2001). "Tiempo de trabajo, tiempo parental. La carga parental: un trabajo de media jornada", *Trabajo y Género*, N° 2, Buenos Aires, PIETTE-CONICET.

Boreau of Labor Statistics (2011). USA.

Bourdieu, P. (1998). *La domination masculine*, París, Ediciones de Seuil.

Departament of Education (2010). National Assessment of Educational Progress, USA.

Dupray, A. (2006). "Satisfaction professionnelle des femmes en début de carrière et modes de conjugalité", Ponencia presentada al Congreso Internacional de Sociología Durban, Africa del Sur, julio.

Fundación Sadosky (2015). "Y las mujeres.... ¿donde están?", mimeo.

Galerand, E. y Kergoat, D. (2008). "Le potential subversive du rapport des femme's au travail", *Nouvelles Questions Feministes*, Vol. 27, Antipodes, 2008/2, pp. 67-82.

Glick, P. y Fiske, S. (1996). "The ambivalent sexism inventory: Differentiating hostile and benevolent sexism", *Journal of Personality and Social Psychology*, Vol. 70, N° 3 (pp. 495-512), USA.

Grant Thornton (2017). "Información estadística", *Diario Perfil*, 10/9/2017, p. 48.

Guilbert, M.; Kergoat, D. y Bourdieu, P. (2008). Conferencia citada por Marie-Pierre Guiho-Bailly, "La identidad sexual en el trabajo", mimeo.

Hirata, H. y Kergoat, D. (1997). *La división sexual del trabajo. Permanencia y cambio*, Argentina, Asociación Trabajo y Sociedad/Centro de Estudios de la Mujer y PIETTE-CONICET.

Maruani, M. y Merón, M. (2012). *Un siècle de travail des femmes en France 1901-2011*, París, La Découverte.

MIG-UTN-FRA (2017). "La FRA en números", *Perfiles*, N° 28, Año 11, agosto.

Panaia, M. (2015). "El desafío profesional de la mujer ingeniera", en Panaia, M. (coord.), *Universidades en cambio: ¿generalistas o profesionalizantes?* Buenos Aires-Madrid, Editorial Miño y Dávila.

Panaia, M. (2015). "La inclusión de la mujer en la ingeniería", *Perfiles*, UTN-FRA, Año 10, N° 25, noviembre, pp. 2-4.

Seguimiento de graduados veterinarios en el Uruguay

José Passarini, Brasiliano Rodríguez,
Paola Cabral y Claudia Borlido

Introducción

Este nuevo siglo ha marcado de forma sustantiva el valor del conocimiento. De esta forma, quien lo posea y pueda hacer un uso adecuado del mismo tendrá ventajas comparativas sobre el resto de la población. Tomando como principal promotor de este conocimiento, las instituciones de Educación Superior (ES) tienen una significativa importancia como generadora y difusora del mismo. Por otra parte, en América Latina, se encuentra un estrecho vínculo entre la educación y el desarrollo social.

De acuerdo a lo antes mencionado, se vuelve muy importante el interés de estudiar de manera sistemática la relación entre los procesos de formación de profesionales y su inserción y desempeño laboral (principalmente en los primeros años de graduados), para la mejora continua de la calidad de la Educación Superior.

En el actual contexto, donde se desarrolla la relación entre el mundo del trabajo y la educación superior, se caracteriza por una compleja situación y múltiples facetas. La más simple de evidenciar, son precisamente las transformaciones rápidas y radicales que sufre el mundo del trabajo y la pérdida de vigencia de muchos de los conocimientos adquiridos por los estudiantes durante su paso por la ES (Vega Mederos, 2005).

Particularmente, para la República Oriental del Uruguay, por ser un pequeño país, con una reconocida Universidad Nacional (Udelar), es muy importante conocer en profundidad esta relación entre formación y mundo del trabajo. Actualmente, la Universidad de la República, institución caracterizada por ser: pública, gratuita y sin restricción de ingreso, concentra el 86% (Ministerio de Educación y Cultura, 2017) de los estudiantes universitarios del país, distribuidos a lo largo y ancho del territorio nacional.

La Udelar ofrece 119 carreras terciarias y universitarias de grado. La mayoría de estas carreras son ofrecidas únicamente por esta institución. Particularmente, este trabajo aborda desde la carrera de veterinaria. La Facultad de Veterinaria (FVet) de la Udelar, es la única que forma estos profesionales para el Uruguay desde 1903, por lo tanto cuenta con una tradición y prestigio muy importante, sin embargo no tiene muchos antecedentes de trabajos sobre sus graduados.

En los últimos diez años, el Departamento de Educación Veterinaria (DEV), ha desarrollado una metodología para llevar adelante el seguimiento de los graduados veterinarios, para conocer su inserción laboral y su progresión en el mercado de trabajo. Además, se apunta a tener información para mejorar la oferta académica de grado y los planes de formación de posgrado y educación permanente.

El presente trabajo presenta los resultados de una misma encuesta aplicada, con cinco años de diferencia a un grupo de 87 veterinarios, dejando en evidencias los aspectos que se modifican y aquellos que se mantienen sin cambios, en la vida laboral de estos profesionales.

Se entiende que este tipo de trabajos, no solo fortalece la información con la que cuenta la institución, sino que también aporta aspectos teóricos y metodológicos, para otras instituciones, que formen veterinarios u otras profesiones. Además, es una línea de trabajo permanente que permite realizar ajustes y mejoras de forma continua, sumando diferentes enfoques a la investigación.

Fundamentación

En los países en vías de desarrollo y particularmente en América Latina, es muy evidente el creciente valor del conocimiento, lo que ha posicionado a la Educación Superior como principal promotora, generadora y difusora del mismo, y principalmente con los nuevos gobiernos se ha estrechado el vínculo entre la educación superior y el desarrollo social. En todos los países se Sudamérica ha sido evidente el incremento de la cobertura de ES.

La formación de profesionales, como principal función de la IES, se ha puesto a prueba, ya sea desde los gobiernos a través de los procesos de Evaluación Institucional y Acreditación, como por el mundo del trabajo reclamando una mejor preparación de los graduados.

Probablemente, exista una permanente tensión, que impulse de forma permanente a cambios en los paradigmas (Kuhn, 1962) de las profesiones, que impulsen formaciones más especializadas y más pertinentes. La calidad de los graduados es en muchos casos, sino en la mayoría, el buque insignia e identitarios de muchas Universidades.

Es así que el vínculo entre educación superior, conocimiento pertinente y aplicable, desarrollo social del entorno, formación de recursos humanos altamente competentes y progreso científico-técnico se ha vuelto más estrecho (Iñigo, 2000). Por ello, una preocupación para la ES, es la necesidad de conocer la inserción y desempeño de los egresados universitarios y la importancia de utilizar esta información para retroalimentar los procesos de formación y gestión, sin perder de vista las propias tendencias de la ES.

El seguimiento de graduados

Algunas investigaciones, muy significativas como antecedentes de los estudios de seguimiento de graduados (Dietrich, 1988; Sanyal, 1990) tuvieron un enfoque hacia el desarrollo laboral de los profesionales, aportando desde la caracterización durante un período de tiempo o estudios en panel. Estos últimos, conformando un verdadero sistema de seguimiento. Estos trabajos también tenían un objetivo implícito, que era mantener la singularidad entre los estudios y la casi imposibilidad de sacar conclusiones en este marco.

Posteriormente, es posible encontrar trabajos más funcionales al mercado de trabajo, donde se enfocan hacia las necesidades o demandas para la ES y no tanto la relación entre formación y empleo. Es posible también encontrar algunos trabajos que hacen énfasis en el éxito laboral de los graduados, aunque son una concepción de "éxito" discutible.

Pocos trabajos han sido desarrollados en América Latina, uno de ellos es el proyecto PROFLEX, también conocido como alfa-PROFLEX, ya que fue apoyado por la Unión Europea en el marco de esta fuente de financiación, contó con la participación de 4 Universidades de 3 países europeos (España, Holanda y Alemania) y 36 Universidades de 10 países latinoamericanos (Argentina, Bolivia, Brasil, Colombia, Chile, Honduras, México, Panamá, Puerto Rico y Uruguay); aunque es necesario mencionar que la Universidad de Valencia es la que ha tenido un protagonismo decisivo en este proyecto. PROFLEX fue heredero de otro proyecto semejante llevado a cabo en catorce países de Europa y Japón: el proyecto REFLEX "The Flexible Professional in the Knowledge Society New Demands on Higher Education in Europe". El principal objetivo de este Proyecto fue obtener resultados sobre los graduados universitarios de Latinoamérica y poder establecer una comparación entre los países latinoamericanos participantes en el proyecto PROFLEX y los países europeos que participaron en el Proyecto anterior REFLEX. Se encuestaron alrededor de 9.000 graduados entre los años 2005 y 2006, y los principales resultados se pueden leer en el Informe resumen de los resultados del Proyecto PROFLEX en Latinoamérica, publicado en el año 2010 por José Ginés Mora, José-Miguel Carot y Andrea Conchado; existiendo mucha información disponible al respecto en el sitio web oficial del proyecto www.seguimientoegresados.com.

Sin embargo, es probable que el cambio más significativo, que da un impulso importante a los seguimientos de graduados es su inclusión como requerimiento de la Acreditación Regional en el MERCOSUR (Red de Agencias Nacionales de Acreditación, 2009 y 2015). La fundamentación de su inclusión es no sólo como medida de calidad sino que representa una herramienta de mejora de la gestión de la calidad de la ES. De ahí que los procesos de Evaluación y Acreditación de la calidad de la ES han promovido un nuevo auge de los procesos de seguimiento de graduados, incluyendo indicadores específicos donde la ES debe dar cuenta de la inserción y proyección de sus egresados.

En este nuevo escenario, donde todas las principales carreras de Sudamérica quieren participar, aparece una oportunidad para retomar los sistemas de seguimiento de los graduados que debe ser de carácter institucional, sistematizado, integral y útil para la toma de decisiones. La propuesta debe contemplar varias aristas para proporcionar una visión integral, desde la complejidad que ofrece la situación de los graduados. Se debe tener en cuenta, al menos (Passarini, 2014):

- la situación de los profesionales al momento de graduarse, lo que ofrece un punto de partida, ya que indica que muchos estudiantes avanzados procuran (o lo necesitan) incursionar en el mundo del trabajo, pero no siempre en el área específica de la profesión;
- el seguimiento de los graduados durante los primeros años, combinando técnicas longitudinales y transversales, para conocer su inserción laboral, la valoración de la formación brindada por la ES y las características del empleo al que puede acceder, son algunos de los elementos a relevar;
- la opinión de los empleadores, que ofrecen información sobre las características valoradas positivamente y las falencias que encuentran, y así, aquellos que tienen a cargo a los graduados permiten contar con elementos para fortalecer la oferta académica institucional;

- relevamiento sobre los empleos ofrecidos a profesionales ya que, en la medida que sea posible, las instituciones deben poder sistematizar aquella oferta de trabajo, para conocer las características que son requeridas al momento de cubrir vacantes en el mundo del trabajo.

Por otra parte, el verdadero valor impacto del seguimiento de graduados se adquiere cuando los resultados son utilizados para la toma de decisiones a nivel institucional, ya que debe entenderse que los cambios en la organización del trabajo en conjunto con el avance de la ciencia y la tecnología, teniendo en cuenta la internacionalización de las relaciones, acarrean como consecuencia la transformación del sistema educativo para continuar proporcionando la mano de obra calificada, que permita contribuir al desarrollo del país (Passarini, 2013).

La situación de la Facultad de Veterinaria de la Universidad de la República

La FVet de la Udelar, ha tenido diferentes propuestas curriculares a lo largo de sus 114 años de vida, ellas han respondido a las distintas necesidades de formación de los veterinarios. Han acompañado los cambios científicos y tecnológicos que experimentaron las ciencias veterinarias, y los escenarios económicos, políticos y sociales que se sucedieron en el país. El perfil profesional fue evolucionando desde uno principalmente médico hacia uno más completo y más complejo.

La propuesta curricular actual (Facultad de Veterinaria, 1997) ha marcado una gran diferencia con las anteriores, pasando del Veterinario generalista a un concepto amplio de Ciencias Veterinarias donde otras ramas de la veterinaria, tales como la Producción Animal y la Tecnología de los Alimentos de Origen Animal también ocupan un lugar muy importante en la formación profesional. Este Plan de Estudios plantea un Ciclo Común Obligatorio de 4 años, y un Ciclo Orientado Optativo (llamadas Orientaciones) de 1 año. De esta forma, por primera vez se plantea flexibilizar el currículo y permitir que el estudiante elija los cursos que más le interesan y realizar una Orientación en el área que supone podrá insertarse laboralmente.

Para el Ciclo Orientado se proponen tres opciones, de acuerdo a las tradicionales áreas de trabajo del veterinario: Medicina Veterinaria (MV), Producción Animal (PA) e Higiene, Inspección-Control y Tecnología de los Alimentos de Origen Animal (TA). Aunque, el Título emitido por la Institución es el mismo independientemente de la Orientación elegida, se expide una documentación anexa que documenta que el profesional profundizó sus conocimientos en una rama de la veterinaria. Se aspira a que el veterinario acceda con mayor facilidad en aquellos trabajos vinculados al área de su profundización aunque el título lo habilita a trabajar en todas las ramas profesionales.

Figura 1. Plan de Estudios de la carrera de grado de Doctor en Ciencias Veterinarias. Facultad de Veterinaria, Universidad de la República. Elaborado por el Departamento de Educación Veterinaria (1997)

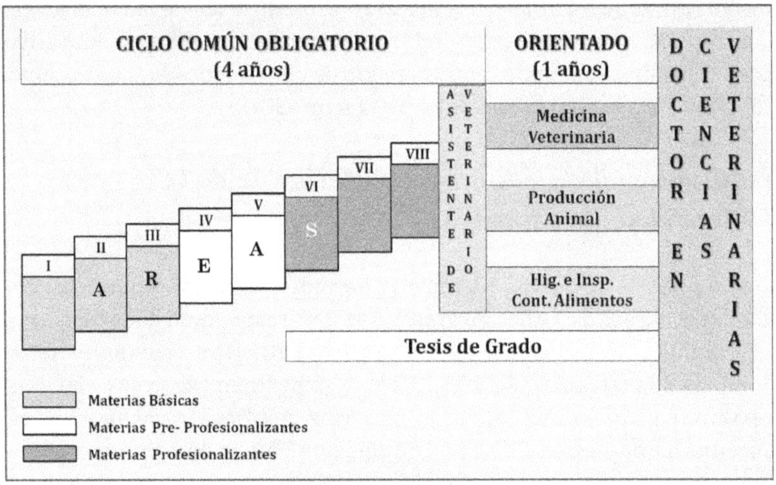

CICLO COMÚN OBLIGATORIO (4 años) — **ORIENTADO (1 años)**

I II III IV V VI VII VIII

A R E A S

ASISTENTE VITERINARIO (vertical) — VITERINARIA NO ARBITRARIA (vertical)

Medicina Veterinaria

Producción Animal

Hig. e Insp. Cont. Alimentos

Tesis de Grado

DOCTOR EN CIENCIAS VETERINARIAS (vertical)

Materias Básicas
Materias Pre- Profesionalizantes
Materias Profesionalizantes

Otra innovación planteada en este Plan de Estudios es la formación del veterinario como investigador, ya que se menciona que "(…) un profesional de Ciencias Veterinarias con sólidos conocimientos científicos y tecnológicos y la capacidad de contribuir a la resolución de los problemas concretos con versatilidad, creatividad, reflexión crítica, eficiencia y excelencia" (Facultad de Veterinaria, 1997: 8). En este sentido plantea que para poder obtener el título realizará un trabajo final a manera de Tesis de Grado. La propuesta de Tesis de grado (o trabajo final) "tiene como objetivo la culminación de un proceso de adquisición de metodología científica, con nivel de exigencia de pregrado" (Facultad de Veterinaria, 1997: 13).

A partir del año 2003, comienzan a egresar los primeros veterinarios con esta formación, por lo tanto también, se entabla la incógnita sobre el desempeño de estos graduados en el mercado laboral. Principalmente, se quería conocer si se encontraban empleados y si estos empleos estaban relacionados a la Orientación de pregrado realizada y a la Tesis de grado realizada.

Por otra parte, y en coincidencia temporal con esta necesidad, la Acreditación de calidad de la carrera para el MERCOSUR incorpora dos indicadores que exigen (RANA, 2015):

- La existencia de sistemas de seguimiento de la trayectoria profesional, académica y campos laborales de los graduados.
- Conocer la satisfacción de los empleadores.

Para dar respuesta a esta necesidad el DEV comienza a realizar el seguimiento de los graduados que egresaron de la propuesta académica de grado vigente. Para ello se tomaron como referencia algunos trabajos para la profesión veterinaria a nivel internacional:

- Medina Cervantes (1999) realizó el seguimiento de los veterinarios egresados de la Universidad Autónoma de Baja California Veterinaria (México), identificando varios aspectos relevantes en el empleo de los veterinarios.
- Chadderdon *et ál.* (2000) encontraron que los veterinarios de Estados Unidos carecían de formación para la práctica de negocios, política arancelaria, visión integral de la problemática del mercado laboral.

El primer relevamiento que realizó el DEV, involucró al 35% de los egresados entre los años 2003 y 2009 (114 veterinarios), a los que se realizó una encuesta que pretendía conocer su situación laboral principalmente. Los principales resultados obtenidos (Passarini, 2013) fueron que:

- El 100% se encontraba ocupado como veterinario/a.
- El 62% cambió de empleo al momento posterior a titularse.
- El 79% contaba con un empleo relacionado a la Orientación de pregrado realizada.
- El 59% contaba con un empleo relacionado a la Tesis de Grado que había realizado.
- El 74% contaba con un solo empleo.
- El 64% lo considera estable a ese empleo.
- El 46% se dedicaba a Especies Pecuarias, el 23% a Animales de Compañía y el 16% a Tecnología de Alimentos de origen animal.
- Todos manifestaban una buena opinión de la formación recibida durante la carrera.

El principal desafío plateado, posteriormente a este trabajo, fue sostener la investigación sobre los graduados e incorporarle nuevos elementos que lo vuelvan más integral. Además, de realmente transformarlo en un verdadero seguimiento de graduados.

En este sentido el DEV incorporó varias herramientas más: una encuesta a los graduados al momento de titularse, un relevamiento de la oferta laboral para veterinarios, y repitió la encuesta a graduados durante los primeros años pos-título. Además, volvió a encuestar, cinco años después, a los graduados que fueron consultados en la primera instancia.

Figura 2. Esquema metodológico del Sistema de Seguimiento de Graduados que lleva adelante el DEV. Elaboración propia

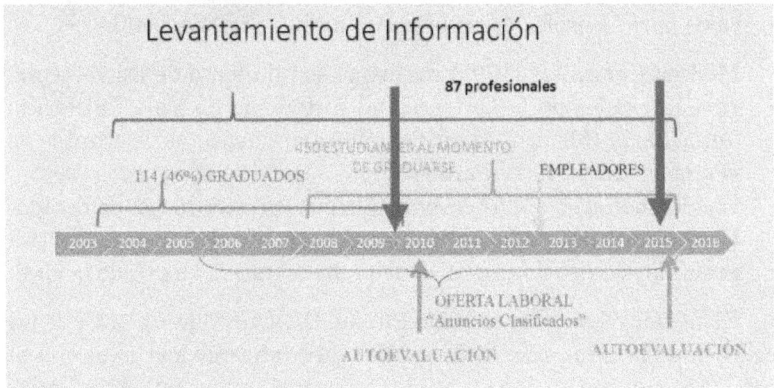

De esta forma, 87 veterinarias/os, fueron consultados en dos momentos diferentes de su etapa laboral, una cuando llevaban entre 1 y 5 años como profesionales y otra cuando tenían entre 6 y 10 años trabajando como veterinarios.

En este trabajo se presentan los resultados de la comparación entre ambas consultas realizadas a los mismos profesionales, poniendo atención a las similitudes y diferencias entre las respuestas de los encuestados.

Objetivos

Como objetivo general se plantea aportar a la mejora de la propuesta formativa de la Facultad de Veterinaria a través de la opinión de sus egresados.

Como objetivo particular se propone analizar las respuestas de los veterinarios frente a una misma encuesta con cinco años de diferencia, sobre su desempeño y progresión en el mercado de trabajo.

Metodología

En este trabajo se presenta el resultado de la aplicación de una encuesta realizada a veterinarios, respondida con 5 años de diferencia. En el año 2010 se encuestó a 87 profesionales que tenían entre 1 y 5 años de graduados (en los resultados las respuestas a esta encuesta serán identificadas como **T1**), estos mismos veterinarios, en el año 2015 fueron encuestados nuevamente (en los resultados las respuestas a esta encuesta serán identificadas como **T2**), ahora ya con 5 años más desde su graduación.

La encuesta fue realizada en formularios *online*, combinando el uso de la plataforma Moodle (plataforma virtual de acceso gratuito) y los formularios de Google. Se le proporcionó a cada egresado un usuario y contraseña, informándole previamente por correo electrónico la existencia de la investigación y la importancia que le asignaba la institución a la misma. Luego se sumaron los resultados obtenidos por ambos instrumentos. Estos dos formatos fueron utilizados de acuerdo a la preferencia de los usuarios.

El formulario estaba compuesto principalmente por preguntas estructuradas donde el encuestado debía seleccionar uno de los enunciados o bien calificar una afirmación con una escala de 1 a 5 (donde 1 es menor satisfacción y 5 mayor satisfacción).

Las áreas de interés consideradas en el formulario eran: identificación del veterinario, situación laboral al momento de titularse, situación laboral al momento al momento de responder el formulario, características de su empleo y valoración de la formación brindada por la Facultad de Veterinaria. Se realizaron 114 encuestas a egresados de los últimos 5 años. El análisis estadístico es de carácter descriptivo y se realizó con el programa Excel, este trabajo compara la situación y opinión de las mismas personas.

Resultados

Ya en la primera consulta fue posible identificar que todos los encuestados estaban trabajando como veterinarios, algo que se mantiene en la segunda encuesta, sin embargo, algunos aspectos que han cambiado son que existen más profesionales con multiempleo y la gran mayoría han cambiado de trabajo una o varias veces, buscando una mejor remuneración o estabilidad laboral.

Tabla 1. Comparación entre respuestas a la consulta sobre el aspecto más relevante para conseguir empleo en T1 y T2. Elaboración propia

¿Qué fue lo más importante para la obtención de su actual empleo?					
	Formulario T 1			Formulario T 2		
	Medicina	Producción	Tecnología	Medicina	Producción	Tecnología
Capacitación	33,3	37,0	29,6	50	25	25
Escolaridad	0,0	0,0	0,0	42,9	14,3	42,9
Experiencia	21,4	42,9	35,7	22,2	44,4	33,3
Otros	50,0	33,3	16,7	25,0	25,0	50,0
Recomendaciones	38,1	47,6	14,3	42,9	35,7	21,4

Es posible identificar a la formación obtenida en la Facultad de Veterinaria como la principal herramienta para conseguir empleo, aunque las recomendaciones se mantienen como relevantes. (Tabla 1).

Tabla 2. Estabilidad del empleo en T1 y T2. Elaboración propia

Respuestas a la pregunta: ¿Considera estable su actual empleo?							
	Formulario T 1				Formulario T 2			
	Medicina	Producción	Tecnología	Todos	Medicina	Producción	Tecnología	Todos
SI	63,6	71,0	56,5	64,4	69,7	77,4	65,2	71,3
NO	27,3	22,6	26,1	25,3	21,2	16,1	13,0	17,2
N/c	9,1	6,5	17,4	10,3	9,1	6,5	21,7	11,5

Hay un mayor porcentaje de profesionales que entiende que su empleo es estable (72% respecto al 64% de la primera encuesta) y ha bajado el que trabaja más de 40 horas por semana (de 70% a 55%), aspectos que pueden indicar una mejor situación laboral, donde los veterinarios han ido seleccionando mejores empleos trabajando menos horas (Tablas 2 y 3).

Por otra parte, la continuación de los estudios parece ser una preocupación para la mayoría, donde el 54% ya ha realizado cursos de posgrado y el 33% lo ha hecho en el marco de un programa que otorga un título (Diploma, Máster o Doctorado) (Tabla 4).

Tabla 3. Nivel de ocupación, en horas semanales, comparando T1 y T2. Elaboración propia

Respuesta a la pregunta: ¿Cuál fue el nivel ocupacional total (horas semanales) de los últimos tres meses?									
	Formulario T 1					Formulario T 2			
	1 a 20	20-30	30-40	>40	N/C	1 a 20	20-30	30-40	>40	N/C
Medicina	3,0	6,1	9,1	78,8	3,0	6,1	12,1	24,2	57,6	0,0
Producción	3,2	9,7	19,4	54,8	9,7	16,1	6,5	25,8	51,6	0,0
Tecnología	8,7	17,4	17,4	56,5	0,0	4,3	8,7	34,8	52,2	0,0

Tabla 4. Realización de posgrados, comparando T1 y T2. Elaboración propia

Respuesta a la pregunta: ¿Realizó cursos de posgrado?				
	Si (T 1) Porcentaje	No (T 1) Porcentaje	Si (T 2) Porcentaje	No (T 2) Porcentaje
Medicina	42,4	57,6	57,6	42,4
Producción	25,8	74,2	35,5	64,5
Tecnología	47,8	52,2	73,9	26,1

Tabla 5. Cantidad de cambios de empleo, comparando T1 y T2. Elaboración propia

Respuesta a la pregunta: ¿Cuántas veces ha cambiado de trabajo desde que se recibió?								
	Formulario T 1				Formulario T 2			
	Medicina	Producción	Tecnología	Todos	Medicina	Producción	Tecnología	Todos
0	57,6	32,3	34,8	42,5	21,2	32,3	8,7	21,8
1	12,1	29,0	17,4	19,5	33,3	9,7	13,0	19,5
2	12,1	19,4	34,8	20,7	6,1	19,4	13,0	12,6
3	12,1	6,5	8,7	9,2	24,2	6,5	30,4	19,5
>3	0,0	9,7	4,3	4,6	15,2	32,3	34,8	26,4
N/C	6,1	3,2	0,0	3,4	21,2	32,3	8,7	21,8

Si bien, por razones obvias, los veterinarios al momento de T2, tienen igual o mayor número de cambios de empleo que en T1, es posible observar que no se ha incrementado tanto este número y es posible identificar cierta estabilidad en los empleos de los profesionales en esta etapa de su vida. (Tabla 5).

Tabla 6. Razones para el cambio de empleo en T1 y T2. Elaboración propia

Respuesta a la pregunta: ¿Cuál fue la principal razón para el cambio de empleo?							
	Formulario T 1				Formulario T 2		
	Medicina	Producción	Tecnología	Todos	Medicina	Producción	Tecnología	Todos
Perdida	0,0	0,0	0,0	0,0	2,3	0,0	4,2	2,0
Salario	40,9	16,0	17,6	25,0	32,6	14,7	20,8	23,8
Estabilidad	0,0	20,0	5,9	9,4	16,3	23,5	20,8	19,8
Vocación	4,5	12,0	52,9	20,3	16,3	2,9	16,7	11,9
Geográficas	13,6	0,0	0,0	4,7	4,7	11,8	0,0	5,9
Otros	0,0	16,0	5,9	7,8	16,3	14,7	8,3	13,9
N/S N/C	40,9	36,0	17,6	32,8	11,6	32,4	29,2	22,8

Se ha incrementado el número de profesionales que realizan ejercicio libre de la profesión en detrimento de los empleos en grado de dependencia tanto público como privado. Se mantiene la buena empleabilidad de los veterinarios en el Uruguay, donde los profesionales se mueven en el mercado laboral relativamente poco, contando con empleos estables y realizan cambios buscando mejores remuneraciones y trabajar menos horas semanales, o bien procurando la independencia laboral creando su empresa o sociedad para disponer de sus tiempos de forma autónoma. (Tabla 6).

También, es posible identificar un incremento de la cantidad de veterinarios que ya son empresarios o cuentan con un vínculo permanente son su empleo, en detrimento de los contratados que representaban una proporción importante en la primera encuesta. Además, se encuentra que con el paso del tiempo (entre ambas encuestas) la percepción de la formación brindada por la Facultad de Veterinaria ha mejorado respecto a los aspectos generales como profesional y como veterinario en particular.

Tabla 7. Relación entre el empleo y la orientación realizada, comparando T1 y T2. Elaboración propia

	Respuesta a la pregunta: ¿Se vincula sus actividades con la Orientación del Plan de Estudios?					
	Medicina		Producción		Tecnología	
	T 1	T 2	T 1	T 2	T 1	T 2
Si	78,8	69,7	90,3	90,3	69,6	69,6
No	21,2	30,3	9,7	9,7	30,4	30,4

Tabla 8. Relación entre el empleo y la tesis de grado realizada, comparando T1 y T2. Elaboración propia

	¿Se vincula sus actividades con la Tesis de Grado realizada?					
	Medicina		Producción		Tecnología	
	T 1	T 2	T 1	T 2	T 1	T 2
Si	66,7	60,6	61,3	54,8	47,8	39,1
No	33,3	39,4	38,7	41,9	52,2	60,9
N/C				3,2		

Además, se encuentra que con el paso del tiempo (entre ambas encuestas) la percepción de la formación brindada por la Facultad de Veterinaria ha mejorado respecto a los aspectos generales como profesional y como veterinario en particular. Así como la importante relación entre el empleo con la orientación realizada (Tabla 7) y la tesis de grado realizada (Tabla 8).

Algunas consideraciones finales

El desarrollo de esta línea de investigación ha permitido contar con información sobre la inserción de los jóvenes veterinarios en diferentes momentos de su desempeño profesional. Si bien este trabajo está en la primera etapa del análisis de sus resultados que también abarca muchos aspectos específicamente disciplinares sobre las áreas de la profesión en la que se desempeñan los veterinarios y la opinión más específica sobre la valoración sobre la formación recibida, es posible encontrar algunas tendencias muy significativas. En este sentido, se mantiene la buena empleabilidad de los veterinarios en el Uruguay, donde los profesionales se mueven en el mercado laboral relativamente poco, contando con empleos estables y realizan cambios buscando mejores remuneraciones y trabajar menos horas semanales, o bien procurando la independencia laboral creando su empresa o sociedad para disponer de sus tiempos de forma autónoma.

Bibliografía

Chadderdon, L.; King, L. y Lloyd, J. (2001). "The skills, knowledge, aptitudes and attitudes of successful veterinarians: A summary of presentations to the NCVEI Subgroup", *J Vet Med Educ*, 28, pp. 28-30.

Dietrich, E. (1988). "El desarrollo laboral de los jóvenes profesionales en la RDA: Un estudio longitudinal", Informe de Investigación, s/n.

Facultad de Veterinaria (1997). "Plan de Estudios de la Facultad de Veterinaria", Montevideo.

Iñigo Bajos, E. (2000). "La formación de profesionales: una perspectiva desde el mundo del trabajo", Tesis de Doctorado en Ciencias de la Educación, Cuba, CEPES-Universidad de La Habana.

Kuhn, T. (1962). *La Estructura de las revoluciones científicas*, 2ª ed., México, Fondo de Cultura Económica.

Medina Cervantes, S. (1999). "Caracterización laboral del médico veterinario y zootecnista egresado de la Universidad Autónoma de Baja California Veterinaria", *México Veterinaria* 30 (2), pp. 175-182.

Ministerio de Educación y Cultura (2017). "Anuario Estadístico de la Educación en Uruguay de 2016". Recuperado de: [www.mec.gub.uy]. Consultado: 7 de abril de 2018.

Passarini, J. (2013). "La formación de los veterinarios y su relación con el mundo del trabajo: un estudio de seguimiento de jóvenes graduados", Tesis de Doctorado en Ciencias de la Educación, Cuba, Universidad de la Habana.

Passarini, J. e Iñigo Bajos, E. (2014). "El seguimiento de graduados como herramienta de desarrollo de las Instituciones de Educación Superior", *Méthodus Tecnología*, Vol. 1, (2), pp. 8-14.

Red de Agencias Nacionales de Acreditación (2015). "Sistema ARCU-SUR, criterios de calidad para la acreditación de carreras universitarias: Titulación Veterinaria". Recuperado de: [http://edu.mercosur.int/arcusur/images/pdf/rana/7-Veterinaria_Maio_2015.pdf]. Consultado: 7 de abril de 2018.

Sanyal, B. (1990). *Education and Employement and industrial comparative study*, Paris, IIPE, UNESCO.

Vega Mederos, J. (2005). "Evaluación del desarrollo profesional de los jóvenes egresados cubanos ante los nuevos retos del mundo del trabajo", Tesis de Doctorado en Ciencias de la Educación, Cuba, Universidad de la Habana.

Anexo. Resultados comparativos de la Encuesta 2010-2015. Elaboraciones propias

Cuadro 1	¿Qué fue lo más importante para la obtención de ese empleo?					
	Formulario T 1			Formulario T 2		
	Med.	Prod.	Tec.	Med.	Prod.	Tec.
Capacitación	33,3	37,0	29,6	50,0	25,0	25,0
Escolaridad	0,0	0,0	0,0	42,9	14,3	42,9
Experiencia	21,4	42,9	35,7	22,2	44,4	33,3
Otros	50,0	33,3	16,7	25,0	25,0	50,0
Recomendaciones	38,1	47,6	14,3	42,9	35,7	21,4

Cuadro 2	Realizó curso de posgrado según orientación			
	Porcentaje Si (T 1)	Porcentaje No (T 1)	Porcentaje Si (T 2)	Porcentaje No (T 2)
Medicina	42,4	57,6	57,6	42,4
Producción	25,8	74,2	35,5	64,5
Tecnología	47,8	52,2	73,9	26,1

Cuadro 3	Considera estable su empleo							
	Formulario T 1				Formulario T 2			
	Med.	Prod.	Tec.	Todos	Med.	Prod.	Tec.	Todos
SI	63,6	71,0	56,5	64,4	**69,7**	**77,4**	**65,2**	71,3
NO	27,3	22,6	26,1	25,3	21,2	16,1	13,0	17,2
N/c	9,1	6,5	17,4	10,3	9,1	6,5	21,7	11,5

Cuadro 4	¿Cuántas veces ha cambiado de trabajo desde que se recibió?							
	Formulario T 1				Formulario T 2			
	Med.	Prod.	Tec.	Todos	Med.	Prod.	Tec.	Todos
0	57,6	32,3	34,8	42,5	21,2	32,3	8,7	21,8
1	12,1	29,0	17,4	19,5	33,3	9,7	13,0	19,5
2	12,1	19,4	34,8	20,7	6,1	19,4	13,0	12,6
3	12,1	6,5	8,7	9,2	24,2	6,5	30,4	19,5
>3	0,0	9,7	4,3	4,6	15,2	32,3	34,8	26,4
N/C	6,1	3,2	0,0	3,4	21,2	32,3	8,7	21,8

		¿Cuál fue el nivel ocupacional total (hs semanal) de los últimos tres meses?								
		Formulario T 1					Formulario T 2				
		1 a 20	20-30	30-40	>40	N/C	1 a 20	20-30	30-40	>40	N/C
Cuadro 5	Medicina	3,0	6,1	9,1	**78,8**	3,0	6,1	12,1	24,2	57,6	0,0
	Producción	3,2	9,7	19,4	54,8	9,7	16,1	6,5	25,8	51,6	0,0
	Tecnología	8,7	17,4	17,4	56,5	0,0	4,3	8,7	34,8	52,2	0,0

	Su ingreso total mensual actual es aproximadamente entre							
	Formulario T 1				Formulario T 2			
	Med.	Prod.	Tec.	Todos	Med.	Prod.	Tec.	Todos
Menos de 10000	6,1	6,5	8,7	6,9	0,0	3,2	4,3	2,3
10 a 20	48,5	32,3	52,2	43,7	6,1	9,7	8,7	8,0
20 a 30	33,3	38,7	21,7	32,2	24,2	25,8	26,1	25,3
30 a 40	3,0	3,2	8,7	4,6	18,2	16,1	34,8	21,8
> 40000	0,0	9,7	4,3	4,6	39,4	35,5	26,1	34,5
N/C	9,1	9,7	4,3	8,0	12,1	9,7	0,0	8,0

Cuadro 6

	¿Quién ocupaba anteriormente ese puesto?							
	Formulario T 1				Formulario T 2			
	Med.	Prod.	Tec.	Todos	Med.	Prod.	Tec.	Todos
Vet.	42,4	45,2	34,8	41,4	48,5	32,3	43,5	41,4
Est. Vet.	6,1	0,0	4,3	3,4	3,0		4,3	2,3
Cargo N	15,2	19,4	21,7	18,4	24,2	16,1	21,7	20,7
Ing. Agr.	0,0	0,0	0,0	0,0	3,0	9,7	0,0	4,6
Ing. Alim.	0,0	0,0	0,0	0,0	0,0	0,0	0,0	0,0
Médico	0,0	0,0	0,0	0,0	0,0	0,0	0,0	0,0
Pers. no prof.	9,1	0,0	8,7	5,7	3,0	3,2	4,3	3,4
Otro	3,0	6,5	4,3	4,6	0,0	9,7	17,4	8,0
N/C	24,2	29,0	26,1	26,4	18,2	29,0	8,7	19,5

Cuadro 7

PROFESIÓN E INNOVACIÓN EN UN CONTEXTO FLEXIBLE

	¿Se vinculan sus actividades con la Orientación del Plan?					
	Medicina		Producción		Tecnología	
	T 1	T 2	T 1	T 2	T 1	T 2
Si	78,8	69,7	90,3	90,3	69,6	69,6
No	21,2	30,3	9,7	9,7	30,4	30,4
	¿Se vincula sus actividades con la Orientación del Plan?					
	Medicina		Producción		Tecnología	
	T 1	T 2	T 1	T 2	T 1	T 2
Si	78,8	69,7	90,3	90,3	69,6	69,6
No	21,2	30,3	9,7	9,7	30,4	30,4

Cuadro 8

	¿Se vinculan sus actividades con la Tesis de Grado realizada?					
	Medicina		Producción		Tecnología	
	T 1	T 2	T 1	T 2	T 1	T 2
Si	66,7	60,6	61,3	54,8	47,8	39,1
No	33,3	39,4	38,7	41,9	52,2	60,9
N/C				3,2		

Cuadro 9

Áreas de Trabajo	¿Cuál es su principal área de actividad?					
	Formulario 1			Formulario 2		
	Medicina	Producción	Tecnología	Medicina	Producción	Tecnología
Medicina Veterinaria	48,5	19,4	8,7	51,5	19,4	26,1
Producción	18,2	48,4	4,3	21,2	64,5	4,3
Tecnología	6,1	6,5	39,1	12,1	3,2	39,1
Docencia	9,1	9,7	8,7	3,0	9,7	17,4
Salud Publica	0,0	3,2	8,7	3,0	0,0	0,0
Otros	6,1	9,7	13,0	9,1	3,2	13,0
N/C	12,1	3,2	17,4	0,0	0,0	0,0
	33	31	23			

Cuadro 10

Género, trabajo e ingeniería.

La inserción laboral de las ingenieras químicas

Lucila Somma, Ivana Iavorski Losada y Vanina Simone

1. Introducción

L a formación en Ingeniería Química fue pensada en sus orígenes –a comienzos del siglo XX– como parte de la infraestructura científico-tecnológica demandada por la floreciente manufactura agroganadera de la zona central del país. Hacia mediados de siglo amplía su campo a la industria petroquímica y sus derivados para, a fines de siglo, abocarse a la seguridad industrial y los procesos de cuidado del medio ambiente. Además, se fortalecen otro tipo de actividades tales como los servicios de consultoría, la investigación aplicada y su transferencia a partir de las tareas de docencia. Son estos últimos campos laborales los que, en las décadas recientes, atraen a las mujeres y permiten construir en el imaginario una profesión compartida entre ambos géneros. Se conforma así, una división o quiebre –poco explícito– entre dos sub-campos de inserción profesional: uno proclive a ser ocupado por las ingenieras químicas mujeres y otro con una orientación "tradicional" dominado por los varones.

La ingeniería se ubica en el centro de la organización racional del trabajo y encarna el saber especializado basado en la formación técnica –previa escisión entre el mundo laboral y el personal o entre la esfera pública y la privada, y separación jurídico-contable del patrimonio y las riquezas de una y otra esfera– tal como explica Weber en sus trabajos clásicos ([1922] 2002). El varón, al asumir el dominio sobre la esfera pública y laboral, organizada como una maquinaria compleja, eficiente e impersonal, conforma la pieza fundamental del estereotipo de los profesionales de la ingeniería. En cambio, aquellas mujeres que presentan interés por este tipo de profesiones muestran cierta "masculinización" en sus proyectos personales (Panaia, 2015) o son vistas como *"outsiders"* o posiblemente disruptivas del *status quo* basado en las condiciones sexuales, culturales, laborales, jurídicas y productivas que hacen posible el funcionamiento "eficiente", racional e impersonal de las organizaciones. Esas disrupciones se relacionan no sólo con la cualidad reproductora de la mujer y las condiciones y características que a ello se asocia, sino con las diferencias en la socialización de unas y otros, y los valores puestos en juego a la hora de construir sus identidades y subjetividades.

Según cifras de la Dirección de Estadística de la Universidad Tecnológica Nacional (UTN), en los últimos diez años se ha incrementado en un 38% la cantidad de mujeres que estudian alguna especialidad de Ingeniería en la Universidad; pasa de 8.623 estudiantes mujeres en 2007, a 11.975 en 2016. Pese a este aumento ellas aún representan un porcentaje muy menor del estudiantado, el 13,8% en 2007 y el 15,6% en 2016 (UTN-FBA, 2018). La Ingeniería Química, sin embargo, muestra un comportamiento diferente, es una de las pocas especialidades con tendencia hacia la paridad en su composición por sexo[1].

La presencia de estas mujeres estudiantes y graduadas de ingeniería abre el interrogante sobre las posibilidades de construir experiencias profesionales en igualdad de condiciones, las características de esas inserciones, las dinámicas que asumen esas trayectorias, y las tensiones que aparecen entre las demandas de un campo profesional ocupado tradicionalmente por varones y el estereotipo y rol asignado a lo femenino relacionado fundamentalmente con la dupla mujer/madre. Como menciona Teichler son pocos los estudios sobre la relación entre educación superior y empleo que se ocupan de la "incidencia del estudio en la carrera profesional y las funciones laborales subsiguientes" (2005: 45) así como bajo qué condiciones los graduados y las graduadas hacen uso de los conocimientos que han adquirido en su formación universitaria[2]. Dichas problemáticas justamente mues-

---

1   Datos de la Dirección de Políticas Universitarias muestran que, en los años 2014 y 2015, 3015 varones y 3265 mujeres se inscriben por primera vez a la carrera de química (*La Nación*, 28 de junio de 2017).

2   Siguiendo el planteo de Teichler (2005), Panaia (2008) resalta que nuestro país carece de estadística sistemática sobre el mercado de trabajo profesional, sus estadísticas transversales son pobres y con problemas de completud y sus relevamientos son limitados en cuanto a trayectorias de los/as graduados/as en el mercado de trabajo. Hasta la actualidad importantes avances se han realizado para compensar este déficit, tal como la creación en 1999 de los Laboratorios de Monitoreo de Inserción de Graduados (MIG) en varias Universidades y Facultades de nuestro país dirigidos por la Dr. Marta Panaia; la instalación en 1997 del Laboratorio de Análisis Ocupacional de la Facultad de Ciencias Sociales de la UBA dirigido por el Prof. Julio Testa, y las investigaciones comparativas sobre educación-trabajo realizadas en tres universidades, Universidad de Buenos Aires,

tran heterogeneidades cuando se ponen en juego las relaciones de género, ya que al no considerar esta dimensión de análisis se puede caer en la universalización de algunos resultados de investigación que tienden a referirse sólo a diplomados varones.

Así, el presente artículo tiene como objetivo profundizar el análisis de la inserción laboral y las trayectorias profesionales de las ingenieras químicas de la UTN Facultad Regional Avellaneda (FRA) graduadas entre los años 2006 y 2010 desde una perspectiva de género[3]. A partir de la propuesta teórico-metodológica de recolección sistemática de datos desarrollada por el Laboratorio Monitoreo de Inserción de Graduados (MIG) basada en el uso combinado de dos herramientas metodológicas (un cuestionario longitudinal y una entrevista en profundidad[4]) es posible reconstruir, por un lado, las secuencias temporales presentes en las trayectorias laborales y de formación desde el inicio de la carrera en la UTN hasta el momento de la entrevista, pasados tres años desde la graduación; y por el otro comprender las experiencias transitadas y los acontecimientos de cada trayectoria desde el enfoque biográfico.

En la carrera de Ingeniería Química durante este periodo (2006 a 2010) 36 personas obtuvieron su título de grado, 23 varones y 13 mujeres. De dicho total, luego del trabajo de seguimiento y relevamiento se obtienen 21 casos para ser analizados, de los cuales cinco pertenecen a mujeres ingenieras[5], y los 16 restantes a varones ingenieros.

Universidad Nacional de Mar del Plata y Universidad Nacional de Misiones (Riquelme, 2008; Riquelme, 2003), entre otros.

3   Ver Simone *et ál.* (2016); Gagliolo *et ál.* (2017) y Somma *et ál.* (2017).

4   La propuesta planteada por Godard (1996) de uso conjunto de dos fuentes, una cuantitativa y otra biográfica ha demostrado ser especialmente apropiada para el caso de los recorridos profesionales. A través de las secuencias temporales plasmadas en la vida de los sujetos, en la que se relacionan los acontecimientos individuales con los estructurales, es posible identificar "hitos" o "nudos" al interior de las trayectorias que muestran continuidades y rupturas. Estos hitos pueden tener orígenes múltiples, aunque también se encuentran trayectorias con secuencias continuas que no muestran o presentan rupturas a lo largo del tiempo.

5   El nivel de rechazo para el caso de las mujeres es alto, debido a que manifiestan múltiples ocupaciones, licencia por maternidad y residencia en el exterior. Se rastrearon tres casos bajo esta última condición. Una de ellas está asentada en Italia y trabaja en una empresa multinacional de productos de cuidado personal y del hogar; otra graduada vive en Brasil y trabaja en una empresa dedicada a la industria textil de Porto Alegre; mientras que la tercera desarrolla una beca de Maestría en Ingeniería Energética en la Universidad de Massachusetts Lowell (Estados Unidos) y trabaja allí en una empresa que brinda servicios de ingeniería de proyectos para el desarrollo de energías renovables. Cabe resaltar que, al ser una cantidad reducida de casos, las posibilidades de obtener respuestas afirmativas en el trabajo de rastreo también disminuyen.

2. Género y trabajo: mercado laboral, ingresos y ocupaciones

Las formas de abordar las temáticas de género y trabajo, y género y profesión, son amplias y variadas, abarcan desde estudios culturales, nuevas sexualidades, enfoques de revisión crítica en la construcción de los relatos históricos hasta las trayectorias de mujeres migrantes, mujeres y trabajo doméstico, profesionales y procesos de incorporación de las mujeres al mercado de trabajo, por nombrar sólo algunos de los enfoques.

El presente apartado resume diversas investigaciones sobre el proceso de incorporación de las mujeres al mercado de trabajo en el país y los últimos datos sobre las diferencias presentes entre varones y mujeres en la actividad laboral remunerada. Estos antecedentes enmarcan y complementan el análisis sobre las modalidades de inserción al mercado de trabajo y la trayectoria laboral que transitan las ingenieras químicas graduadas de la UTN-FRA entre los años 2006 y 2010.

El proceso de incorporación masivo de la mujer al mercado de trabajo en la Argentina adquiere relevancia a partir de la década del sesenta, producto de su acceso al nivel educativo superior combinado con una diversificación en la oferta educativa (nuevas universidades y carreras) y las transformaciones en las pautas de fecundidad –la planificación familiar brinda mayor autonomía a la mujer–. Su rápida aceleración, se interpreta desde la literatura especializada como un signo de modernización de la sociedad argentina (García de Fanelli, 1991). La crisis económica, social y política que se inicia a partir de las medidas implementadas por la última dictadura militar, pone en jaque dicha apreciación. Pues, se advierte que este ingreso está mayormente vinculado a la caída del ingreso familiar.

El aumento de la participación de las mujeres se explica por el crecimiento en los niveles de desempleo y el deterioro de los salarios de los varones, quienes detentan el rol de jefes de hogar. Ante esta situación, son ellas quienes salen a la búsqueda de ingresos para su mantenimiento. Otros estudios indican además, que la entrada y recorrido de las personas en el mercado de trabajo es distintivo no sólo según sexo, sino también por estrato social. Las mujeres de clase media suelen acceder a puestos formales en áreas administrativas con escasa posibilidad de carrera futura, mientras que las mujeres de sectores sociales más bajos realizan tareas en los sectores informales de la economía y reciben una escasa remuneración.

Este fenómeno persiste en las décadas siguientes y se acelera gradualmente durante la década del noventa. Una vez superada la crisis se mantuvieron los mismos niveles, aunque se detuvo el proceso de feminización del empleo desde comienzos del 2000 debido al crecimiento en las ramas en la industria, actividades tradicionalmente masculinas (Castillo *et ál.*, 2008). En este sentido, los años noventa muestran el fin de las discontinuidades en los recorridos profesionales de las mujeres, marcando una ruptura con las formas anteriores donde la inactividad producto de las responsabilidades familiares era la norma. Anker (1997) afirma que, de este modo se logra desarticular la teoría de parcelación del mercado de trabajo que justifica la segregación ocupacional de las mujeres del sector estructurado o formal a causa de la intermitencia laboral que suponía la entrada y salida del mercado de trabajo por factores domésticos.

Diversas miradas analíticas problematizan esta situación. Desde el lado de la oferta, las investigaciones indagan en las características de la mano de obra femenina, mientras que del lado de la demanda los trabajos se preguntan por el sexismo implícito en el discurso empresarial. Sea el análisis desde la oferta o la demanda, los estudios que analizan el ingreso y desarrollo de las mujeres en el mercado de trabajo deben tener en cuenta otras variables que complejizan el fenómeno y ayudan a su mejor comprensión; entre ellas se encuentran el ciclo de vida, la situación conyugal, el nivel educativo y las modalidades de inserción laboral.

Para Mazzeo y Bocchicchio, en la Ciudad Autónoma de Buenos Aires (CABA), se observa una elevada correlación entre el ascenso en el nivel educativo de las mujeres y la tasa de participación laboral femenina alcanzado en las últimas décadas entre la población económicamente activa. En contraste, la participación de los grupos de bajo nivel educativo aumenta sólo de manera moderada e incluso se frena, lo que demuestra la persistencia de importantes obstáculos en la inserción de esas mujeres. Además, este último grupo es el que resulta más afectado por la precariedad laboral. Para estas autoras, "la probabilidad de obtener un contrato sin aplicación de los derechos básicos que aporta la seguridad social es más alta para ellas que para ellos" (2017: 18).

Los datos aportados por el SIPA (Sistema Integrado Previsional Argentino) y analizados por el Observatorio de Empleo y Dinámica Empresarial perteneciente al Ministerio de Trabajo, Empleo y Seguridad Social, indican que varones y mujeres en la Argentina no trabajan en las mismas ramas de actividad. Como se muestra en el Cuadro 1, la tasa de feminidad del empleo asalariado registrado privado para septiembre de 2016 revela que las mujeres son mayoría en algunas actividades del sector servicios (enseñanza; servicios sociales y salud; servicios de organizaciones empresariales; investigación y desarrollo; y servicios a la actividad financiera), mientras que en la rama industrial sólo predominan en la actividad de "confección". Entre los sectores donde los varones ocupan el 90% de los empleos se encuentran actividades de servicios como "eliminación de desperdicios" y "transporte ferroviario y automotor"; el sector de la construcción; las actividades de extracción de madera y de metales, dentro del sector primario; y las metalúrgicas y de madera entre las industriales.

Cuadro 1. Tasa de feminidad -Trabajadores/as Registrados/as- Grandes divisiones. Sept. 2016

Sector	sep-16
Agricultura, ganadería, caza y silvicultura	12,2
Pesca y servicios conexos	10,4
Explotación de minas y canteras	9,2
Industria manufacturera	19,0
Electricidad, gas y agua	17,2
Construcción	5,9
Comercio al por mayor y al por menor	35,1
Hotelería y restaurantes	44,5
Transporte, de almacenamiento y de comunicaciones	14,1
Intermediación financiera y otros servicios financieros	48,8
Servicios inmobiliarios, empresariales y de alquiler	36,0
Enseñanza	73,6
Servicios sociales y de salud	71,2
Servicios comunitarios, sociales y personales n.c.p.	46,1
Total general	32,8

Fuente: Observatorio de Empleo y Dinámica Empresarial, DGEyEL, SSPTyEL, MTEySS, en base al SIPA.

Por otro lado, Mazzeo y Bocchicchio (2017) analizan la brecha laboral de género[6], a partir de los datos de la Dirección de Estadísticas de la Ciudad de Buenos Aires (Cuadro 2).

---

6   Mazzeo y Bocchichio (2017) trabajan con el concepto de *brecha de género* en el ingreso laboral, y explican que se trata de una construcción analítica y empírica que se obtiene

Cuadro 2. Ingreso de la ocupación principal por sexo según calificación ocupacional, máximo nivel educativo alcanzado, rama de actividad y categoría ocupacional (promedio en pesos). Ciudad de Buenos Aires. 4to trimestre 2016

	4to trimestre 2016	
	Varón	Mujer
Ingreso de la ocupación principal	17.492	14.033
Calificación ocupacional		
Alta calificación (profesional y técnica)	22.638	18.315
Baja calificación (operativa y no calificada)	12.962	9.636
Máximo nivel educativo alcanzado		
Hasta Secundario incompleto	11.144	6.970
Secundario incompleto	14.120	10.717
Secundario completo	17.062	13.203
Superior completo y más	24.636	18.464
Rama de actividad		
Industria y construcción	15.368	12.206
Comercio	15.249	11.595
Servicios	18.694	16.053
Categoría ocupacional		
Patrón o empleador	32.286	26.968
Trabajador por cuenta propia	13.869	8.976
Asalariado	17.229	14.423

Fuente: Dirección General de Estadística y Censos (Ministerio de Hacienda GCBA). ETOI (2017).

Se destaca que, al considerar la calificación de la tarea, los varones ganan un 24% más que las mujeres en ocupaciones de alto nivel de calificación y un 34% en los niveles bajos. Del mismo modo, al considerar las credenciales educativas, la mayor brecha en desmedro de las mujeres parece estar asociada fundamentalmente a los niveles educa-

---

de la diferencia entre las categorías de una variable, que se expresa en todas las áreas de desempeño del ser humano –económico, social, cultural, etc.–. En este sentido, *brecha laboral de género* es la relación entre las tasas de participación económica de varones y mujeres, que da cuenta de las desigualdades existentes en el mercado laboral puesto que expresa la situación de discriminación que sufren las mujeres. Es así como la *brecha de ingreso* explica la desigualdad de remuneración entre los varones y las mujeres por la realización de una misma tarea.

tivos inferiores al secundario incompleto, donde los varones ganan en promedio 60% más que ellas, manteniendo el resto de los niveles un promedio del 30%. En cuanto a las ramas de actividad, la más equitativa es la de servicios, donde ellos ganan un 16% más, siguiendo la de industria y construcción con un 26% de diferencia. Si se considera la categoría ocupacional se debe resaltar que las mujeres concentran su participación dentro los/as asalariados/as, siendo pocas las que se desempeñan como cuentapropistas o patronas. Sin embargo, no deja de resultar relevante que en el caso de los/as trabajadores/as por cuenta propia, los varones tengan ingresos promedios 55% superiores a los de las mujeres.

Según Rojo Brizuela y Tumini (2008), también se observa un mercado de trabajo con elevada inequidad de género, puesto que las mujeres logran inserciones más precarias y con menores ingresos por hora trabajada. Resaltan que las trabajadoras, aun presentando mayores niveles educativos que sus pares varones, acceden en menor proporción a cargos de dirección incluso en actividades fuertemente feminizadas. Para las autoras, las desigualdades tienen su origen en las percepciones de los empresarios y los estereotipos de género[7] que se trasladan a las ocupaciones conformando el denominado "techo de cristal". Las evidencias empíricas recolectadas para América Latina no parecen respaldar los supuestos de menor productividad ni los mayores costos laborales que establecen los enfoques neoclásicos[8].

El mismo estudio describe diferencias también, en los modelos de inserción laboral de varones y mujeres al interior de uno de los segmentos de mercado protegido, como lo es el empleo registrado en el sector privado, donde debido a sus altos niveles de institucionalización

---

7 La división sexual del trabajo encuentra su justificación "natural" en la distinción biológica entre los cuerpos femeninos y masculinos. Las diferencias anatómicas darían lugar a ciertos atributos positivos asociados a la mujer, tales como la destreza manual o la habilidad en las tareas del hogar y del cuidado o la educación, y atributos negativos que la descalificaría para ocupar cargos jerárquicos o de calificación técnica y profesional. Para Bourdieu, "se establece una relación de causalidad circular que encierra el pensamiento en la evidencia de las relaciones de dominación, inscritas tanto en la objetividad, bajo la forma de divisiones objetivas, como en la subjetividad, bajo la forma de esquemas cognitivos que, organizados de acuerdo con sus divisiones, organizan la percepción de sus divisiones objetivas" (2013: 22).

8 Para la teoría neoclásica las brechas salariales y las diferencias presentes en los tipos de inserción que desarrollan varones y mujeres se justifican por las características propias de la oferta de trabajo de unos y otras. La mayor carga de responsabilidades de crianza y cuidado familiar limitaría las posibilidades de las mujeres de incrementar sus competencias laborales, a la vez que incrementaría los costos laborales producto de mayores niveles de ausencia, impuntualidad y movilidad laboral. Los bajos salarios compensarían entonces sus mayores costos (Anker, 1997).

deberían esperarse comportamientos más igualitarios. Sin embargo, la industria manufacturera es uno de los espacios donde se verifican las brechas salariales de género más pronunciadas. Tomando como caso de estudio del sector de fabricación de productos químicos cosméticos, que resulta de interés ya que se corresponde con los espacios de inserción de ingenieros e ingenieras químicas, las mujeres perciben salarios en promedio 35% inferiores que los varones en todos los niveles de calificación, siendo el nivel profesional el que mayor brecha presenta, un 43%. A pesar de ello, Rojo Brizuela y Tumini afirman que "el conjunto de territorios ocupacionales masculinos o mixtos, donde la inserción de mujeres es acotada y se pagan remuneraciones relativamente elevadas, muestra brechas salariales más reducidas entre trabajadores de distinto sexo" (2008: 63), en comparación con áreas típicamente femeninas.

Al analizar las brechas salariales por sector de la economía en base al SIPA, llama la atención por ejemplo la situación del sector de la construcción –tradicionalmente masculino[9]– donde la brecha muestra una inclinación a favor de las mujeres. Siguiendo el razonamiento propuesto por Rojo Brizuela y Tumini se puede inferir que esto sucede porque ellas, a diferencia de lo que sucede en otros sectores, ocupan lugares de dirección de obra (arquitectas, ingenieras civiles, diseñadoras), mientras que no se hacen presentes en los escalafones más bajos, ligados a los oficios de la construcción (plomería, albañilería, electricidad). Por el contrario, en los sectores tradicionalmente femeninos como el de la enseñanza la brecha resulta negativa, relacionado no sólo a las tasas de participación sino también a los niveles de formalidad y organización de este segmento. Sin embargo, en los servicios de la salud, donde las mujeres también son mayoría, la brecha está cercana al promedio de todos los sectores, ya que allí se observa la presencia de puestos de trabajo estratificados de acuerdo al género, con una sobrerrepresentación femenina en las capas más bajas de la estructura piramidal (enfermeras) que desciende a medida que aumenta el estatus jerárquico (médicos) representado por el rol masculino.

Los datos presentados dan cuenta de dos tipos de asimetrías en la distribución del empleo femenino y masculino. Por un lado, una segmentación que se podría denominar horizontal, que distingue empleos "típicamente femeninos" de aquellos "típicamente masculi-

---

9   La participación femenina en ramas de producción de bienes es escasa o nula. El caso de la construcción es el más extremo, puesto que en la Ciudad de Buenos Aires sólo hay 7 mujeres trabajadoras cada 100 varones (Bocchicchio, Roggi y Seivach, 2017).

nos". El carácter femenino o masculino de algunos empleos o incluso campos profesionales refiere tanto a la presencia desigual de varones y mujeres, como a la vinculación con roles de género socialmente establecidos. Es así que aquellas ocupaciones vinculadas al cuidado, la educación de niños/as y adolescentes, el control sobre la reproducción doméstica o el cuidado del hogar se asocian con la construcción social de lo femenino. Del mismo modo, otro tipo de ocupaciones y profesiones se asocia a la construcción de una masculinidad orientada con la toma de decisiones, el ejercicio del poder, la destreza y fuerza física, la racionalidad, e incluso el ejercicio de la violencia (Segato, 2003). Esa separación horizontal refiere entonces tanto a una cuestión estadística de presencia de varones y mujeres como a su asociación con roles de género. Como se señala anteriormente, estos roles constituyen construcciones socio históricas y no expresiones propias de la naturaleza humana.

Al mismo tiempo, se hace evidente una segmentación vertical en el acceso a los cargos de mando o conducción que establece límites invisibles en el crecimiento laboral de las mujeres, es decir, decrece su participación a medida que se asciende en la escala jerárquica, dificultando el desarrollo de carreras profesionales. En las fábricas de productos químicos cosméticos las diferencias salariales son notablemente marcadas. Las mujeres gerentes ganan un 52% menos que un gerente varón. La brecha salarial se explica por el tipo de gerencia a las que acceden las mujeres, pues se trata de áreas de apoyo tales como las administrativas y comerciales donde las remuneraciones son más bajas. Mientras que los varones ocupan gerencias en procesos críticos (Rojo Brizuela y Tumini, 2008).

3. La Ingeniería Química en la UTN y en la FRA

En la Facultad Regional Avellaneda, la carrera de Ingeniería Química comienza a dictarse en el año 1955 bajo la órbita de la Universidad Obrera Nacional. El título que se expedía era el de Ingeniero de Fábrica en Industrias Químicas y recién con el plan 1965 de la Universidad Tecnológica Nacional, el título pasó a denominarse Ingeniería Química. Dicho plan se modifica en repetidas circunstancias: 1975, 1979, 1985 y 1995 —este último sufre una adecuación en el año 2003—. Una de las características más sobresalientes de la última modificación —en 1995— es que se reduce su duración de seis a cinco años (Simone et ál., 2007).

Según la resolución 1232/01 del Ministerio de Educación de la Nación las actividades reservadas al título de ingeniero/a químico/a son: estudio, factibilidad, proyecto, dirección, construcciones, instalación, inspección, operación y mantenimiento (excepto obras civiles e industriales) en industrias que involucren procesos químicos, físicoquímicos y de bio-ingeniería; instalaciones donde intervengan operaciones unitarias y/o proceso industriales unitarios; instalaciones destinadas a evitar la contaminación ambiental por efluentes de todo tipo originados por las industrias y/o sus servicios; equipos, maquinarias, aparatos e instrumentos para las industrias indicadas en los incisos anteriores. La Ordenanza N°1028 del Consejo Superior de la UTN haciendo referencia a la resolución antes mencionada, propone un perfil de ingeniero/a químico/a que debe estar capacitado/a para afrontar el desarrollo integral de proyectos industriales de plantas de procesos. Esto comprende estudios de factibilidad, evaluación del impacto ambiental, diseño, cálculo, construcción, instalación, puesta en marcha y operación de las mismas, como así también la elaboración y seguimiento de los planes de producción y comercialización. En este sentido, su campo de acción se encuentra en las más variadas manifestaciones de la actividad productiva: Saneamiento y Medio Ambiente, Industria de Alimentos, Petróleo, Combustibles, Lubricantes, Energía Nuclear, Industria Farmacéutica, etc.[10]

En los últimos años dentro de las ingenierías, la especialidad de química cuenta a nivel general con una mayor participación femenina. En el marco de las 21 terminales de ingeniería que el CONFEDI declara como de interés público, la Ingeniería Química es una de las carreras en las instituciones de gestión estatal con mayor proporción de estudiantes mujeres (49%), como se muestra en el Cuadro 3. Las otras dos especialidades con un claro predominio femenino son: Ingeniería Ambiental e Ingeniería en Alimentos. La primera con el 57% de estudiantes femeninas y 67% para la segunda, según los datos brindados por la Secretaría de Políticas Universitarias −SPU− para el año 2014. Proporciones similares se observan en las mismas terminales de las instituciones de gestión privada.

---

10 En la actualidad es una carrera que tiene presencia en quince provincias argentinas, pero se concentra en el área metropolitana y central. La primera institución en ofrecer la carrera es la Universidad Nacional del Litoral, creada en el año 1919.

Cuadro 3. Estudiantes y egresados/as de ingeniería comprendidos/as en las 21 terminales unificadas según CONFEDI, según género. Instituciones de Gestión Estatal. Año 2014. Frecuencias y porcentajes

Terminal	Estudiantes			Egresados/as		
	Total	Mujeres	Varones	Total	Mujeres	Varones
Aeronáutica	1.624	154 *9%*	1.470 *91%*	78	1 *1%*	77 *99%*
Agrimensura	2.191	658 *30%*	1.533 *70%*	82	29 *35%*	53 *65%*
Alimentos	3.786	2.554 *67%*	1.232 *33%*	158	119 *75%*	39 *25%*
Ambiental	1.168	671 *57%*	497 *43%*	19	9 *47%*	10 *53%*
Biomédica	2.301	869 *38%*	1.432 *62%*	83	30 *36%*	53 *64%*
Civil	20.856	5.109 *24%*	15.747 *76%*	747	163 *22%*	584 *78%*
Computación	3.072	369 *12%*	2.703 *88%*	38	11 *29%*	27 *71%*
Eléctrica	5.106	266 *5%*	4.840 *95%*	203	4 *2%*	199 *98%*
Electromecánica	7.849	343 *4%*	7.506 *96%*	251	5 *2%*	246 *98%*
Electrónica	16.491	1.077 *7%*	15.414 *93%*	642	22 *3%*	620 *97%*
Hidráulica	499	150 *30%*	349 *70%*	22	3 *14%*	19 *86%*
Industrial	26.234	6.520 *25%*	19.714 *75%*	1.021	284 *28%*	737 *72%*
Informática/ Sistemas	29.931	4.955 *17%*	24.976 *83%*	835	163 *20%*	672 *80%*
Materiales	412	149 *36%*	263 *64%*	33	7 *21%*	26 *79%*
Mecánica	14.719	852 *6%*	13.867 *94%*	456	16 *4%*	440 *96%*
Metalúrgica	214	62 *29%*	152 *71%*	8	4 *50%*	4 *50%*
Minas	851	246 *29%*	605 *71%*	10	3 *30%*	7 *70%*
Nuclear	40	4 *10%*	36 *90%*	11	2 *18%*	9 *82%*
Petróleo	1.345	366 *27%*	979 *73%*	26	4 *15%*	22 *85%*
Química	15.165	7.404 *49%*	7.761 *51%*	642	307 *48%*	335 *52%*
Telecomunicaciones	710	52 *7%*	658 *93%*	58	4 *7%*	54 *93%*
Total Terminales Ingeniería(2)	154.564	32.830 *21%*	121.734 *79%*	5.423	1.190 *22%*	4.233 *78%*

Nota: (1) Según CONFEDI (Consejo Federal de Decanos de Ingeniería) se acordó declarar de interés público 21 terminales de la disciplina: Aeronáutica, Agrimensura, Alimentos, Ambiental, Biomédica o Bioingeniería, Civil, Computación, Eléctrica, Electromecánica, Electrónica, Hidráulica, Industrial, Informática o Sistemas, Materiales, Mecánica, Metalúrgica, Minas, Nuclear, Petróleo, Química y Telecomunicaciones.
(2) Se excluyen los ítems "Ciclo Básico" y "No Unificada".
Fuente: Departamento de Información Universitaria-SPU.

3.1. Evolución de inscriptos/as y egresados/as en la UTN y en la FRA

En los últimos 16 años se observa una tendencia al aumento de la matrícula de esta carrera en la UTN, según los datos provistos por la Dirección de Estadística de la Secretaría de Planeamiento del Rectorado –UTN–. La serie que va desde el año 2000 al 2015, muestra en términos absolutos un crecimiento de nuevos/as inscriptos/as. Esta población es de 725 nuevos/as estudiantes en el comienzo de la serie (año 2000) para sumar un total de 1070 en el año final (2015). Si se mira su distribución según género, los datos difieren según año, en el 2000 el 54% del total son varones y el 46% mujeres, mientras que para el 2015 la composición por primera vez se invierte, pues pasan a ser 51% las mujeres y 49% los varones.

Para el caso de los egresados y las egresadas, desde el año 2000 hasta el año 2007, egresan más varones que mujeres –acorde con la matriculación– pero, a partir del año 2008, las proporciones cambian levemente a favor de las mujeres, con un aumento de la brecha en los últimos tres años. Al desagregar estos datos según las regiones donde se ubican las Facultades de la UTN, dos de ellas son las que explican la mayor cantidad de egresadas: Buenos Aires (incluye CABA y provincia de Buenos Aires) y la provincia de Córdoba. De las siete Facultades de la UTN de ambas regiones egresa el 50% de los ingenieros e ingenieras químicas de la UTN del país. Le siguen en importancia las que se ubican en las ciudades de Rosario, Mendoza y Resistencia.

A pesar de la feminización de la carrera, esta tendencia es menos visible en la Facultad Regional Avellaneda, como se observa en las series de nuevos/as inscriptos/as y egresados/as del total de la UTN y de la FRA de los últimos 16 años, cuyos gráficos se presentan a continuación. En la población de ingresantes o nuevos/as inscriptos/as las diferencias entre varones y mujeres son más notorias, la participación de las mujeres oscila entre un 30 y 40% en todos los años de la serie y en ningún año superan el 48%.

El comportamiento de los egresados y egresadas de la FRA es muy dispar durante la serie (Gráficos 3 y 4). Como promedio de todos los años las mujeres representan el 34%, y sólo en dos períodos superan a la cantidad de varones.

Gráficos 1 y 2. Evolución de nuevos/as inscriptos/as de Ingeniería
Química en UTN y en UTN-FRA, 2000-2015, según sexo

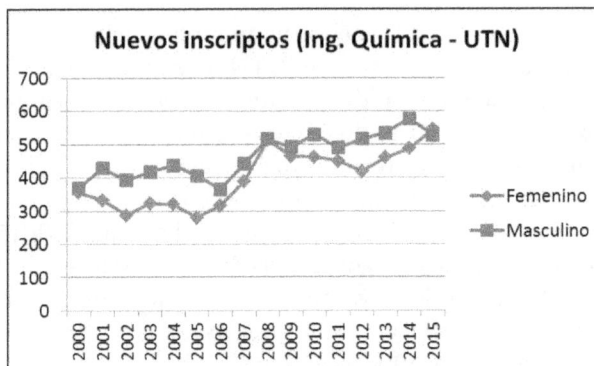

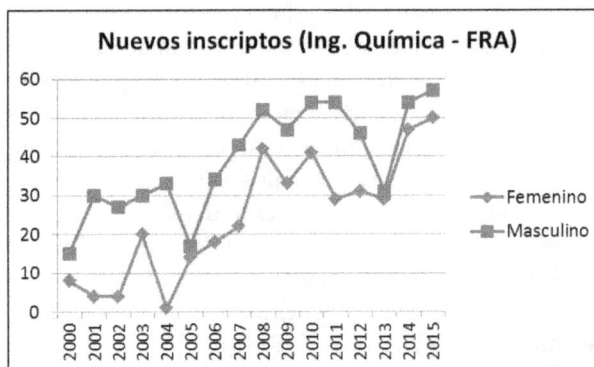

Fuente: Elaboración propia en base a los datos de la Dirección de Estadística e
Información, UTN (2017).

A partir de la información sistematizada en este apartado, se
puede señalar que, en los últimos años dentro de las ingenierías, la
especialidad de química cuenta a nivel general con una mayor participación femenina. La mirada por Facultades muestra heterogeneidad
en el alcance de esta tendencia, pues en el caso de la Regional Avellaneda el proceso de feminización presenta menor dinamismo respecto
de los datos agregados de toda la universidad y los datos generales
del sistema universitario de gestión estatal y privada[11].

---

11 Es posible arribar a algunas explicaciones en cuanto a la presencia de diferencias entre
    Facultades. Desde la perspectiva de las motivaciones de los sujetos a la hora de la elección
    de la carrera se deben considerar dos supuestos: el primero es que otras regiones del país
    –por el dinamismo propio de su estructura productiva– son demandantes de ingenieros/

Gráficos 3 y 4. Evolución de egresados/as de Ingeniería Química en UTN y en UTN-FRA, 2000-2015, según sexo

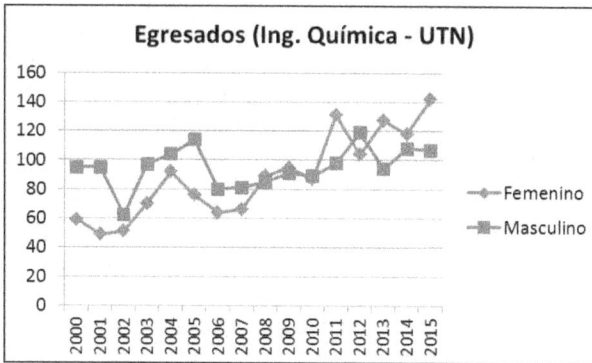

Egresados (Ing. Química - UTN)

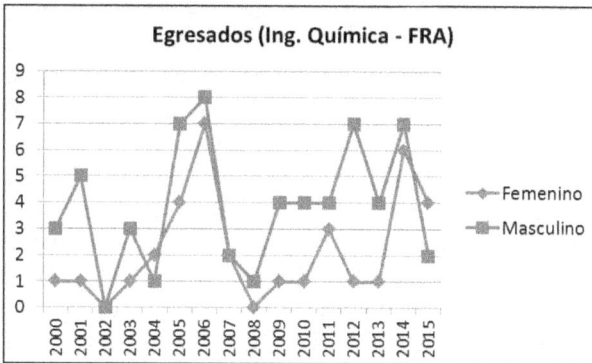

Egresados (Ing. Química - FRA)

Fuente: Elaboración propia en base a los datos de la Dirección de Estadística e Información, UTN (2017).

———————

as químicos/as y por lo tanto más retentivas y, el segundo es que en zonas no tan dinámicas las mujeres vislumbran mayor incertidumbre en la elección de la carrera que los varones. Entonces, una primera respuesta a esta disparidad puede provenir del proceso de desindustrialización de la región metropolitana de las últimas décadas. Las fuentes disponibles muestran que la actividad productiva vira hacia una economía de servicios, esto es, hacia actividades de comercio, logística y servicios. Además, se presenta un proceso de relocalización de plantas fabriles a "agrupamientos industriales" alejados de la ciudad de Buenos Aires y los partidos circundantes como es el caso de Avellaneda (Simone, 2017). Estos cambios ponen en riesgo la capacidad de retención en la zona de los/as futuros/as graduados/as, considerando las bajas expectativas de inserción en grandes empresas, con excepción de aquellas localizadas en el polo petroquímico de Dock Sud. Por otro lado, es posible que el ingreso de las mujeres a las carreras de ingeniería sea más sensible a los contextos productivos e industriales, ya que las opciones de inserción profesional se tornan más limitadas para las mujeres que para los varones con la misma titulación. Si los sectores industriales no muestran dinamismo y crecimiento, las mujeres visualizan horizontes

3.2. El plantel docente

Otro indicador que podría dar cuenta de un crecimiento en la participación de las mujeres en esta disciplina es la proporción de docentes según sexo. Con fines comparativos y exploratorios se clasificaron las nóminas, correspondientes a los años 2000 y 2016, de docentes de la FRA nombrados/as de la especialidad. Esa nómina de docentes titulares, adjuntos/as, asociados/as y jefes/as de laboratorios adjuntos/as en el año 2000 se componía de 23 varones y 3 mujeres. Luego de dieciséis años se observa un crecimiento del plantel y de la participación de las mujeres, en estas categorías pasan a ser 26 varones y 11 docentes mujeres. En las categorías inferiores del escalafón –jefes/as de trabajos prácticos, jefes/as de laboratorio y ayudantes de primera–, mientras que en el 2000 la distribución es de 18 varones y 3 mujeres, en el año 2016 es de 26 varones y 8 mujeres. En términos absolutos el plantel docente total aumenta y la proporción de docentes mujeres también. En el caso de las categorías más altas, ellas pasan de ocupar el 12% del total de profesores/as a un 30%, pero sólo crece 10 puntos porcentuales en aquellos cargos de jefas de trabajos prácticos y ayudantes, que del 14% en 2000 pasan a ocupar el 24% en 2016. Es decir, se mantiene el predominio de varones al frente de las materias de la especialidad. Cabe destacar, que desde el año 2010 la dirección del Departamento de Ingeniería Química está a cargo de una mujer ingeniera química y magíster en Ingeniería Ambiental.

La relevancia de la participación femenina en el cuerpo docente de la carrera radica en la posibilidad de construir identidades profesionales a partir de la identificación con otros/as. En los tiempos próximos a la graduación, los/as estudiantes buscan referencias docentes que los/as acerquen al quehacer de el/la ingeniero/a. La carencia de este tipo de recursos simbólicos o figuras donde reconocerse y hasta con quién contrastar, resulta un obstáculo en la posibilidad de proyección a futuro. Así, estas estudiantes y graduadas avanzan en un marco de neblina e incertidumbre sobre el devenir de sus trayectorias, o buscan y encuentran esas referencias en otros espacios, marcando un

---

laborales mucho más inciertos e inaccesibles para ocupar cargos acordes a la formación recibida. La combinación de ambos factores da como resultado un contexto poco atractivo para las mujeres de la zona respecto de la elección de Ingeniería Química en la FRA. Otra explicación, desde un enfoque institucionalista, se vincula a la apertura de nuevas ofertas educativas en la región, tanto de nuevas instituciones como también de nuevas carreras. Un ejemplo de eso es la creación de la carrera de Ingeniería en Alimentos en la cercana Universidad Nacional de Quilmes, además de carreras de pregrado y posgrado en áreas vinculadas a la Ingeniería Química (Ambiental, Biotecnología).

PROFESIÓN E INNOVACIÓN EN UN CONTEXTO FLEXIBLE

verdadero déficit institucional en la creación de nuevas subjetividades que podría ser resuelto a partir de mayores incentivos y promoción de mujeres en tareas docentes y de investigación.

4. Ingenieras/os químicas/os: origen, elección de la carrera e itinerario profesional. Similitudes y divergencias

El abordaje teórico que guía el presente artículo considera a la profesión como el resultado de un proceso que se va construyendo a lo largo de la vida de una persona, y es en el ámbito de la educación formal y en los itinerarios laborales donde se materializa (Hualde, 2000; Testa y Sánchez, 2003 y Panaia, 2006). Se considera que el momento y las motivaciones de elección de la carrera son un punto clave en el inicio del proceso de profesionalización.

Los diferentes ámbitos de socialización primaria y secundaria presentan divisiones socio sexuadas del saber y del hacer, el mundo se presenta ante los sujetos dualmente en espacios construidos y reproducidos en base a las características socio culturales atribuidas a los sexos masculinos y femeninos. Las estadísticas e investigaciones dan cuenta de la existencia de desigualdades entre los sexos a la hora de analizar las elecciones educativas y las carreras profesionales[12]; de hecho las carreras científicas y tecnológicas son, mayoritariamente, encaradas y ejercidas por varones[13].

Para el caso de los químicos y las químicas, se observa una heterogeneidad de opciones y motivaciones en su elección de carrera. Mientras que en las especialidades de ingeniería que se dictan en la FRA el título secundario técnico es significativo a la hora de explicar la elección de la Universidad Tecnológica y la carrera, más de la mitad

---

12 La primera mujer egresada de la Facultad de Ingeniería fue Elisa Bachoffen, quien además en 1918 se convierte en la primera mujer titulada en ingeniería de América latina. Paradójicamente fue ella quien recomienda a las mujeres estudiar mecánica para arreglar los electrodomésticos de su hogar, reforzando así la imagen maternalista del feminismo de la época, mujeres que logran salir a la vida pública sosteniendo su dedicación al hogar y la familia (Nosiglia, 29 de junio de 2017).

13 Para Bourdieu, se expresa una desventaja educativa según género en la restricción de elección de los estudios: "(…) sea cual fuese el origen social, sigue siendo más probable que las mujeres se inclinen por las letras y los varones por estudios científicos. En esta tenencia se reconoce la influencia de los modelos tradicionales de división del trabajo (y de los 'dones') entre los sexos. De manera más general, las mujeres suelen estar condenadas a las facultades de letras y de ciencias, que preparan para una profesión docente" (2003: 19).

de estos ingenieros/as químicos/as ingresaron a la facultad con titulaciones medias no técnicas. En el caso de las mujeres graduadas esta categoría concentra a la totalidad de los casos y del grupo de varones que sí obtienen títulos técnicos cabe resaltar que todos son químicos.

La lectura de los relatos no vislumbra en sí misma una elección clara por la ingeniería, pero sí un interés por la química, las ciencias exactas, las ciencias naturales y/o la medicina. Por esa razón, no es casualidad que la Ingeniería Química sea una de las pocas especialidades de ingeniería que se nutra de mujeres, su cercanía con este tipo de disciplinas asociadas al cuidado de la salud, la farmacia y la bioquímica la hace atractiva y no se la considera "disruptiva" como a las ingenierías más tradicionales.

Por un lado, están los casos de aquellos/as que se encuentran entre la disyuntiva de estudiar la Licenciatura en Química —relacionada con inquietudes por la teoría, la investigación— y la ingeniería —enfocada al ámbito industrial y sus procesos—. Así, se manifiesta en los dos párrafos que se transcriben a continuación:

(...) estaba entre licenciatura e ingeniería y me gustó más ingeniería por los equipos o por la empresa, me parecía que licenciado era más de laboratorio. El ingeniero iba a poder ver más máquinas o equipos o algo de todo eso, entonces estudié Ingeniería Química. Quería hacer una carrera de química, entonces elegí ingeniería. (Sebastián, graduado 2006).

(...) me pareció interesante por lo poco que me habían comentado o la información que había buscado, me interesó de la ingeniería la parte industrial, la gran escala, la industria me pareció atractiva. (Martín, graduado 2006).

Para otros casos cuyos proyectos se dirigían en sus comienzos a estudiar Medicina o Bioquímica, luego de un tiempo de cursada durante el cual conocen las características institucionales, deciden realizar el cambio a Ingeniería Química. En este sentido, la elección de la UTN como casa de estudio muchas veces se relaciona con esta posibilidad concreta de articular formación y trabajo. Como expresa Marta:

(...) en realidad me gustaba Medicina desde chica y después cuando empecé a trabajar y era inviable trabajar y estudiar medicina. Cuando vi el programa de estudios de ingeniería me gustó y me anoté. (Marta, graduada 2007).

Siguiendo con el análisis por género, se destaca que entre los motivos de elección de la carrera los varones hacen referencia a la imagen que tienen de la ingeniería vinculada a la industria, sus procesos y su maquinaria, es decir, a su rasgo más técnico y por lo tanto más "masculino". Mientras que las mujeres se remiten al gusto por conocimiento y la disciplina, el laboratorio, la experimentación, el aspecto más metódico, científico o bien de ciencia aplicada ligada a la práctica ingenieril.

Al analizar las elecciones de carrera, los contextos de socialización temprana también suelen ser motivadores. En el caso de las mujeres se observa que esta inclinación se suele combinar con un vínculo cercano con varones que se desarrollan en el área, puesto que algunos de los padres o parientes cercanos son ingenieros, o por la admiración que tienen por algún docente de las disciplinas de conocimiento mencionadas. En un sólo caso aparece una referente mujer:

> (…) en realidad yo tengo contacto con la química desde que nací, mi mamá es técnica química, mi papá es ingeniero químico. Yo cuando era chica jugaba en el laboratorio con mi mamá y con los tubos de ensayo e iba a trabajar con mi papá a alguna fábrica así que todo (…) digamos por contacto (…) a los 15 yo decidí que iba a seguir ingeniería química y ahí me mantuve. (Anabella, graduada 2007).

Una vez en la carrera, se observa que tanto las mujeres como los varones tardan alrededor de diez años promedio en concluir con los estudios. Esta extensión de la cursada de cinco años más de lo que prevé el plan de estudio, circunstancia recurrente en todas las especialidades de ingeniería de la FRA, se explica por situaciones de atraso que se sintetizan en problemas académicos y situaciones laborales. En este sentido, otra de las características que comparten las trayectorias de la mayoría de los varones y de las mujeres es la combinación de estudio y trabajo a lo largo de todo el período de estudio. Así, se observa que el 70% de los graduados/as de Ingeniería Química han ingresado al mercado laboral al momento de comenzar sus estudios de grado y exponen que lo hacen con el objetivo de independizarse económicamente de los padres y madres, contar con recursos para costear la carrera y poder afrontar gastos personales. Son residuales los casos que se plantean la posibilidad de retrasar en el tiempo la inserción laboral y contar así con dedicación exclusiva al estudio. Otro grupo, también minoritario, es el que declara haber comenzado a trabajar en los primeros años de la carrera debido a la necesidad de costearse los estudios y colaborar con los ingresos del hogar de origen.

Otra característica de la historia laboral de los/as graduados/as es que han pasado como máximo por tres empleos a lo largo de la cursada. Para el caso de los varones, las primeras inserciones se desarrollan en establecimientos y/o puestos relacionados con la especialidad, esto es, en áreas de control de calidad de productos químicos o como técnicos de laboratorio. Luego, las trayectorias se desenvuelven en cuatro grandes áreas. Un primer grupo pasa de allí hacia sectores de higiene y seguridad o medio ambiente. Dentro de esta área, sus estadías suelen ser pasajeras y no condicionan las trayectorias ni afianzan ese perfil. Declaran que las tareas en dichos sectores no cumplen con sus expectativas, son circunstanciales y las utilizan como "puente" para llegar a incorporarse a otras áreas como las de ingeniería de procesos. Un segundo grupo se conforma por quienes, luego de realizar estas tareas de control de calidad y como técnicos de laboratorios, siguen dicha línea de trabajo al interior de la misma empresa o en otras, pero en puestos de mayor jerarquía. Este crecimiento implica aumento de responsabilidades, funciones y el desempeño de liderazgo en la dirección de operarios y técnicos a cargo. El tercer grupo comienza a delimitar su desarrollo profesional hacia el trabajo de supervisión de plantas controlando alguna línea o área de producción, para pasar a supervisar más de una planta. El cuarto grupo, en un momento de la trayectoria –generalmente antes de obtener la titulación– desempeña tareas como asesor o ayudante de proyectos para diferentes empresas haciendo ingeniería de procesos, es decir, evaluando, implementando y analizando los procesos y su mejora continua.

Otra particularidad de estas generaciones de graduados, es que en paralelo al empleo en relación de dependencia en la industria o los servicios empresariales, trabajan en la Facultad realizando tareas de docencia, investigación, laboratorio o de gestión. Los que ingresan a la docencia lo hacen en el dictado de materias de la especialidad y en las cuales se han desarrollado profesional y/o académicamente por medio de estudios de posgrado. Esta actividad cumple para ellos varias funciones, los mantiene vinculados con la institución, lo que implica tener contacto permanente con pares y actualizaciones académicas –cursos, seminarios, charlas informativas–, les exige relacionar su práctica profesional con la enseñanza y aportar a la institución.

Las mujeres, al igual que los varones, han trabajado y estudiado a lo largo de toda su trayectoria educativa, puesto que se insertan en el mundo laboral, también durante el último año del secundario o en el transcurso del primer año de cursada en la facultad. Al indagar sobre las características de los primeros empleos que encaran se destacan diferencias en torno a las áreas y los puestos ocupados por sus compañeros. Se observa que la mayoría ingresa por primera vez a espacios alejados del mundo ingenieril. Dos de ellas se desempeñan en la docencia, una lo hace en el nivel medio como profesora de matemática puesto que tiene cursado estudios terciarios, y la otra lo hace como docente de inglés dentro de la institución secundaria de la cual egresó. Las otras dos encuentran su primer empleo en el área de servicios, una de ellas realiza tareas de promoción en eventos, mientras que la otra trabaja como administrativa primero en una financiera y luego en un banco de capitales privados. La última ingeniera de este grupo, a diferencia de sus compañeras, obtiene su primer trabajo en una pequeña industria química dedicada a la elaboración de insumos básicos para otras fábricas de artículos de limpieza y cuidado personal.

Estos primeros empleos duran en promedio seis años, pero al aproximarse al egreso buscan torcer esta situación laboral y encarar un camino profesional en el cual puedan aplicar los conocimientos obtenidos en la carrera. Es así que emprenden búsquedas laborales y logran insertarse en empresas de servicios de ingeniería o en industrias químicas, como cuentan las siguientes graduadas. María Elena (cohorte 2006), trabaja durante cinco años como docente de inglés, y señala que este trabajo le permite obtener una remuneración para costear los gastos que le implica la universidad y al ser de jornada reducida contar con un tiempo considerable para dedicarse al estudio: *"después más adelante sí, ya quería empezar a hacer algo que tuviese que ver con lo que yo estudiaba y ese tipo de cosas (...)"*. Mientras que Marta (cohorte 2007), quien trabaja en un banco y hace carrera allí, decide abandonar ese ambiente de estabilidad al presentarse la oportunidad de ingresar a una petrolera latinoamericana de renombre:

(...) yo tengo un puesto fijo de cinco años y cuando me llamaron para la pasantía dije ¿qué hago? y bueno es el momento de cambio. Ya estaba empezando quinto año y si no cambio ahora no cambio más, pensé. Me arriesgué, (...) se dio la vacante, me lo propusieron y quedé. (Marta, graduada 2007).

5. La inserción de las ingenieras químicas: vida laboral y vida familiar

En el proceso de profesionalización intervienen una serie de factores externos e internos que hacen a la consolidación o bifurcación de las trayectorias. La situación profesional de los y las graduadas, por el momento del ciclo de vida en la que se encuentran al momento de la entrevista –entre los 30 y 35 años–, no debe considerarse ajena a ciertos acontecimientos de índole familiar y personal, como es la conformación de un hogar propio o el nacimiento de hijos e hijas, que intervienen en esas trayectorias introduciendo modificaciones en la vida cotidiana, condicionando o restringiendo las capacidades de elección o acción profesional.

Considerando la desigualdad intrínseca en la división del trabajo doméstico y las tareas de cuidado, estos compromisos ligados a nuevos roles familiares permean de diferente modo las trayectorias y expectativas profesionales según género. De los varones se espera que asuman la responsabilidad económica propia de los jefes de hogar y por lo tanto sus elecciones profesionales deben considerar el aspecto monetario y de seguridad social, mientras que las mujeres eligen ámbitos de desarrollo profesional que permiten cierta flexibilidad en el manejo del tiempo para compatibilizar la dedicación al hogar y la familia con su vida profesional, es decir, garantizar la doble jornada.

La mitad de los graduados y las graduadas se encontraban casados/as al terminar sus estudios universitarios o al poco tiempo de haber recibido el título de grado. Al momento de la entrevista sólo dos varones permanecían solteros. Entre las características de conformación del hogar propio se subraya que la mayoría reside en los mismos distritos territoriales –o aledaños– donde han nacido y crecido, es así que predominan los partidos cercanos la FRA como Quilmes, Avellaneda, Berazategui, Lomas de Zamora y Lanús.

Las parejas mujeres de los varones entrevistados se encuentran trabajando en el 60% de los casos y sólo el 10% tiene como condición de actividad exclusiva las tareas del hogar. En torno a la categoría ocupacional se observa que predominan las empleadas del sector público y privado. El máximo nivel educativo alcanzado es el secundario completo y terciario o universitario incompleto, siguiéndole –en menor medida– el de universitario completo. Es importante aclarar que no hay casos de parejas con niveles inferiores al secundario completo.

Para caso de las ingenieras, se observa que todas han conformado familia y dos de ellas no tienen hijos/as al momento de llevarse a cabo la entrevista. Sus parejas son varones que alcanzaron en tres casos la misma titulación que ellas, puesto que son ingenieros graduados de las especialidades de electrónica, industrial y química; los otros dos son técnicos y han transitado en algún momento por el nivel universitario, también en carreras de ingeniería. A su vez todos se encuentran trabajando y ejerciendo la titulación técnica o universitaria obtenida.

Una primera interpretación sobre el hecho de que las primeras inserciones de las mujeres en el mercado laboral sean en áreas y en puestos alejados del quehacer ingenieril puede estar fundada por la falta de conocimientos técnicos, puesto que todas ellas egresaron de escuelas secundarias no técnicas. El título técnico habilita el desarrollo de tareas específicas en la industria y los servicios, siendo estos conocimientos y habilidades acuñadas por las graduadas recién una vez trascurrido algún tiempo en la universidad. En este sentido, se observa que sus inserciones en trabajos acordes con los estudios de grado se concreta de modo más tardío en comparación con la mayoría de los varones, ese salto cualitativo se vivencia una vez atravesada y superada la etapa de formación universitaria.

Esta trayectoria profesional también posee vaivenes y adaptaciones frente al desafío de configurar itinerarios en los cuales se pueda articular diferentes roles, como el de madre y el de profesional. Para dar cuenta de la complejidad que implica llevar adelante las dos tareas, a continuación se ilustran algunos testimonios de las graduadas analizadas correspondientes a la cohorte 2007.

Candela: entre el ascenso en la carrera profesional y la decisión de ser madre

Candela se especializa en el área de recursos humanos a través de un plan de carrera en una empresa aseguradora de riesgos de trabajo presente en varios países de América Latina. Dicho recorrido implica la realización de una Especialización en Higiene y Seguridad, y la posterior realización de una Maestría en Administración de Negocios. Al indagar sobre su recorrido laboral y los planes a futuro, expresa que *"no hace falta ser ingeniero químico para desempeñar las tareas* [que ella hace]*"* y que *"nunca aplicó los conocimientos de química"*. A pesar de ello se encuentra satisfecha con lo logrado, desde que ingresa a la empresa ha crecido jerárquicamente y expresa la posibilidad de asumir a corto plazo un cargo gerencial en el área de Recursos Humanos para todas las sedes de la compañía presentes en la región. Esta etapa de su carrera profesional es vivida de modo ambiguo, puesto que considera que este progreso profesional entra en tensión con su proyecto de ser en madre. Explica que, ha llegado a una determinada edad en la cual desea tener familia, y que no *"quiere postergarlo más"*. Al momento de la entrevista a Candela le resulta difícil pensar la articulación entre los dos roles, el de madre y el de trabajadora. El análisis de su relato permite encontrar un rasgo de incompatibilidad entre ambas tareas y afirma estar dispuesta a relegar por un tiempo la carrera profesional para abocarse expresamente a las tareas de cuidado de hijos o hijas.

Anabella: posponer la maternidad frente a la vida profesional y familiar

Anabella comienza a trabajar –al poco tiempo de iniciar los estudios de ingeniería química– en una pequeña fábrica de insumos de productos químicos para la limpieza y el cuidado personal, gracias a los contactos familiares y el conocimiento del rubro que tenía por parte del padre y la madre. Ambos son químicos, y ella los acompañaba o ayudaba en sus tareas laborales desde la adolescencia. El trabajo en esta fábrica implica la instalación de un laboratorio del cual estuvo a cargo durante 16 años. Una vez graduada realiza búsquedas laborales en las cuales pueda aplicar otros conocimientos que hacen a la ingeniería química. Es así como en poco tiempo llega a tener cinco trabajos paralelos, donde combina el ejercicio de la docencia universitaria con tareas de asesoría y consultoría en diferentes organismos de gobierno de manera concursada e independiente. En estos trabajos ejerce la profesión desde el control y asesoramiento de proyectos, asimismo aplica y lleva adelante tareas de higiene y seguridad en diferentes ámbitos, puesto que al año de egresar cursa la Especialización en Higiene y Seguridad en otra universidad nacional. Cuando relata cómo proyecta su futuro profesional en el corto plazo comenta que:

> (…) en realidad a futuro pienso que debería dejar algo [uno de los trabajos], pero si me preguntas cuál dejaría, te digo que ninguno, porque todos me gustan, entonces todos los quiero mantener (…) también en el ínterin tendría que plantearme ser madre, que la verdad lo vengo pateando (…).

Dicha situación vuelve a aparecer cuando se la interroga sobre sus prioridades en la vida, y el significado que adquiere el trabajo,

> (…) hoy ser profesional ha tomado una importancia grande, pero yo no lo puedo evitar, soy familiera, a mí me gusta atender a mi marido, me gusta estar pendiente de mis padres, tengo que buscar el equilibrio y es difícil, yo postergo la maternidad por eso (…) tal vez tendría que buscar el equilibrio, dejar algún trabajo para buscar más tiempo para mi familia, pero creo que he podido encontrar un equilibrio donde puedo hacer muchas cosas y tener tiempo para la familia, no sé cuánto me va aguantar el cuerpo.

Sandra: lo extenuante de la doble jornada y la elección de la docencia universitaria

Sandra, una vez que finaliza sus estudios secundarios, concurre a un instituto terciario y egresa como Profesora de Matemática.

Al tiempo comienza a desempeñarse como profesora en la Facultad Regional Avellaneda y en otras instituciones educativas. Interesada en continuar su carrera como docente universitaria decide inscribirse en la misma Facultad y estudiar Ingeniería Civil, especialidad que al tiempo de cursar no le entusiasma y genera aburrimiento. Frente al consejo que recibe de una colega –quien observa sus destrezas en el laboratorio– cambia a la especialidad de química y finalmente se gradúa en esta disciplina. Mientras estudia en la universidad, trabaja como docente en escuelas secundarias y en la FRA, pero dadas las exigencias y el cansancio que implica llevar adelante las actividades de estudiante, madre y trabajadora a tiempo completo decide renunciar a sus tareas en las escuelas medias:

(...) pensé en contratar a una persona en casa, porque además de venir a la Facultad [a trabajar y estudiar] *necesitaba a alguien que recibiera a los chicos cuando llegaba el micro* [escolar]. *Eran muy chiquitos para que entraran solos a casa (...) no podía dejar sola a la más grande a cargo de un nene de jardín. Y dije: entre esto y el secundario, que me tenía podrida, dejé. Estaba re cansada, era cansancio, sí. Llegó un momento en que no me interesaba nada.*

Su trayectoria laboral se construye en base a la docencia secundaria y universitaria. Reitera en varios momentos de la entrevista que esa es su verdadera pasión, y que es por ello que no ha realizado búsquedas laborales para ejercer la profesión en otros ámbitos. A pesar de ello, cuando se encuentra próxima a la graduación, frente al ofrecimiento de un ex compañero de la Facultad, comienza a trabajar en un laboratorio de ensayos para la industria petroquímica. Esta experiencia es recordada de forma negativa puesto que allí sufre discriminación y *"se le hizo cuesta arriba"* –otra vez– compatibilizar su carrera docente, el nuevo empleo y su rol de madre y esposa. En dicha empresa trabaja alrededor de dos años sin que se le presentaran mayores inconvenientes hasta que al momento de recibirse de ingeniera comienza a vivir situaciones discriminatorias. Entiende que a uno de sus jefes

(...) le molestó que yo estaba de ingeniera, le molestó que me recibiera. Es como que ahora veo realmente que fue eso (...) porque yo cuando terminaba de hacer mi tarea, por orden de otro jefe me tenía que ir, y él fue a decir que no, que me necesitaba para que archivara. No se me van a caer los anillos, en mi casa la que limpia, la que cocina, la que ordena los impuestos soy yo. Pero tengo un montón de cosas para hacer, no puedo andar metiendo cosas en una carpeta, porque no me parece. No es productivo, es ridículo. Yo le decía a mi jefe: 'es ridículo, a mí me están pagando como ingeniero junior y este trabajo lo puede hacer alguien que

es administrativo'. Al principio fue todo bien, cuando me faltaba cada vez menos [para concluir con los estudios] *fue cada vez peor.*

Entre las razones por las cuales decide renunciar se agrega la dificultad de no tener tiempo para dedicarle a la familia, *"(...) dije que no iba más porque yo llegaba a casa del laboratorio, mi hija que es un cariñito me tenía preparada la merienda, y entonces estábamos todos sentados y yo merendaba leyendo las clases* [de la UTN-FRA], *entonces dije, esto no va más".*

Marta: trabajar en forma independiente durante las primeras etapas de maternidad y crianza

Durante sus estudios en la Facultad, Marta trabaja como administrativa en distintas entidades financieras y bancarias. Conserva este tipo de empleos hasta un año antes de concluir con la carrera de ingeniería, cuando se presenta la oportunidad de ingresar a una pasantía en una importante empresa petrolera de origen brasileño. El interés generado por las tareas vinculadas al área de seguridad e higiene la motiva a continuar con esta temática en sus estudios de posgrado, una especialización de la Universidad de Buenos Aires. Al cabo de tres años de desempeñarse como ingeniera analista y con posibilidades de seguir creciendo jerárquicamente, el contexto socioeconómico por el cual atraviesan las principales economías de los países centrales hace que la empresa en su sede en Argentina sea intervenida, se remuevan los mandos medios y altos, y se inicie un proceso de reestructuración y achicamiento en el país. El malestar que se genera en su ámbito laboral la impulsa a renunciar, aun cuando las ofertas laborales que recibe no logran satisfacer sus intereses.

(...) Estoy buscando trabajo. Los puestos que ofrecen son en empresas grandes, pero en Zárate, Campana y Pilar (...) y digamos que no va con mi vida personal. Yo tengo un bebé, y tengo que trabajar 9 horas. Ir a Zárate todos los días, 2 horas para ir, 2 horas para volver, no es lo que esperaba.

Para Marta compatibilizar su vida personal con su trabajo es prioridad, pues todavía recuerda cuando estuvo trabajando en la petrolera y debió relegar su presencia en situaciones importantes de la vida de su hijo. *"(...) A veces cuesta porque hay actos o cosas que me gustaría ir y quizás no lo haces (...) la adaptación del jardín del bebé la hizo otro porque yo no me podía pedir todos los días".* Mientras busca empleo bajo relación de dependencia, realiza trabajos de auditoría y consultoría en higiene y seguridad. Si bien esta nueva modalidad laboral, por el momento, le permite articular la crianza de su hijo pequeño y su profesión, ansía encontrar estabilidad en una empresa cercana a su domicilio.

A modo de cierre

La ingeniería es una de las profesiones más valoradas en las sociedades actuales dado que su ejercicio se torna fundamental para el modelo industrial. La *expertise* técnica y científica propia de la ingeniería se considera primordial para el desarrollo y complejización de las fuerzas productivas y el avance de la ciencia y la tecnología, sobre todo, en un contexto de salida de crisis socioeconómica, como el que transita Argentina después del año 2001. Si se quiere luchar por sociedades cada vez más democráticas que sigan borrando las diversas segregaciones y discriminaciones existentes, y aboguen en definitiva por la igualdad de posiciones de los actores sociales, es deseable que las mujeres no queden exentas de estos procesos. Por esa razón, el estudio de las modalidades de inserción laboral, las posibilidades de crecimiento profesional y las estrategias de carrera que persiguen aquellas mujeres que eligen carreras culturalmente asociadas al género masculino presentan un gran interés analítico y reflexivo a la hora de comprender las trayectorias de este tipo de profesionales.

Desde mediados de la década del sesenta, las mujeres han ingresado de manera acelerada no sólo al mercado de trabajo, sino, también a los estudios superiores. El modo en que estas modificaciones impactan en los roles y estereotipos de género tradicionales, no implica un cambio radical en estas concepciones, sino más bien un reajuste de aspectos. Si bien las mujeres ingresan a la vida pública a través del trabajo y el estudio, lo hacen en ámbitos típicamente asociados al rol femenino tales como el del cuidado, la educación, la salud y las tareas domésticas, entre los principales; que generalmente son espacios laborales de menor prestigio social, con jornadas laborales medias y con peores remuneraciones. Asimismo, se observa que la inserción laboral y el nivel de actividad de las mujeres se diferencian según el estrato social que ocupan. Por ejemplo, aquellas que tienen mayores años de escolaridad encuentran ventaja por sobre las que están en los niveles educativos más bajos. Sin embargo, la segregación horizontal y vertical que soportan las mujeres se verifica aún entre las que tienen mejores condiciones socioeconómicas.

Los interrogantes que plantea el estudio sobre las/os ingenieros/as químicos/as graduados/as de la UTN-FRA giran en torno al análisis de las características de esta especialidad y su quehacer profesional, y las posibilidades de mutación de los rígidos estereotipos de género masculino y femenino, así como las probabilidades de constituir un espacio privilegiado para el ingreso y desarrollo de la ingeniería en manos de mujeres. El análisis de los datos primarios demuestra que a pesar del desarrollo profesional que llevan adelante este grupo de ingenieras químicas, la presencia de la doble jornada laboral y el desafío de articulación de sus vidas laborales y familiares, constituyen un punto de inflexión en el proceso de profesionalización. Aquel momento del ciclo vital de estas mujeres propio de la edad reproductiva visibiliza la incompatibilidad entre esos dos mundos: el laboral y el de la reproducción de la vida. Las trayectorias laborales de estas mujeres muestran la búsqueda de alternativas de empleo que permita congeniar ambos roles con mayor facilidad. Aun cuando este camino implique menor remuneración, jerarquía o posibilidades de formación.

Los relatos biográficos de las ingenieras químicas y los ingenieros químicos revelan la persistencia de desigualdades estructurales en la configuración de sus trayectorias profesionales. Los obstáculos, conflictos y disyuntiva entre la vida laboral y la vida familiar se manifiestan como un punto central en las vivencias propias de las mujeres profesionales. Situación que presenta otro ángulo en los casos de los varones, cuyos conflictos se desplazan hacia una tensión propia de un modelo que les exige, en función del mandato masculino, que cumplan con el rol de proveedor al interior del hogar y de éxito profesional en la esfera pública. La decisión de algunos varones ingenieros de relegar su vida familiar en pos del trabajo también es vivida como una imposición del mundo laboral y las exigencias de "estar cada vez más conectado con el trabajo". Esto modifica y deteriora su vida en las otras esferas, como la personal, familiar, emocional, etc. Las mujeres profesionales, en sentido contrario a los varones, al tener que responder acorde con rol de género demandado, se plantean la necesidad de relegar su vida laboral en pos de llevar adelante una familia, según los requerimientos sociales de crianza, atención y cuidado. Cumplir con el rol de madre/esposa y de profesional/trabajadora parece subsumirlas en una "misión imposible" o de "cansancio extremo" físico y mental.

¿Cómo compatibilizar esas esferas que parecen "naturalmente" incompatibles entre sí? En los sectores productivos, las mujeres ingenieras frente a las responsabilidades y sanciones que se imponen sobre sus prácticas, ensayan en el quehacer mismo de su ejercicio profesional dos respuestas. En algunos casos, "reproducen" las exigencias de esa estructura productiva o actúan como "disruptivas" de los mismos. Mientras que otras se repliegan a otros ámbitos, espacios laborales "adaptados" previamente a su condición. Tiempos ajustados a los procesos, equipos e infraestructuras; actividades pensadas desde una organización con objetivos de rentabilidad económica que exige trabajadores/as y profesionales cuya vida esté disponible para la actividad laboral, con altos niveles de calificación, capacidades de planificación y previsibilidad a partir de la aplicación de conocimientos científicos y técnicos, profundizan la división de tareas y mandatos en las esferas públicas y privadas según género. Esta parcelación de tiempos pensados para el mundo del trabajo industrial, más que para el mundo de la vida personal, la comunicación, los afectos familiares y de amistad, las emociones y la reflexividad creativa no sólo impactan en el desarrollo de las identidades de las mujeres, sino también de los varones que apuestan por un bienestar profesional y familiar. La distribución justa y equitativa de tareas productivas, de cuidado y de reproducción en igualdad de condiciones entre varones y mujeres es una de las premisas necesarias para avanzar en la construcción y desarrollo de "nuevas" y "diversas" trayectorias asequibles a ambos géneros.

Bibliografía

Anker, R. (1997). "La segregación profesional entre hombres y mujeres. Repaso de las teorías", *Revista Internacional del Trabajo*, Vol. 116, N° 3, otoño, pp. 343-370.

Barbieri de, M. T. (1991). "Los ámbitos de acción de las mujeres", *Revista Mexicana de Sociología*, Vol. 53, N° 1, enero-marzo, pp. 203-224.

Bocchicchio, F.; Roggi, M. C. y Seivach, P. (2017). "Género y jerarquía ocupacional en los residentes de la Ciudad de Buenos Aires", Ponencia publicada en *XXX Congreso ALAS. Las encrucijadas abiertas de América Latina. La sociología en tiempos de cambio*, 3-8 de diciembre, Montevideo.

Bourdieu, P. (2013). *La dominación masculina*, Barcelona, Anagrama.

—— y Passeron, J. C. (2014). *Los herederos: Los estudiantes y la cultura*, Buenos Aires, Siglo Veintiuno Editores.

Bruschini, C. y Lombardi, M. R. (1999). "Médicas, arquitetas, advogadas e engenheiras: mulheres em carreiras, profissionais de prestígio", *Estudios Feministas*, Vol. 7, N° ½, pp. 9-24.

Burin, M. y Meler, I. (1999). *Género y familia. Poder, amor y sexualidad en la construcción de la sexualidad*, Buenos Aires-Barcelona-México, Editorial Paidós.

Butler, J. (1996). "Variaciones sobre sexo y género: Beauvoir, Wrttig y Foucault", en Lamas, M. (comp.), *El género: la construcción cultural de la diferencia cultu-*

ral de la diferencia sexual, México, Miguel Porrúa Editores, PUG/Universidad Nacional Autónoma de México.

Castillo, V.; Esquivel, V.; Rojo Brizuela, S.; Tumini, L. y Yoguel, G. (2008). "Cambios en la composición por sexo del empleo registrado 2002-2006: efectos del nuevo patrón de crecimiento sobre el trabajo femenino", Series *Trabajo, Ocupación y Empleo*, N° 7, Buenos Aires, SSPTyEL, MTEySS.

Chiecher, A. y Paoloni, P. V. (2009). "Graduados en Ingenierías de la UNRC. Características estructurales, trayectorias educativas e itinerarios laborales", Documento de Trabajo N° 9, Río Cuarto, Laboratorio MIG FI UNRC.

Daune-Richard, A. M. (1995). "El ingreso de las mujeres en carreras 'masculinas' de nivel técnico-superior", *Calificaciones y empleo*, N° 6, Piette-CEREQ.

Dupay, A. y Moullet, S. (2007). "Los salarios de varones y mujeres. Progresiones particularmente desiguales en el comienzo de la vida activa", *Calificaciones y Empleo*, N° 53, Piette-CEREQ.

Elejabeitia Tavera, C. y López Sáez, M. (2003). "Trayectorias personales y profesionales de mujeres con estudios tradicionalmente masculinos". Recuperado de: [https://sede.educacion.gob.es/publiventa/trayectorias-personales-y-profesionales-de-mujeres-con-estudios-tradicionalmente-masculinos/educacion-mujer/13087].

Friedson, E. (2001). "La teoría de las profesiones. Estado del arte", *Revista Perfiles Educativos*, Vol. 23, N° 23, UNAM, pp. 28-43.

Gagliolo, G.; Simone, V.; Iavorski Losada, I. y Somma, L. (2017). "Género y profesión: ¿Nuevas configuraciones profesionales a partir de la participación de las mujeres?", Ponencia presentada en *XII Jornadas de Sociología, Recorridos de una (in) disciplina. La sociología a 60 años de la fundación de la carrera*, Buenos Aires, 22 al 25 de agosto.

García de Fanelli, A. M. (1991). "Empleo femenino en la Argentina: De la modernización de los '60 a la crisis de los '80", *Desarrollo Económico*, N° 123, Vol. 31, pp. 395-414.

Godard, F. (1996). *Uso de las Historias de Vida en Ciencias Sociales*, Colombia, Centro de Investigaciones sobre Dinámica Social, Universidad Externado.

Hualde, A. (2000). "La sociología de las profesiones. Asignatura pendiente en América Latina", en De la Garza Toledo, E., *Tratado Latinoamericano en Sociología del Trabajo*, México, FCE.

Iavorski Losada, I. (2015). "Mujeres ingenieras, una minoría en las universidades tecnológicas. El caso de la UTN-FRA", en Panaia, M. (coord.), *Universidades en cambio: ¿generalistas y profesionalizantes?*, Buenos Aires, Miño y Dávila.

Martínez Méndez, K. (2015). *Tienen sexo las profesiones. Hombres y mujeres en profesiones femeninas y masculinas, el caso de los enfermeros y las ingenieras mecánicas electricistas*, México, El Colegio de San Luis A.C.

Mazzeo, V. y Bocchicchio, F. (2017). "La brecha laboral de género en la Ciudad de Buenos Aires", Ponencia presentada en *IV Seminario Internacional Desigualdad y Movilidad Social en Argentina*, 31 de mayo-2 de junio, Facultad de Humanidades y Ciencias de la Educación, Universidad Nacional de La Plata.

PROFESIÓN E INNOVACIÓN EN UN CONTEXTO FLEXIBLE

Meron, M. (2009). "Cualificación Profesional, empleabilidad de las mujeres y distribución del empleo", Ponencia presentada en *II Encuentro Europeo. Mujeres, Educación y Empleo: nuestro presente, nuestro futuro*, 5 y 6 de marzo, Sevilla.

Nosiglia, C. (29 de junio de 2017). "Compatibilizar vida pública y privada el desafío para las mujeres", *La Nación*. Recuperado de: [https://www.lanacion.com. ar/2038002-compatibilizar-vida-publica-y-privada-el-desafio-para-las-mujeres].

Oviedo, L.; Massaro, R.; Benitez, N. y Ceballos Acasuso, M. (2011). "Avances en el estudio de trayectorias laborales de ingenieros químicos graduados en la Facultad Regional Resistencia –UTN–", en Panaia, M. (coord.), *Trayectorias de graduados y estudiantes de ingeniería*, Buenos Aires, Biblos.

Panaia, M. (2015). "El desafío profesional de la mujer ingeniera", en Panaia, M. (coord.), *Universidades en cambio: ¿generalistas y profesionalizantes?*, Buenos Aires, Miño y Dávila.

—— (2008). "Un puente entre la universidad y el mercado de trabajo", *Revista Argentina de Enseñanza de la Ingeniería*, Año 9, N° 17, pp. 7-26.

—— (2006). "Una revisión de la sociología de las profesiones desde la teoría crítica del trabajo en la Argentina", *Estudios del Trabajo*, N° 32, Buenos Aires, ASET, pp. 121-165.

Paoloni, V. P.; Chiecher, A. y Rivarola, V. (2012). "Recientes graduados de la Facultad de Ingeniería. Un estudio sobre sus características estructurales, trayectorias de formación, inserción laboral y valoraciones", Documento de Trabajo N° 11, Río Cuarto, Laboratorio MIG FI UNRC.

Pierella, M. P. (2014). *La autoridad en la universidad. Vínculos y experiencias entre estudiantes, profesores y saberes*, Ciudad Autónoma de Buenos Aires, Paidós.

Riquelme, G. (dir.) (2008). *Las universidades frente a las demandas sociales y productivas. Tomo II. Estudio y trabajo de estudiantes universitarios: acceso al empleo, etapas ocupacionales y expectativas sobre la vida profesional*, Buenos Aires, Miño y Dávila.

—— (2003). *Educación superior, demandas sociales, productivas y mercado de trabajo*, Buenos Aires, Miño y Dávila.

Rojo Brizuela, S. y Tumini, L. (2008). "Inequidades de género en el mercado de trabajo de la Argentina: las brechas salariales", *Revista de Trabajo*, Año 4, N° 6, agosto-diciembre, pp. 53-70.

Sautú, R. (2004). *El método biográfico. La reconstrucción de la sociedad a partir del testimonio de los actores*, Buenos Aires, Lumiere.

Segato, R. (2003). *Las estructuras elementales de la violencia. Ensayos sobre género entre la antropología, el psicoanálisis y los derechos humanos*, Buenos Aires, Universidad Nacional de Quilmes.

Simone, V. (2017). "Carreras orientadas a la industria manufacturera y a los sectores de servicios y ambientales vinculados a las actividades productivas locales", *Demanda de calificaciones profesionales e inserción laboral de carreras de la UNDAV*, Documento de Trabajo N° 1, Avellaneda, MIG UNDAV.

Simone, V.; Iavorski, I. y Somma, L. (2016). "Las nuevas tendencias en la inserción de las ingenieras y los ingenieros químicos", Ponencia presentada en *VIII Congreso Latinoamericano de Estudios del Trabajo, La recuperación de la centralidad del trabajo en América Latina. Actores, perspectivas y desafíos*, Buenos Aires, 3 al 5 de agosto.

Simone, V.; Iavorski, I. y Wejchenberg, D. (2012). "Formación y procesos de inserción laboral de ingenieros. Comparación entre los graduados de las seis especialidades de ingeniería de la UTN-FRA", Documento de Trabajo N° 6, Avellaneda, MIG UTN-FRA.

Simone, V.; Iavorski, I.; Somma, L. y Wejchenberg, D. (2014). "Los ingenieros graduados de la UTN-FRA entre los años 2008 y 2009. Tiempos de cursada y tiempos de trabajo", Documento de Trabajo N° 8, Avellaneda, MIG UTN-FRA.

Simone, V.; Campetelli, V.; Pagotto, A. y Wejchenberg, D. (2007). "Análisis institucional y estudio de las carreras. Facultad Regional Avellaneda, UTN", Documento de Trabajo N° 1, Avellaneda, MIG UTN-FRA.

Somma, L.; Gagliolo, G.; Simone, V. e Iavorski Losada, I. (2017). "Ingeniería y género. Trayectorias de graduadas de química en la UTN-FRA", Documento de Trabajo N° 10, Avellaneda, MIG UTN-FRA.

Stolcke, V. (2004). "La mujer es puro cuento: la cultura del género", *Estudos Feministas*, Año 2, N° 12, mayo-agosto, pp. 77-105.

Tasca, A. (2009). "Demanda de calificaciones y el rol de profesionales de Ingeniería Química en empresas alimenticias de Rosario, provincia de Santa Fe y Río Cuarto, provincia de Córdoba", en Panaia, M. (coord.), *Inserción de jóvenes en el mercado de trabajo*, Buenos Aires, Editorial La Colmena.

Teichler, U. (2005). *Graduados y empleo: investigación, metodología y resultados*, Madrid/Buenos Aires, Miño y Dávila Editores.

Testa, J. y Sánchez, P. (2003). "El enfoque de trayectorias educativas y laborales como una mirada complementaria en el tratamiento de la problemática universitaria", Ponencia presentada en *Congreso Latinoamericano de Educación Superior en el siglo XXI*, San Luis, Universidad Nacional de San Luis.

Weber, M. (2002[1922]). *Economía y Sociedad. Esbozo de sociología comprensiva*, España, FCE.

Fuentes

Ingresos en la Ciudad de Buenos Aires (ETOI) (2017). Análisis por fuente. 4to trimestre de 2016. Informe de resultados 1145. Mayo. Dirección General de Estadística y Censos, Ministerio de Hacienda de CABA.

Boletín de Estadísticas de género y mercado de trabajo. Dirección General de Estudios y Estadísticas Laborales. Subsecretaría de Programación Técnica y Estudios Laborales. (Sin fecha).

Ministerio de Trabajo, Empleo y Seguridad Social. (Sin fecha).

Anuario de Estadísticas Universitarias (2014). Algunos capítulos disponibles. Secretaría de Políticas Universitarias del Ministerio de Educación y Deportes.

La Nación (2017). "Cuáles son las tres carreras universitarias que menos eligen las mujeres", 28 de junio. Recuperado de: [https://www.lanacion.com.ar/2037896-cuales-son-las].

UTN-FBA (2018). "Mujeres Tecnológicas. En los últimos diez años, creció un 38 por ciento el número de mujeres que estudia Ingeniería en UTN". Recuperado de: [https://www.frba.utn.edu.ar/mujerestecnologicas-los-ultimos-diez-anos-crecio-38-ciento-numero-mujeres-estudia-ingenieria-utn/].

Procesos de inserción e integración de género a las fuerzas de seguridad

María Eugenia San Martín

En este artículo se presenta un estudio de caso sobre el sector de la seguridad pública como espacio de trabajo posible. La seguridad es un tema que ha recibido diferentes miradas según los actores interpelados, pero su incorporación como objeto de análisis en los estudios del trabajo es muy reciente y de resultados fragmentarios. Desde el retorno democrático, las fuerzas armadas y luego las fuerzas de seguridad comenzaron a ser objeto de estudios críticos respecto del funcionamiento institucional de los organismos que debían garantizar los derechos ciudadanos y la seguridad de la población. La democratización de las fuerzas de seguridad ingresa a la agenda pública como parte del proceso de reconstrucción de las instituciones republicanas y en una etapa posterior, recupera centralidad en la problemática social a través de los avances en la política de seguridad ciudadana y el recrudecimiento de la criminalidad urbana. Pese a la especificidad del objeto de estudio, es posible plantear el análisis de procesos de inserción y su comparación con otros campos laborales, rechazando la exotización extrema de la policía (Frederic *et ál.*, 2013).

Por su parte, el campo de estudios que se consolidó en los últimos años sobre la relación entre las policías y la construcción del problema de la seguridad impulsó el estudio de las policías consideradas en un doble vínculo: como factor interviniente en la génesis del problema de la (in)seguridad –corrupción y connivencia policial, ejercicio ilegal de la violencia, abuso de poder especialmente contra grupos vulnerables, verticalismo, militarización, centralización de las policías, autonomía y desgobierno político– pero también como elemento indispensable para articular en una política de seguridad que apunte a "resolver" el problema (Galvani y Ríos, 2015; Calandron, 2013; Frederic, 2008; Sain, 2008) Si bien los historiadores señalan la importancia de ampliar el horizonte temporal y evitar el lugar común de los estudios sobre seguridad pública que argumentan que las reformas comenzaron en la década de 1990, "cuando el tan proclamado aumento de los delitos acabó con la inercia política en materia policial, problema heredado de la escasa atención que se le prestó a la policía en los debates sobre la transición a la democracia" (Galeano y Barreneche, 2008: 73) lo cierto es que el campo de investigaciones sobre el tema se desarrolló e institucionalizó en el mundo académico a partir del reconocimiento de su centralidad en la agenda política y la consecuente necesidad de avanzar en las reformas, a comienzos de la década del noventa.

La identificación de las fuerzas de seguridad como actor que está en la génesis de la problemática, dio lugar a que el estudio de las prácticas sociales al interior de su vida institucional tuviera un gran crecimiento, particularmente en trabajos de tipo etnográficos. También adquirieron relevancia los debates e investigaciones sobre las reformas institucionales posibles y las distintas líneas de trabajo en función de la identificación de conflictos.

Las particularidades propias en la definición del campo profesional policial deben articularse en este caso con la dimensión de género. El enfoque de las profesiones pertenecientes a sistemas cerrados, cuerpos o instituciones totales como el de las fuerzas de seguridad ha incorporado tradicionalmente las relaciones de género como una dimensión fuertemente condicionada por estructuras institucionales masculinizadas que impondrían a las mujeres un sistema de reglas formales a informales asimétricas entre varones y mujeres. Desde esta perspectiva, el desarrollo profesional de las mujeres en las fuerzas de seguridad conlleva un itinerario de des-feminización consecuente. La aceptación que recibe la definición del género que propone Scott (1986: 186) en tanto "elemento constitutivo de las relaciones sociales basadas en las diferencias entre los sexos, en tanto forma primaria de relaciones significantes de poder" radica en la importancia atribuida a la dimensión subjetiva y simbólica de la construcción de relaciones sociales de género. Los estudios etnográficos introducidos por Sabina Frederic (2008), fundamentalmente, Máximo Baradó (2009) Andrea Daverio (2009), Mariana Galvani (2015) y Sabrina Calandrón (2014) entre otros, desarrollados en nuestro país sobre las relaciones de género en las fuerzas de seguridad han sido aportes muy enriquecedores en este campo ya que recuperan la dimensión simbólica y subjetiva de los actores en su capacidad de reapropiarse y responder a los condicionantes estructurales reconociendo la capacidad de agencia de los actores.

La incorporación de mujeres en las fuerzas armadas y de seguridad fue un proceso poco planificado ligado a la democratización y a la búsqueda de una imagen más moderna y abierta de instituciones que eran objeto de fuertes cuestionamientos en la sociedad civil. Esto fue resuelto en diferentes momentos en cada fuerza y muchas veces, dentro de una misma institución, el proceso de ingreso fue desigual entre escalafones de oficiales y suboficiales. En el caso de la Policía Federal Argentina la integración de las mujeres al cuerpo de oficiales fue implementada en el año 1982, en el marco de un gobierno de facto y con serias limitaciones en materia de derechos laborales y condiciones de ingreso y ascenso.

Si bien es cierto que las mujeres forman parte de las fuerzas armadas y de seguridad desde etapas fundacionales, el cambio que comienza a operarse en los últimos quince años se da en las condiciones de ingreso, en los mecanismos de ascenso de carrera, en el tipo de roles y funciones ejercidas y en la visibilidad que adquiere la temática de género tanto hacia el interior de la institución como hacia una sociedad civil particularmente sensibilizada a las demandas de igualdad. De allí que la incorporación de mujeres fuera objeto de estudios que intentaran delimitar continuidades y rupturas en la vida institucional.

Todas las fuerzas comparten un número significativamente menor de representación femenina. Es de notar que la mayoría de mujeres se ubica en los escalafones subalternos y que aún son pocas las que integran las posiciones jerárquicas. De todos modos pese a no superar una proporción del 25% en el cuerpo de oficiales de la Policía Federal Argentina, en los últimos años se ha producido un aumento en la cantidad de mujeres que integran las fuerzas de seguridad y que han alcanzado rangos jerárquicos.

La investigación que aquí se presenta y de la cual se ofrecen ciertos datos estructurales sobre el proceso de inserción se basa en el estudio de las trayectorias profesionales de las oficiales, miembro de la PFA que alcanzaron posiciones jerárquicas hasta el año 2017. Se presentan un conjunto de datos oficiales sobre la composición de los cuerpos de oficiales de la policía desde el momento de creación del Ministerio de Seguridad de la Nación, entendiéndolo como un momento de consolidación institucional de la seguridad como problema de alta relevancia en el diseño de políticas públicas. La elección de este momento en la historia de la PFA se fundamenta en el carácter disruptivo que tuvo inicialmente la decisión de crear un organismo destinado a la gestión política de la seguridad y a la dirección de la institución policial.

Caracterización de las oficiales del cuerpo de oficiales de la PFA

Los estudios tradicionales sobre la inserción de mujeres en campos altamente masculinizados suelen hacer hincapié en los costos formales e informales que deben pagar por insertarse y competir con sus pares masculinos o en los mecanismos formales e informales que reproducen relaciones de subordinación y dominación. Los datos cuantitativos que vamos a presentar de las fuerzas de seguridad federales en este trabajo tienden a confirmar estas hipótesis, sin negar el carácter ambivalente y productivo de las relaciones de sociales, ni las posibilidades de agencia que pueden movilizar procesos de cambio a nivel institucional. Efectivamente, uno de los rasgos más interesantes de esta problemática es que la incorporación de mayores contingentes de mujeres y los procesos de reforma con perspectiva de género pueden transformarse en una oportunidad para problematizar otras dimensiones de una institución y para implementar medidas y políticas que trasciendan este campo (Badaró, 2009).

En el año 2017 la Policía Federal Argentina estaba compuesta por 23.209[1] hombres y mujeres de los cuales solo 3.659 correspondían al cuerpo de oficiales, ordenados según una escala jerárquica similar a la de las Fuerzas Armadas. Entre ellos sólo 977 son mujeres.

Grados del Cuerpo de Oficiales –PFA–:
1. Comisario General
2. Comisario Mayor
3. Comisario Inspector
4. Comisario
5. Subcomisario
6. Principal
7. Inspector
8. Subinspector
9. Ayudante

La estructura de mando de la policía está compuesta por una Cúpula Policial que posee Jefe, Subjefe y un estado mayor constituido por Superintendencias. La fuerza está compuesta, a su vez, por ocho cuerpos o escalafones: seguridad, bomberos, comunicaciones, sanidad, jurídico, técnico, veterinario y músico, siendo el primero de ellos el más numeroso y más presencia en las jerarquías superiores. El personal se

---

1 Cifras actualizadas posteriores al traspaso de personal implementado luego de la creación de la Policía de la Ciudad de Buenos Aires.

PROFESIÓN E INNOVACIÓN EN UN CONTEXTO FLEXIBLE

agrupa en estos escalafones, por medio de escalas jerárquicas organizadas según las categorías de personal superior y personal subalterno. La organización de la carrera en la institución tiene una impronta piramidal, con un criterio asentado en la antigüedad para determinar los ascensos y una limitación según cupos que genera los llamados "cuellos de botella" y obliga a la mayoría de los integrantes retirarse de la fuerza con jerarquías intermedias. Esta estructura se reproduce en los cuerpos de oficiales y suboficiales que no admiten el traspaso entre ellos, y tienen formación, requisitos, destinos y trayectorias diferentes. Este criterio de diferenciación interno, es tal porque sólo los oficiales son formados para ejercer funciones de ando y conducción de la institución.

La composición mayoritariamente masculina del cuerpo de oficiales es un rasgo dominante históricamente y constituye una de las causas por las cuales se identifica al trabajo policial con una profesión masculinizada. Pero si toma como base el año 2012, un año después de la creación del Ministerio de Seguridad de la Nación, cuando la gestión de la ministro Nilda Garré comienza a diseñar un conjunto de medidas concretas tendientes a la mejora de las condiciones de ingreso y de trabajo del personal femenino en la PFA se observa un proceso no solo de aumento de las mujeres en la carrera de oficiales sino de acceso a posiciones jerárquicas; en el año 2012 representaban el 20,6% y en el 2017 alcanzan al 26,7%. La administración Kirchnerista tuvo un claro discurso reformista respecto de las fuerzas armadas y fuerzas de seguridad durante todas sus etapas de gobierno, si bien algunos autores identifican etapas más activas y otras más conservadoras[2].

Cuadro 1. Composición según sexo del Cuerpo de Oficiales de la Policía Federal Argentina, años 2012, 2015 y 2017

Año	Sexo		Total
	Mujer	Varón	
2012	20,6% (959)	79,4% (3.693)	100% (4.653)
2015	22,0% (1.058)	78,0% (3.755)	100% (4.813)
2017	26,7% (977)	73,3% (2.682)	100% (3.659)

Fuente: Elaboración propia en base a datos del Ministerio de Seguridad de la Nación.

---

2 Marcelo Sain distingue tres períodos (Sain, 2012) un primer momento "reformista", con el nombramiento de Gustavo Beliz como Ministerio de Justicia, Seguridad y Derechos Humanos, un segundo momento más conservador a partir del caso Blumberg y un tercer periodo, que se inicia en el año 2010 con la creación del Ministerio de Seguridad a cargo de Nilda Garré, que según el autor se limitó a medidas concretas de efecto muy limitado.

Entre las políticas de administración del personal que se implementaron, algunos fueron de carácter democratizador y muchas otras fueron especialmente compensatorias desde una perspectiva de género. A partir del informe y de las recomendaciones realizadas por el "Grupo de Trabajo para el Estudio de las Condiciones de Acceso, Permanencia y Progreso de Mujeres y Varones en el ámbito de las Fuerzas Policiales y de Seguridad" en febrero de 2011 (Resolución 58/11), en julio del mismo año la gestión Garré emitió una Resolución en la cual se modificaron aspectos del ordenamiento estatutario que regulaba el ejercicio de los derechos humanos, sociales y laborales. En primer lugar, la administración del personal y las reglamentaciones de carrera interna establecían que quien quisiera ingresar a la escuela de cadetes en la PFA debía ser soltero/a sin hijos o viudo/a sin hijos, normativa que se eliminó. Una de las normas más criticadas por su carácter abusivo y autoritario establecía en cuanto a la formación de matrimonios de miembros de las fuerzas que "para contraer matrimonio el personal superior formulara la solicitud en nota por vía jerárquica a la Superintendencia de Personal, Instrucción y Derechos Humanos (...)" y que "el Jefe de la dependencia que revistara el peticionante acompañará en todos los casos los datos de identidad de la persona con la que éste desea contraer enlace, sus padres y hermanos y otros miembros de su grupo familiar con los que pueda convivir" (conf. Art 260 Decreto N° 1866/83) requisito que fue eliminado.

En cuanto a medidas estrictamente orientadas a los derechos de las mujeres, se estableció para las cuatro fuerzas federales, duplicar el horario de lactancia a dos horas diarias, exceptuar a las mujeres embarazas del servicio de armas, de jornadas superiores a las seis horas y del trabajo nocturno. En cuanto al reclutamiento y formación del personal se autorizó el ingreso a carrera de las mujeres embarazadas o en período de lactancia (pudiendo rendir sólo los exámenes intelectuales) y se prohibió toda acción que impidiera el ingreso o permanencia de personas con hijos o en estado de pregnancia a los institutos de formación, reclutamiento y en los cursos de ascenso.

Estas reformas fueron acompañadas por otras iniciativas de gestión interna, una de las primeras fue la creación de Centros Integrales de Género en el ámbito de las direcciones de personal y de recursos humanos destinados a la orientación, asesoramiento y denuncia de acoso sexual o violencia laboral. Otra de las resoluciones relevantes que se adoptaron en ese momento fue la instrucción a las fuerzas de seguridad a respetar las identidades de género de personas travestis, transexuales y transgénero respetando el nombre y la identidad elegido por el/ella[3]. El mismo derecho asiste a toda persona ajena a las fuerzas, incluyendo detenciones.

Pese a la introducción de estas políticas y según un relevamiento realizado en el año 2012 por el Ministerio de Seguridad de la Nación a miembros de las cuatro fuerzas de seguridad[4], era muy importante el desconocimiento de la posibilidad de que las mujeres con hijos, embarazadas o lactantes pudieran ingresar a los institutos de formación y reclutamiento (42,5%), siendo la PNA (49,7%) y la PFA (45,9%) las fuerzas que registraban mayor ignorancia sobre la normativa. El conocimiento de que ya no era necesaria la autorización o venia de un superior para contraer matrimonio se encontraba difundido en el personal encuestado (71,1%), no observándose diferencias significativas según el género del/la respondiente. En las fuerzas, el personal se encontraba al tanto de esta normativa en forma homogénea (alrededor del 65%) a excepción de la Gendarmería donde el nivel de conocimiento se elevaba al 80,8%.

Si se analiza la composición según género del cuerpo de oficiales de la Policía Federal se destaca la asimetría entre varones y mujeres en todos los grados policiales, pero es especialmente abrumadora a partir de los comisarios. Pese a que la lectura de los datos es negativa en términos de igualdad de acceso a cargos jerárquicos, la comparación entre los años 2012 y 2015 señalaba un leve proceso de jerarquización de las mujeres particularmente en los rangos superiores, lo cual acompañaba el impulso de las políticas institucionales lanzadas en ese momento. Por el contrario, la comparación con el año 2017, luego de implementado el pasaje de parte de la fuerza federal a la nueva Policía de la Ciudad de Buenos Aires, se retrae el proceso de posicionamiento de las mujeres en las posiciones más altas de la jerarquía policial. Si bien el personal comprendido en los cargos de Comisario General, Comisario Mayor y Comisario Inspector son poco representativos cuantitativamente, en términos simbólicos son las posiciones que mejor resguardan el destino de los funcionarios en un momento de cierta inestabilidad. El seguimiento temporal del proceso de inserción es indispensable para evaluar si el impulso inicial de igualación de género ha perdido fuerza en la cúpula de la pirámide de mando o si se trata de un reajuste coyuntural frente a un contexto de cambio de gestión política y reforma institucional.

---

3   Resolución 1811 del año 2011.

4   Las cuatro fuerzas federales están conformadas por la Policía Federal Argentina (PFA), la Gendarmería Nacional (GNA), la Policía de Seguridad Aeroportuaria (PSA) y la Prefectura Nacional (PNA).

Cuadro 2. Composición según género de los grados jerárquicos del cuerpo de oficiales de la Policía Federal Argentina, años 2012, 2015 y 2017

Grado	2012		2015		2017	
	Mujer	Varón	Mujer	Varón	Mujer	Varón
Crio Gral		6 (100%)	1 (9,1%)	10 (90,9%)	2 (10,6%)	17 (89,4%)
Crio May	1 (8,8%)	11 (91,2%)	4 (8%)	46 (92%)	6 (8,8%)	62 (91,2%)
Crio Insp	2 (4,8%)	47 (95,2%)	11 (10,5%)	94 (89,5%)	7 (5,5%)	120 (94,5%)
Crio	21 (5%)	399 (95%)	29 (6,6%)	409 (93,4%)	31 (8,9%)	318 (91,1%)
Subcrio	59 (8,9%)	594 (91,1%)	87 (12,6%)	602 (87,4%)	86 (17,8%)	397 (82,2%)
Principal	161 (17,5%)	757 (82,5%)	251 (26,6%)	692 (73,4%)	197 (30,1%)	458 (69,9%)
Insp	289 (31,5%)	629 (68,5%)	208 (25,4%)	611 (74,6%)	186 (31%)	414 (69%)
Subinsp	211 (25,2%)	635 (74,8%)	188 (23,2%)	625 (76,8%)	187 (28.5%)	469 (71.5%)
Ayudante	215 (26%)	615 (74%)	279 (29,4%)	666 (70,4%)	275 (39,3%)	427 (60,7%)
Total	959 (20,6%)	3.693 (79,4%)	1.058 (22%)	3.755(78%)	977 (26,7%)	2682(73,3%)

Fuente: Elaboración propia en base a datos del Ministerio de Seguridad de la Nación.

La inserción en posiciones de dirección y mando dentro del cuerpo de oficiales es aún más ilustrativa respecto de la persistencia de diferencias de género, en los cargos más altos como los de Director o Jefe las mujeres no llegan a ocupar ni el 20% de los puestos y en los más bajos, como 2do Jefe apenas lo han superado.

Cuadro 3. Distribución de funciones de mando y conducción según sexo pertenecientes al cuerpo de oficiales de la PFA años 2015 y 2017

Cargo	2015		2017	
	Mujer	Varón	Mujer	Varón
Superintendente	1 (11,2%)	8 (88,8%)		8 (100%)
Director	2 (5,9%)	32 (94,1%)	4 (11,2%)	32 (88,8%)
Adscripto	1 (3,9%)	25 (96,1%)	3 (17,7%)	14 (82,3%)
Jefe	38 (8,3%)	420 (91,7%)	56 (10,2%)	495 (89,8%)
2do Jefe	39 (24 %)	124 (76%)	57 (21,7%)	206 (78,3%)

Fuente: Elaboración propia en base a datos del Ministerio de Seguridad de la Nación.

Un último indicador que se presenta es la distribución de los cargos según los distintos escalafones policiales. Todos los estudios sobre la problemática señalan que las mujeres han ocupado posiciones marginales en los puestos y funciones que más prestigio profesional concentran, especialmente aquellas del escalafón seguridad asociado a las tareas de mayor riesgo, pericia y conocimiento del comportamiento delictivo y el consecuente desempeño en la "calle". Una temática propia de un análisis específico es la forma de reconocimiento de los saberes y competencias policiales necesarias para desempeñarse en los distintos puestos. A su vez, las formas de certificación o reconocimiento de los mismos y la distancia entre criterios formales e informales pone de relieve las dificultades para definir y mensurar las capacidades, experiencias y conocimientos de la profesión. Analizar y debatir los criterios formales a informales de promoción y reclutamiento en la policía es uno de los objetivos relevantes de la temática.

El único informe que se realizó sobre la temática es la encuesta sobre condiciones de género mencionada con anterioridad y en ella la percepción de la amplia mayoría de los varones (78,7%) sostiene que tanto hombres como mujeres tienen igual posibilidad en los ascensos, mientras que en las mujeres esa percepción desciende al 54,3%. Las situaciones de discriminación en los criterios de promoción de grado es visualizada en forma diferenciada según el sexo del/la respondiente. Para el 43,1% de las mujeres, ellas tienen menos posibilidades que los hombres para ascender; por el contrario, el 14,7% de los varones sostiene que las mujeres se encuentran más beneficiadas en estas situaciones

Frente a un listado de tareas se consultó quiénes están mejor preparados para ejercerlas. Las tareas y acciones en la que los hombres están menos capacitados son las que se adjudican estereotipadamente como atributos de las mujeres: cuidado, atención, contención afectiva, formación, etc. Atributos supuestamente femeninos que se trasladan del espacio familiar al laboral. En cambio los hombres son, según la opinión de los y las encuestados/as, los más capacitados para tareas de comando, patrullaje, represión, enfrentamiento armado, vigilancia y custodia, ocupar puestos de mando y tareas de patrullaje.

Cuadro 4a. Composición según género, escalafón y agrupamiento del cuerpo de oficiales de la PFA años 2015 y 2017

Agrupamiento	Escalafón	Grado	2015		2017	
			Mujer	Varón	Mujer	Varón
Seguridad	Seguridad	Crio Gral	1	8	2	12
		Crio May	4	38	6	55
		Crio Insp	11	73	7	102
		Crio	29	340	31	275
		Subcrio	87	475	85	320
		Principal	237	498	188	298
		Insp	193	565	166	366
		Subinsp	163	492	167	329
		Ayudante	247	515	204	291

Fuente: Elaboración propia en base a datos del Ministerio de Seguridad de la Nación.

Cuadro 4b. Composición según género, escalafón y agrupamiento del cuerpo de oficiales de la PFA años 2015 y 2017

Agrupamiento	Escalafón	Grado	2015		2017	
			Mujer	Varón	Mujer	Varón
Apoyo	Bomberos	Crio Gral	-	1	-	2
		Crio May	-	4	-	2
		Crio Insp	-	12		10
		Crio	-	34		17
		SubCrio	-	55		33
		Principal	3	110		29
		Inspector	2		4	37
		Subinsp	8	74	2	40
		Ayudante	8	77	10	57
	Comunicaciones	Crio Gral	-	1		2
		Crio May	-	4		4
		Crio Insp	-	8		8
		Crio	-	27		23
		Subcrio	-	62		65
		Principal	-	71		56
		Inspector	4	33	4	32
		Subinsp	8	44	11	60
		Ayudante	21	71	52	79

Fuente: Elaboración propia en base a datos del Ministerio de Seguridad de la Nación.

Cuadro 4c. Composición según género, escalafón y agrupamiento del cuerpo de oficiales de la PFA años 2015 y 2017

Agrupamiento	Escalafón	Grado	2015		2017	
			Mujer	Varón	Mujer	Varón
Profesional	Sanidad	Crio Insp		1		2
		Crio		3		1
		SubCrio		4		3
		Principal	2	8	3	9
		Inspector	3	4	2	3
		Subinsp	4	4	3	4
	Jurídico	Crio Insp				
		Crio		2		2
		Subcrio		3		3
		Principal	2	2	1	2
		Inspector	2	3	3	6
		Subinsp	1	5	2	2
	Técnico	Crio Insp				1
		Crio		1		
		SubCrio		1	1	2
		Principal	6	2	4	1
		Inspector	4	4	6	5
		Subinsp	3	3		2
	Veterinario	Crio		1		1
		Inspector			1	
		Subinsp	1		1	
	Músico	Crio		1		1
		Subcrio		2		2
		Principal				1
		Ayudante			2	1
		Insp		1		
		Subinsp		2		2

Fuente: Elaboración propia en base a datos del Ministerio de Seguridad de la Nación.

A modo de síntesis final señalamos que la composición de los cargos y posiciones jerárquicas de la PFA aún presenta propiedades que se le atribuyen a instituciones masculinizadas donde la integración de las mujeres es un problema no resuelto. El impacto de las políticas de género implementadas en los últimos años ha tenido efectos desparejos, los datos de tipo cuantitativo señalan que ha habido algunos avances en la promoción de grupos menores de mujeres a cargos jerárquicos, pero aún no se producido un proceso de integración de las mujeres en posiciones de mando de forma integral.

El desarrollo de los dispositivos de formación inicial y de formación continua, el reconocimiento de la formación profesional y el crecimiento y especialización de los institutos universitarios pertenecientes a las fuerzas policiales fue un proceso tardío que estuvo relacionado a su vez con la consolidación de las instituciones democráticas en nuestro país. Igual mención puede hacerse de la formalización de los criterios de reclutamiento y promoción de los oficiales de policía. En este contexto, un vacío en la profesión policial es la identificación de saberes y competencias adquiridas y las formas de certificación o reconocimiento de los mismos. Los saberes formales han sido tradicionalmente cuestionados dentro de la institución policial frente a los *saber ser* y *saber hacer* que ponen de relieve capacidades, experiencias y actitudes vinculadas con el manejo del peligro y los enfrentamientos, es decir el trabajo *en la calle* a diferencia del trabajo *de oficina*. Tradicionalmente las mujeres han ocupado un espacio marginal en los puestos y funciones que más prestigio profesional concentran, quedando relegadas a tareas de docencia, técnicas y administrativas en la mayoría de los casos.

Bibliografía

Arteaga Botello, N. (2000). "El trabajo de las mujeres policías", *Revista El Cotidiano*, Vol. 16, N° 101, pp. 74-83.

Badaró, M. (2009). *Militares o Ciudadanos. La formación de los oficiales del Ejército Argentino*, Bs. As., Prometeo Libros.

Bourdieu, P. (1999). *La miseria del mundo*, Argentina, Fondo de Cultura Económica.

Calandrón, S. (2013). "Autoridad, género y moralidades en la configuración de la profesión policial: una etnografía en comisarías de la Provincia de Buenos Aires", Tesis de Doctorado en Antropología Social, Universidad Nacional de San Martín.

Calandrón, S. (2014). *Género y Sexualidad en la Policía Bonaerense*, Bs. As., UNSAM Edita.

Casey, J. y Mitchell, M. (2009). *Conducción y administración policiales*, Bs. As., Prometeo libros.

Castro, N. (2017). "Los oficiales jefes de la provincia de Córdoba, Argentina. Representaciones en torno a la prevención del delito", Ponencia presentada en el *XXXI Congreso ALAS*, Montevideo, Uruguay.

Daverio, A. (2009). "Exploración en torno a la integración de las mujeres y las relaciones de género en las instituciones policiales", *Prácticas de oficio. Investigación y reflexión en Ciencias Sociales*, N° 4, Bs. As., Universidad Nacional de Lanús.

Federman, N. y Meza, V. (coord.) (2012). *Género y Seguridad Ciudadana: en busca de la igualdad*, Argentina, Ministerio de Seguridad de la Nación. Recuperado de: [www.minseg.gob.ar].

Frederic, S. (2008). *Los usos de la fuerza pública. Debates sobre militares y policías en ciencias sociales de la democracia*, Bs. As., Biblioteca Nacional/UNGS.

Frederic, S.; Galvani, M.; Garriga Zucal, J. y Renoldi, B. (2013). *De armas llevar*, La Plata, Universidad Nacional de La Plata.

Galeano, D. y Barreneche, O. (2008). "Notas sobre las reformas policiales, siglos XIX y XX", *Cuadernos de Seguridad*, Ministerio de Seguridad Interior, Bs. As., Argentina.

Galvani, M.; Ríos, A. y Cañaveral, L. (2015). "Seguridad, policía y gobiernos locales: el Programa Integral de Seguridad Ciudadana", Documento de trabajo, Colección Becas de Investigación, Bs. As., CLACSO.

Gomariz, E. y García, A. I. (2003). "Género y Seguridad Democrática", *Revista Aportes Andinos Nro 6: Movimientos sociales, políticas de seguridad y democracia*, PADH-UASB. Recuperado de: [http://www.uasb.edu.ec/padh].

Gunz, H. y Peiperl, M. (2008). *Handbook of Career Studies*, Canadá, SAGE Publications-University of Toronto.

Hathazy, P. (2010). "Los cambios en la opacidad: accesibilidad y resistencias en el estudio de las organizaciones policiales como obstáculo y dato en Estudiar la Policía", *La mirada de las ciencias sociales sobre la institución policial* (Sirimarco coord.), Bs. As., Teseo.

Panaia, M. (2006). *Trayectorias de Ingenieros Tecnológicos. Graduados y alumnos en el mercado de trabajo*, Argentina, UTN Regional Pacheco-Miño y Dávila Editores.

Panaia, M. (2007). "Una revisión de la Sociología de las Profesiones desde la Teoría Crítica del Trabajo en Argentina", Colección de Documentos de Proyecto, Santiago de Chile, CEPAL.

Poulantzas, N. (1983). *Estado, poder y socialismo*, México, Siglo XXI.

Sain, M. (2008). *El Leviathan azul. Política y policía en Argentina*, Bs. As., Siglo Veintiuno Editores.

Sain, M. (2012). "Un paso adelante, dos pasos atrás. El kirchnerismo ante la cuestión policial", *Delito y Sociedad*, N° 34.

Sautu, R.; Boniolo, P.; Dalle, P. y Elbert, R. (2005). "Manual de Metodología: Construcción del marco teórico, formulación de los objetivos y elección de la metodología", Bs. As., Argentina, CLACSO Colección Campus Virtual.

Scott, J. W. (1986). "Gender: a Useful Category of Historical Analysis", *American Historical Review* 91. Trad. cast.: "El género: una categoría útil para el análisis histórico", en Amelany, J. y Nash, M. (eds.) (1990), *Historia y género: las mujeres en la Europa moderna y contemporánea*, Valencia, Edicions Alfons el Magnánim.

Sennet, R. (2000). *La corrosión del carácter*, Barcelona, Editorial Anagrama.

Strauss, A. y Corbin, J. (2002). *Bases de la investigación cualitativa*, Colombia, Universidad de Antioquía.

Taylor, S. y Bodgam, R. (1987). *Introducción a los métodos cualitativos de investigación. La búsqueda de los significados*, Bs. As., Ed. Paidós.

Vasilachis de Gialdino, I. (coord.) (2006). *Estrategias de investigación Cualitativa*, Barcelona, Ed. Gedisa, Biblioteca de Educación.

AUTORES

Blanco, Cecilia
Mgtr. en Ciencias Sociales (UNC); Título de Posgrado en Estadística Aplicada a la Investigación (UNC); Doctora en Estudios Sociales de América Latina con mención en Sociología (UNC); Becaria Pos Doctoral CONICET 2017-2019; Lic. en Comunicación Social (UNC); Investigadora Categoría IV ME; Profesora Asistente en la Carrera de Comunicación (ECI, FDyCS, UNC). Docente en la Maestría en Sociología (CEA, UNC). Investigadora del Centro de Investigaciones Jurídicas y Sociales (FDyCS, UNC). Área de especialización: Sociología del Trabajo y de las Profesiones.
e-mail: berrone.cecilia@gmail.com

Borlido, Claudia
Asistente del Departamento de Educación, Facultad de Veterinaria, Universidad de la República, Uruguay.
e-mail: claudiaborlido@gmail.com

Cabral Rocha, Paola
Dra. en Ciencias Veterinarias por la Facultad de Veterinaria de la Universidad de la República, Uruguay. Especialista en Entornos Virtuales de Aprendizaje por la Organización de Estados Iberoamericanos. Docente asistente del Departamento de Educación Veterinaria en la Universidad de la República.
e-mail: paocab@gmail.com

Chauque, Raúl Eduardo
Lic. en Sociología (UBA), Maestrando en Ciencias Sociales del Trabajo (UBA). Lic. en Enfermería (Univ. Maimónides). Integrante del Laboratorio MIG-UNDAV.
e-mail: rechauque@gmail.com

Chiecher, Analía
Dra. en Psicología por la Universidad Nacional de San Luis; Magíster en Educación y Universidad y Licenciada en Psicopedagogía por la Universidad Nacional de Río Cuarto. Investigadora del CONICET. Integrante del Laboratorio de Monitoreo de Inserción de Graduados, Facultad de Ingeniería, Universidad Nacional de Río Cuarto.
e-mail: achiecher@hotmail.com

Herger, Natalia
Investigadora del Programa Educación, Economía y Trabajo del Instituto de Investigaciones en Ciencias de la Educación, Facultad de Filosofía y Letras (UBA). Asesora de la Secretaría de Planeamiento de la UNL en el marco de la transferencia del Programa Educación, Economía y Trabajo (PEET/IICE-UBA-FFyL).
e-mail: nath@filo.uba.ar

Iavorski Losada, Ivana
Licenciada en Sociología, Facultad de Ciencias Sociales, UBA. Integrante del Laboratorio de Monitoreo de Inserción de Graduados (MIG) de la Facultad Regional Avellaneda, Universidad Tecnológica Nacional. Ayudante de cátedra de Ingeniería y Sociedad en la UTN-FRA. Miembro del Laboratorio MIG-UNDAV.
e-mail: ivana.iavorski@gmail.com

Iribarnegaray, Natalia
Licenciada en Sociología. Miembro del Laboratorio MIG-UNDAV.
e-mail: natuig@hotmail.com

Magariños, Eliana
Lic. en Ciencias de la Educación (UBA). Directora de Desarrollo de la Secretaría de Planeamiento de la Universidad Nacional del Litoral.
e-mail: emagarinios@gmail.com

Moreno, Jacqueline
Licenciada en Psicopedagogía y Becaria Doctoral del CONICET.
e-mail: jaqui_rio4@hotmail.com

Panaia, Marta
Socióloga (UBA), Máster en Ciencias Sociales (FLACSO), Dra. en Ciencias Económicas (UBA). Investigadora Principal del CONICET, con sede en el Instituto de Investigaciones Gino Germani de la Facultad de Ciencias Sociales de la UBA. Titular Regular de Sociología del Trabajo, en grado y postgrado de la UBA y UTN. Directora del Laboratorio MIG-UNDAV. Coordinadora Gral. de Laboratorios MIG.
e-mail: ptrabajo@cea.uba.ar

Paoloni, Paola
Licenciada en Psicopedagogía, Magíster en Educación y Universidad, Doctora en Psicología, miembro de la Carrera de Investigador Científico (categoría asistente) del CONICET. Docente e integrante del Laboratorio MIG de la Facultad de Ingeniería de la UNRC. Directora de becarios doctorales del CONICET y del FONCYT.
e-mail: paopaoloni17@hotmail.com

Passarini, José
(Montevideo-1976). Dr. en Medicina y Tecnología Veterinaria, Diplomado en Economía y Magíster en Enseñanza Universitaria de la Universidad de la República (Uruguay), Doctor en Educación de la Universidad de la Habana. Coordinador del Departamento de Educación Veterinaria en la Universidad de la República. Par evaluador para las carreras de veterinaria en el MERCOSUR y Par evaluador para Instituciones de Educación Superior en varios países de América. Publica-

ciones en revistas y libros sobre Calidad en la Educación Superior, Evaluación y Acreditación Institucional, Didáctica de las Ciencias Agrarias y Evaluación de los Aprendizajes.
e-mail: josepasa@gmail.com

Riquelme, Graciela Clotilde
Investigadora Principal del CONICET. Doctora de la Universidad de Buenos Aires (UBA), Directora del Programa Educación, Economía y Trabajo del Instituto de Investigaciones en Ciencias de la Educación IICE-FFyL/UBA.
e-mail: griquelm@filo.uba.ar

Rodriguez, Brasiliano
Ayudante del Departamento de Educación, Facultad de Veterinaria, Universidad de la República, Uruguay.
e-mail: brasilianomartin@gmail.com

San Martín, María Eugenia
Licenciada en Sociología (UBA), Máster en Políticas Públicas (ITDT), Doctoranda de la Facultad de Ciencias Sociales (UBA). Adjunta a cargo de la Cátedra de Sociología Laboral FCS (UBA).
e-mail: eugeniasanmartin@fibertel.com.ar

Simone, Vanina
Licenciada en Sociología y Magíster en Ciencias Sociales del Trabajo de la Facultad de Ciencias Sociales de la Universidad de Buenos Aires (FSOC-UBA). Co-directora del Laboratorio de Monitoreo de Inserción de Graduados (MIG) de la Facultad Regional Avellaneda, Universidad Tecnológica Nacional (UTN). Docente de la FSOC-UBA y de la FRA-UTN.
e-mail: vaninainessimone@yahoo.com.ar / mig@fra.utn.edu.ar

Somma, Lucila
Licenciada en Sociología, Facultad de Ciencias Sociales, UBA. Maestranda en Ciencias Sociales del Trabajo, Facultad de Ciencias Sociales, UBA. Becaria Doctoral CONICET con sede en el Instituto de Investigación Gino Germani de la Facultad de Ciencias Sociales de la Universidad de Buenos Aires. Integrante del Laboratorio de Monitoreo de Inserción de Graduados de la UTN-FRA.
e-mail: lulisomma@yahoo.com.ar

Tottino, Laura I.
Doctoranda en Ciencias Sociales, Universidad de Buenos Aires. Magíster en Ciencias Sociales del Trabajo con sede en la Universidad de Buenos Aires. Profesora de Enseñanza Secundaria Normal y Especial en Sociología, Universidad de Buenos Aires. Licenciada en Sociología, Universidad de Buenos Aires. Auxiliar de Investigación en IIGG-UBA. Profesora adjunta UMET (Universidad Metropolitana para la Educación y el Trabajo). Miembro del Laboratorio MIG-UNDAV (Universidad Nacional de Avellaneda).
e-mail: ltottino54@gmail.com

Esta edición se terminó de imprimir en diciembre de 2018, en los talleres de Imprenta Dorrego, ubicados en Av. Dorrego 1102, (1414), Ciudad de Buenos Aires, Argentina.